SERMONES ACTUALES SOBRE
SOBRE
PABLO

Homilías sobre el Libro de Los Hechos

Kittim Silva Bermúdez

Editorial CLIE
www.clie.es

EDITORIAL CLIE
C/ Ferrocarril, 8
08232 VILADECAVALLS
(Barcelona) ESPAÑA
E-mail: clie@clie.es
http://www.clie.es

Sermones actuales sobre Pablo
ISBN: 978-84-17131-76-0
Depósito Legal: B 18698-2019
Sermones
Sermones completos
Referencia: 225091

Impreso en Estados Unidos / *Printed in USA*

Rvdo. Kittim Silva Bermúdez
B.A., M.P.S., D.HUM., D.D.

El reverendo Kittim Silva es fruto del Ministerio del Teen Challenge de Puerto Rico, lugar donde ingresó y se graduó en 1971. Graduado de la Teriama Health School, como Técnico de Laboratorio Médico (1973). También cursó estudios en el International Bible Institute, Inc. en la ciudad de Nueva York, donde se diplomó en Biblia y Teología (1974). Obtuvo del New York Theological Seminary un Certificado en Ministerio Cristiano (1976). Luego recibió un Bachillerato en Artes Liberales (**B.A.**) del College of New Rochelle con una concentración en Humanidades (1980). Posteriormente obtuvo una Maestría en Estudios Profesionales (**M.P.S.**) del New York Theological Seminary con una concentración en Ministerio (1982). La Universidad Nacional Evangélica (**UNEV**) de la República Dominicana le confirió el título "Profesor Honoris Causa en Teología" (1994), y Doctor "Honoris Causa En Humanidades" (1998). La Latin University of Theology (**LUT**) de California le otorgó un Doctor "Honoris Causa en Divinidades" (2001).

Durante años se ha desempeñado como Obispo del Concilio Internacional de Iglesias Pentecostales de Jesucristo, Inc. (**C.IN.I.PE.JE.**) Es cofundador de Radio Visión Cristiana Internacional (**RVCI**), donde ocupó el cargo de Presidente (1994-2001), y desde hace años sirve en la Junta de Directores. Desde el 2010 hasta el presente año ocupa el cargo de Vicepresidente de RVCI.

Desde el año 1998 es el vicepresidente y cofundador de la Coalición Latina de Ministros y Líderes Cristianos (**CO.N.LA.MI.C.**). Fue el fundador y primer moderador de la Confraternidad de Líderes Conciliares (**CON.LI.CO.**). Ha ministrado en cinco continentes y en 40 países. Cofundador y director de la Clínica Ministerial Internacional (**CLI.M.I.**). Es fundador de la Christian University of Human Development (**C.U.O.H.DE.**) y anfitrión del programa de televisión y radio "Retorno".

Dedico esta colección de sermones a estos líderes de las Asambleas de Dios en México:

Pbro. Alfonso de los Reyes, historiador y parlamentarista.
Pbro. Arturo Reyes, homileta y predicador.
Pbro. Miqueas Cantú, siervo fiel y leal.
Pbro. Enrique González Vázquez, institucionalista.
Pbro. Daniel De Los Reyes Villarreal, progresista y futurista.
Pbro. José M. Saucedo Valenciano, pensador teológico.
Pbro. Inmar Valle, hombre de propósito y alcance.
Pbro. Isaí Montoya, pastor y servidor.
Pbro. Jorge Canto, exégeta y contextualizador.
Pbro. Abel Flores Acevedo, soñador y actualizador.
Pbro. Raúl García, ministro de estilo.
Pbro. Saúl Salce, líder institucional.
Pbro. Juan Pérez González, predicador y evangelsita.
Pbro. Víctor Oyosa, ejemplar y comprometido.
Pbro. Marcelino González, humilde y sincero.
Pbro. Waldemar Ceballos Li, amigo sincero.
Pbro. Guillermo Rodríguez Linares, humilde y servicial.
Pbro. Samuel Vásquez, entrega total.

Y a todo ese abanico de amigos de Asambleas de Dios en México. ¡Mi gente!

_Índice

PABLO EN LOS HECHOS. SU CONVERSIÓN Y SU MISIÓN

_Versiones de la Biblia empleadas en este libro

(A no ser que se indique de otra manera, en este libro se emplea la Versión Reina-Valera de 1960).

Traducción Latinoamericana (**TL**)

Nueva Versión Internacional (**NVI**)

Traducción En Lenguaje Actual (**TLA**)

Traducción En Lenguaje Actual (**TLAD**)

Reina Valera de 1960 (**RVR1960**)

Reina Valera de 1995 (**RVR1995**)

Reina Valera Contemporánea (**RVR**)

Dios Habla Hoy (**DHH**)

Dios Habla Hoy (**DHHDK**)

Biblia Peshita (**BP**)

_Prólogo

Al tratar de escribir una serie de sermones acerca de «Pablo de Tarso», lo hice al principio con mucha vacilación, ya que no es tarea fácil predicar sobre este «Gigante del Evangelio». San Agustín, uno de los Padres de la Iglesia Occidental, declaró de Pablo de Tarso: «Pues él fue un verdadero león, un león rojo, el gran león de Dios». Después de Jesucristo, el «autor y consumador de la fe», Pablo de Tarso es el desarrollador de la fe cristiana.

Incluso los críticos seculares ven a Pablo de Tarso como «El Teólogo del Cristianismo». Su contribución al Nuevo Testamento es de unos trece libros: Romanos, 1 y 2 de Corintios, Gálatas, Efesios, Filipenses, Colosenses, 1 y 2 de Tesalonicenses, 1 y 2 de Timoteo, Tito y Filemón. Para algunos el libro a los Hebreos también corresponde a Pablo, sumando así un total de 14 libros. La Biblia del Oso de Casiodoro de Reina (1569); la Biblia del Cántaro de Cipriano de Valera (1602); la Biblia Anotada de Scofield con el texto de Reina Valera de 1960, encabezan los Hebreos así: «La Epístola de San Pablo a los Hebreos».

El testimonio de la conversión de Saulo de Tarso se menciona tres veces en el libro de los Hechos y Gálatas. Incluso, ligeramente, otras epístolas de su autoría, reflejan su biografía espiritual. Y es la conversión más espectacular al cristianismo en el Siglo I.

Pablo de Tarso antes de ser un seguidor de Jesucristo, era un seguidor apasionado de su fe farisea, que lo llevó al extremo de ser un perseguidor para los seguidores del Mesías Jesús o «Los del Camino», como se les conocía antes de ser llamados de manera burlona «Cristianos», por primera vez en Antioquía de Siria.

Este fanático fariseo tuvo un encuentro personal con el Cristo Pascual, camino a Damasco, en el que éste se le reveló, siendo la última aparición del Cristo resucitado. Ese encuentro lo dejó ciego durante tres días y en su parto espiritual le ayudó un discípulo cristiano llamado Ananías.

De ahí en adelante, la misión de Pablo de Tarso fue la de anunciar la Buena Nueva, donde presentó a Jesucristo como el Mesías esperado por Israel, que vino en el cumplimiento de los tiempos, pero además se esforzó apasionadamente por llevar el evangelio de la gracia, a los rincones del mundo gentil que podía alcanzar. Fue defensor de la inclusión de los gentiles a la fe cristiana, abogando a favor de estos para que fueran parte de la iglesia sin pasar por los rituales judíos. De esa manera libró a los gentiles de judaizarse.

«Antes, por el contrario, como vieron que me había sido encomendado el evangelio de la incircuncisión, como a Pedro el de la circuncisión (pues el que actuó en Pedro para el apostolado de la circuncisión, actuó también en mí para con los gentiles), y reconociendo la gracia que me había sido dada, Jacobo, Cefas y Juan, que eran considerados como columnas, nos dieron a mí y a Bernabé la diestra en señal de compañerismo, para que nosotros fuésemos a los gentiles, y ellos a la circuncisión» (Gal. 2:7-9).

El futuro «Apóstol a los Gentiles», fue mirado con sospechas por muchos cristianos de Damasco primero y luego por muchos judeocristianos de Jerusalén. Bernabé, un personaje influyente entre los jerarcas y creyentes de Jesús en Jerusalén, lo protegió y se transformó así en el número dos al lado de Bernabé. Luego emergió como un número uno, transformándose en el «Gigante del Cristianismo».

«Cuando llegó a Jerusalén, trataba de juntarse con los discípulos; pero todos le tenían miedo, no creyendo que fuese discípulo. Entonces Bernabé, tomándole, lo trajo a los apóstoles, y les contó cómo Saulo había visto en el camino al Señor, el cual le había hablado, y cómo en Damasco había hablado valerosamente en el nombre de Jesús. Y estaba con ellos en Jerusalén; y entraba y salía, y hablaba denodadamente en el nombre del Señor, y disputaba con los griegos; pero éstos procuraban matarle. Cuando supieron esto los hermanos, le llevaron hasta Cesarea, y le enviaron a Tarso» (Hch. 9:26-30).

Predicar sobre Pablo de Tarso fue una aventura incursionando en el desarrollo de la Iglesia de los Hechos con sus doctrinas y gobierno eclesiástico. En esta serie destaco dos grandes temas: La evangelización y las misiones.

Estando yo de visita en Roma, donde he estado muchas veces, visitamos la Iglesia Católica de San Pedro y San Pablo, y admiré las dos estatuas a la entrada de la puerta principal, una la de Pablo de Tarso y la otra la de Pedro El Pescador. También en la Plaza de San Pietro se pueden ver las estatuas de estos colosos de la fe cristiana. En la iconografía católica es común verlos a estos dos apóstoles juntos. ¡Dos titanes de la fe cristiana!

Este libro presenta una serie de homilías o sermones expositivos-textuales, combinando en ellos la exégesis contextual, la exégesis histórica y la exégesis lingüística con la aplicación práctica y devocional. Soy un apasionado de la homilética y, por lo tanto, presento la estructura del sermón con la escuela de divisiones ilativas-lógicas.

Cuando predico sobre un personaje bíblico leo y releo el texto bíblico relacionado con el mismo incontables veces, hasta que por decirlo así, me meto dentro del personaje bíblico y meto a la figura bíblica dentro de mí. Ando con el personaje, me siento con él, lo escucho y lo conozco. Es decir, me adentro en la historia bíblica y observo y señalo detalles que comparto luego con el oyente y luego con el lector al cual me dirijo. ¡Un disfrute total con las Sagradas Escrituras! ¡Disfruto nadando en el lago de las Sagradas Escrituras!

Dr. Kittim Silva Bermúdez
Queens, New York

Pablo en Los Hechos.
Su conversión y su misión

001
El testimonio a Pablo

Hechos 7:58-60, RVR1960

«Y echándole fuera de la ciudad, le apedrearon; y los testigos pusieron sus ropas a los pies de un joven que se llamaba Saulo. Y apedreaban a Esteban, mientras él invocaba y decía: Señor Jesús, recibe mi espíritu. Y puesto de rodillas, clamó a gran voz: Señor, no les tomes en cuenta este pecado. Y habiendo dicho esto, durmió».

Introducción

En Hechos 7:58-60 se menciona la lapidación del primer mártir cristiano, llamado Esteban. En dicha narración se hace la primera mención en el pasaje leído a «un joven que se llamaba Saulo» que estuvo presente ese fatídico día.

1. Las ropas de Esteban

«Y echándole fuera de la ciudad, le apedrearon; y los testigos pusieron sus ropas a los pies de un joven que se llamaba Saulo» (Hechos 7:58, RV-60).

El lugar. Los judíos no lapidaban ni ejecutaban a ningún violador de la Ley dentro de las murallas de la ciudad, sino que lo hacían fuera de las murallas. Según la tradición Esteban fue apedreado fuera de la Puerta de las Ovejas, conocida desde la época de Sulimán como la Puerta de los Leones, por los cuatro leones que tiene en alto relieve. Para los cristianos es conocida como la Puerta de san Esteban.

Dice Hebreos 13:12 de esta manera: «Por lo cual también Jesús, para santificar al pueblo mediante su propia sangre, padeció fuera de la puerta».

Jesús también fue crucificado fuera de la ciudad. Según una tradición evangélica desde el siglo XIX, en una cantera que está cercana a la Puerta de

Damasco, Jesús fue crucificado y cerca sepultado en lo que se conoce como El Jardín de la Tumba. Ese llamado Calvario de Gordon por su descubridor, tiene forma de una calavera o cráneo humano y recuerda al nombre del que se le dio al lugar donde Jesús de Nazaret fue crucificado.

La tradiciones católica-romana, ortodoxa-griega, armenia, etíope, copta, entre algunas, identifican la crucifixión y sepultura con la Iglesia del Santo Sepulcro, señalada por la primera peregrina llamada santa Elena en el siglo IV. Lugares que para la época de la crucifixión de Jesucristo, estaban de igual manera fuera de la muralla de la ciudad.

De igual manera los creyentes somos llamados a ser probados «**fuera de la ciudad**» como Esteban y a «**padecer fuera de la puerta**» como Jesucristo. Fuera del templo salimos para llevar el vituperio: «**Salgamos, pues, a él, fuera del campamento, llevando su vituperio**» (Heb. 13:13).

Debemos salir «**fuera**» llevando el desprecio y el rechazo a causa de nuestra fe evangélica. Si Jesús padeció por nosotros, también nosotros debemos padecer por Él. Los mártires, cuando la hora del martirio les llegaba, aunque estaban muy tristes por esa gran prueba humana, sabían que era una manera honrosa de testificar su fe cristiana.

La misión de la iglesia es afuera y no únicamente adentro. Es una fuerza centrífuga hacia afuera con la evangelización y las misiones y no simplemente una fuerza centrípeta hacía adentro con el culto (oraciones, alabanza y adoración). De ahí es la asignación dada por Jesús a sus seguidores y por ende a la iglesia, mediante «La Gran Comisión» de «**id**» (RVR-60). Que para muchos se ha transformado en la gran omisión «**de quedaos**».

«Pero él se acercó y les dijo: 'Dios me ha dado todo el poder para gobernar en todo el universo. **Ustedes vayan y hagan más discípulos míos en todos los países de la tierra**. Bautícenlos en el nombre del Padre, del Hijo y del Espíritu Santo. Enséñenles a obedecer todo lo que yo les he enseñado. Yo estaré siempre con ustedes, hasta el fin del mundo'» (Mt. 28:18-20, TLA).

En Getsemaní, Jesús lloró por tercera vez, previo a su arresto para ser sentenciado y crucificado: «Y Cristo, en los días de su carne, ofreciendo ruegos y súplicas con gran clamor y lágrimas al que le podía librar de la muerte, fue oído a causa de su temor reverente» (Heb. 5:7).

Llevar la cruz de Cristo no es una vergüenza, es una gloria. De esa manera lo vieron aquellos mártires del siglo I y el siglo II. Pedro fue crucificado con la cruz invertida porque no se sintió digno de ser crucificado como su Maestro.

Pedro de Alejandría, obispo en la ciudad que le da su apellido, que posiblemente murió por el año 311 d.C., declaró sobre la muerte del apóstol Pedro:

«Pedro, el primero de los apóstoles, habiendo sido apresado a menudo y arrojado a la prisión y tratado con ignominia, fue finalmente crucificado en Roma».

Eusebio De Cesarea dijo que Pedro: «Fue crucificado con la cabeza hacia abajo, habiendo él mismo pedido sufrir así». Interesante que la profecía de Jesús acerca de la muerte de Pedro, solo se refiere a una muerte como mártir y no a la muerte por crucifixión. Pedro sería conducido a la muerte y aceptaría la misma para dar testimonio glorioso acerca de Jesús. Ser crucificado con la cruz invertida era morir mirando al cielo.

Andrés, al igual que su hermano Pedro, a quién trajo hasta Jesús, tuvo la gloria de la crucifixión. Él fue crucificado en una cruz en forma de **X**, con los brazos y las piernas extendidas. Símbolo del que abraza con los brazos del evangelio y se mueve con las piernas del evangelio.

Nosotros somos llamados a llevar espiritualmente la cruz de la negación propia. Mas que llevar una cruz colgada al cuello o ponerla en una pared, nosotros debemos cargarla cada día y ser crucificados en ella juntamente con Cristo. ¡Tenemos que vivir un discipulado de crucifixión! ¡Tenemos que ser entrenados en una vida de crucifixión.

«Luego Jesús les dijo a sus discípulos: 'Si ustedes quieren ser mis discípulos, tienen que olvidarse de hacer su propia voluntad. **Tienen que estar dispuestos a cargar su cruz y a hacer lo que yo les diga**. Si sólo les preocupa salvar su vida, la van a perder. Pero si deciden dar su vida por mi causa, entonces se salvarán. De nada sirve que una persona gane en este mundo todo lo que quiera, si al fin de cuentas pierde su vida. Y nadie puede dar nada para salvarla. Porque yo, el Hijo del hombre, vendré pronto con el poder de Dios y con mis ángeles, para darles su premio a los que hicieron el bien y para castigar a los que hicieron el mal. Les aseguro que algunos de ustedes, que están aquí conmigo, no morirán hasta que me vean reinar'» (Mt. 16:24-28, TLA).

«En realidad, **también yo he muerto en la cruz**, junto con Jesucristo. Y ya no soy yo el que vive, sino que es Jesucristo el que vive en mí. Y ahora vivo gracias a mi confianza en el Hijo de Dios, porque él me amó y quiso morir para salvarme» (Gal. 2:20, TLA).

Las ropas. Aquellas «**ropas**» de Esteban (su manto y su túnica), fueron arrojadas a los pies del joven Saulo por los testigos manipulados en contra de aquel diácono helenizante de la iglesia judeo-cristiana. La mala justicia se disfraza como buena justicia para manifestar sus pretensiones de justicia.

Aquellas «**ropas**» fueron una señal profética del martirio futuro que luego caería sobre Pablo de Tarso. Este testimonio de las «**ropas**» de Esteban, Pablo de Tarso nunca lo dio. Pero de seguro, que en alguna conversación privada con el médico Lucas, compartió aquel recuerdo. Y Lucas, años después vio la importancia de registrarlo en su libro de los Hechos.

La palabra griega para joven es «neamías» y puede significar un joven de entre 25 a 40 años de edad. Saulo de Tarso tendría cerca de 30 a 35 años. Probablemente nació en el año 8 de la era cristiana, en el año 2008 la Iglesia Católica Romana celebró el «Año Paulino» de los dos milenios del nacimiento del Apóstol a los Gentiles. Es probable que Lucas utilice dicho término para también dejar ver la falta de madurez y de sabiduría espiritual en Saulo.

Dios habla por señales proféticas. El manto de Elías sobre Eliseo fue una señal profética del llamado a Eliseo:

«Elías se fue de allí y encontró a Eliseo hijo de Safat. Eliseo estaba arando su tierra con doce pares de bueyes. Él iba guiando la última pareja de bueyes. Cuando Eliseo pasó por donde estaba Elías, éste le puso su capa encima a Eliseo, y de esta manera le indicó que él sería profeta en lugar de él» (1 R. 19:19, TLA).

El manto que se le cayó a Elías y lo recogió Eliseo fue otra señal profética de que Eliseo era confirmado como el sucesor de Elías:

«Eliseo, viendo lo que pasaba, se puso a gritar: '¡Padre mío, padre mío, carro y fuerza conductora de Israel!'. Pero no volvió a verlo. Entonces agarró su ropa y la rasgó en dos» (2 R. 2:12, NVI).

«Luego recogió el manto que se le había caído a Elías y, regresando a la orilla del Jordán, golpeó el agua con el manto y exclamó: '¿Dónde está el Señor, el Dios de Elías?'. En cuanto golpeó el agua, el río se partió en dos, y Eliseo cruzó» (2 R. 2:13-14, NVI).

«Los profetas de Jericó, al verlo, exclamaron: '¡El espíritu de Elías se ha posado sobre Eliseo!'. Entonces fueron a su encuentro y se postraron ante él, rostro en tierra» (2 R. 2:15, NVI).

Pero antes de que Saulo de Tarso llegara a entender y a aceptar que era uno de los elegidos por el Señor Jesucristo para continuar la misión evangelizadora de Esteban, pasarían algunos años dando «coces contra el aguijón». Pero ya el Espíritu Santo lo tenía en la mirilla y Jesucristo personalmente tendría que tratar con él.

Por ahí andan muchos huyendo de Jesucristo, actuando como sus enemigos, aplaudiendo las malas acciones del mundo, pero Jesucristo ya los está velando. La red del evangelio se está abriendo para ellos. Tarde o temprano tendrán que venir humillados para ser salvados por el Salvador Jesucristo.

Aquellas eran las «**ropas**» de la futura elección como apóstol y misionero para un Saulo de Tarso, que vivía su presente, pero ya Jesucristo le tenía marcado su futuro. Eran las ropas del martirio que algún día con honor Saulo de Tarso llevaría como testimonio ante el verdugo romano.

2. La invocación de Esteban

«Y apedreaban a Esteban, mientras él invocaba y decía: Señor Jesús, recibe mi espíritu» (Hch. 7:59).

El nombre Esteban es una traducción al castellano del nombre griego Στέφανος «Stéphanos» y significa «corona». Y encaja proféticamente con su testimonio como mártir. Esteban fue uno de los siete diáconos judeo-helenistas o judíos de habla griega, seleccionados para «servir a las mesas» de los pobres (Hch. 6:5). Se perfiló como profeta predicador carismático.

Esteban expresó el discurso más extenso del libro de los Hechos, pues tiene el solo la misma extensión que los tres discursos de Pablo de Tarso en dicho libro. Ese discurso de Esteban menciona a Abraham, Isaac, Jacob, los doce príncipes de los hebreos, a José y la hambruna de la tierra, la salida del pueblo hebreo de Egipto por intermedio de Moisés y el peregrinaje del desierto. Y eso demuestra cómo el Espíritu Santo lo inspiró para predicar.

Esteban, mientras era martirizado, tomó prestados elementos de la primera palabra y de la última palabra, oraciones que su Salvador Jesucristo expresó al Padre Celestial desde el altar del Calvario.

En la primera palabra Jesús oró. «Y Jesús decía: Padre, perdónalos, porque no saben lo que hacen. Y partiendo sus vestidos, los echaron a suertes» (Lc. 23:34).

El Dr. Martin Luther King, Jr. escribió sobre esa expresión «... perdónalos, porque no saben lo que hacen»:

La historia abunda en testimonios de esta tragedia vergonzosa. Hace siglos, un sabio llamado Sócrates se vio obligado a beber cicuta. Los hombres que exigían su muerte no eran malos, ni tenían sangre de demonios en las venas.

Al contrario, eran sinceros y respetables ciudadanos de Grecia. Sostenían que Sócrates era ateo porque su concepto de Dios tenía una profundidad filosófica que iba más allá de los conceptos tradicionales. Sócrates fue inducido a la muerte, no por maldad, sino por ceguera. Saulo no tenía mala intención al perseguir a los cristianos. Era un devoto sincero y consciente de la fe de Israel. Pensaba que iba por el buen camino. Perseguía a los cristianos no por falta de rectitud, sino por falta de luz. Los cristianos que emprendieron las persecuciones infamantes y las inquisiciones vergonzosas no eran hombres malos, sino hombres equivocados. Los eclesiásticos que creían tener la misión divina de oponerse al progreso de la ciencia bajo la forma del sistema planetario de Copérnico o de la teoría de Darwin sobre la evolución no eran malvados, sino que estaban mal informados. Las palabras de Cristo en la cruz expresan una de las tragedias más hondas y trágicas de la historia: «No saben lo que hacen» (*La Fuerza de Amar*. Publicado por Acción Cultural Cristiana. Madrid, España. Publicado en el año 1999, página 42).

En la séptima palabra Jesús oró. «Jesús gritó con fuerza y dijo: '¡Padre, mi vida está en tus manos!'. Después de decir esto, murió» (Lc. 23:46, TLA).

La oración del mártir judeo-helenista fue: «Mientras le tiraban piedras, Esteban oraba así: **'Señor Jesús, recíbeme en el cielo'**. Luego cayó de rodillas y gritó con todas sus fuerzas: 'Señor, no los castigues por este pecado que cometen conmigo'. Y con estas palabras en sus labios, murió» (Hch. 7:59-60, TLA).

Ambas oraciones del Mesías Jesús, Esteban las hizo propias y personales. Esteban entregó al cuidado eterno del «Señor Jesús» que descendió y ascendió, el cuidado de su alma-espíritu. Esteban es el protomártir de los mártires cristianos, el primero que con su sangre bañaría el campo de la evangelización. Con esa sangre de los mártires se humedecieron los surcos donde era plantada la semilla del evangelio.

El protomártir Esteban fue apedreado a las afueras de lo que hoy se conoce como «La Puerta de los Leones» (por el diseño de cuatro leones sobre el arco superior de la entrada) en el lado este de la muralla. La tradición cristiana ortodoxa la llama «La Puerta de San Esteban». Cuando se entra por la misma se llega al «Estanque de Betesda» y a la Iglesia de Santa Ana en el barrio Cristiano.

En la iconografía católica, anglicana y ortodoxa, se presenta a Esteban con tres piedras, dos piedras sobre sus hombros y una piedra sobre su cabeza y en su mano derecha un libro y en la izquierda la palma del martirio. En la iconografía oriental se presenta con una iglesia o un incensario en su mano. En la Iglesia Ortodoxa con el monasterio en el valle de Cedrón, cerca de la Puerta de San Esteban, se venera el lugar de la lapidación de Esteban.

Otra tradición religiosa ubica la lapidación de Esteban fuera y cerca de la Puerta de Damasco. Allí se conmemora con la Basílica de San Esteban o la Iglesia de San Esteban. Está cerca de la calle Nablus. Bajo la emperatriz Eudocia se construyó un templo para conmemorar el evento, y ella luego fue sepultada allí.

La meta de todo creyente es que algún día cercano o lejano, pueda entregar en las manos del Amado su alma-espíritu. La vereda de la Iglesia está marcada en rojo por la sangre del Cordero-Hombre. Del Génesis al Apocalipsis fluye un río rojo de la sangre del Cordero Mesías.

Esteban terminó su discurso con estas palabras: «Pero como Esteban tenía el poder del Espíritu Santo, miró al cielo y vio a Dios en todo su poder. Al lado derecho de Dios estaba Jesús, de pie. Entonces Esteban dijo: 'Veo el cielo abierto. Y veo también a Jesús, el Hijo del hombre, de pie en el lugar de honor'» (Hch. 7:55-56, TLA).

El poder en Esteban. «Esteban tenía el poder del Espíritu Santo, miró al cielo y vio a Dios en todo su poder». El Espíritu Santo, el gran «empoderador» de la iglesia de Hechos, fue el poder que abrió el cielo para Esteban para así ver a «Dios en todo su poder».

La visión de Esteban. «... Al lado derecho de Dios estaba Jesús, de pie». Tuvo una visión de Jesús, el Hijo de Dios, en su estado de gloria, a la derecha de Dios Padre. Es como si el Jesús entronizado se hubiera levantado para recibir al mártir Esteban.

El testimonio de Esteban. «Veo el cielo abierto. Y veo también a Jesús, el Hijo del hombre, de pie en el lugar de honor». No se sabe nada de si Esteban pudo haber visto a Jesús resucitado aquí en la tierra, pero lo vio resucitado como «Hijo del hombre», levantado en un sitial de honor, disfrutando aquella gloria eterna que su encarnación le interrumpió, pero que su resurrección y ascensión le devolvió.

Tú y yo podemos tener una visión de cielos abiertos, de ver la gloria de Jesús manifestada en las reuniones congregacionales y en los devocionales personales. Ora, adora y alaba para que los cielos se abran para ti. ¡Vivimos en tiempos de cielos abiertos!

3. La oración de Esteban

«Y puesto de rodillas, clamó a gran voz: Señor, no les tomes en cuenta este pecado. Y habiendo dicho esto, durmió» (Hch. 7:60).

La posición. Esteban oró arrodillado. Jesús el Mesías le había enseñado a sus discípulos a orar de rodillas. Esteban que era la segunda generación de creyentes judeocristianos, aprendió a orar de rodillas. Lo tradicional para el judío era y es orar de pie o sentado. Pero en la tradición cristiana modelada por el mismo Señor Jesucristo, la oración de rodillas representa humillación, rendición y reverencia. Pero sea que oremos sentados, oremos de pie, oremos acostados, oremos caminando, lo importante es que oremos.

El contenido. En esta parte de su oración, Esteban tomó prestado el contenido de la oración de Jesús el Mesías en el Calvario. Como su Señor hizo, Esteban emuló su gran ejemplo perdonando. Los mártires cristianos a lo largo de los siglos, han muerto regando el rocío del perdón a sus ejecutadores.

El «**Padre, perdónalos porque no saben lo que hacen**», dicho por su Maestro, Esteban lo parafraseó: «**Señor, no les tomes en cuenta este pecado**». Dijo lo mismo pero con diferentes palabras.

Perdonar es el máximo acto de amor que un creyente puede hacer. Perdonar es el sermón más elocuente que se pueda predicar. El perdón produce más beneficios al que lo ofrece que al que lo recibe. Perdonamos aunque seamos los ofendidos. Perdonamos para ser sanados interiormente de resentimientos, venganzas, odio, mala voluntad y malos deseos hacía el prójimo. Perdonar produce sanación interior.

Cuando alguien me ofende, ofende a Dios y se pone en la posición del pecador. Cuando yo ofendo a alguien, ofendo a Dios y me pongo en la posición del pecador. Cuando no perdono al ofensor, me pongo en la posición del pecador. Cuando el ofensor no me perdona a mí, se pone en la posición del pecador. ¡Vale la pena perdonar!

Conclusión

El perdonar trae beneficios al que lo expresa, se aplica al ofensor y beneficia al ofendido. Jesús y Esteban vieron la ignorancia de aquellos que los abusaban. Primero no ofendas y segundo perdona.

002
La participación de Pablo

Hechos 8:1-3, RVR1960

«Y Saulo consentía en su muerte. En aquel día hubo una gran persecución contra la iglesia que estaba en Jerusalén; y todos fueron esparcidos por las tierras de Judea y de Samaria, salvo los apóstoles. Y hombres piadosos llevaron a enterrar a Esteban, e hicieron gran llanto sobre él. Y Saulo asolaba la iglesia, y entrando casa por casa, arrastraba a hombres y a mujeres, y los entregaba en la cárcel».

Introducción

Desde el principio el joven Saulo se presentó como un celoso de la fe religiosa. Se veía como alguien destinado a defender el judaísmo farisaico en contra del recién movimiento cristiano del llamado Mesías Jesús de la Galilea. Pero allí, en la lapidación de Esteban, Saulo sería testigo de la muerte del primer mártir de la fe cristiana.

1. El consentimiento de Pablo

«Y Saulo consentía en su muerte...» (Hch.8:1).

El Comentario Bíblico de Matthew Henry, adaptado por Francisco Lacueva, declara: «Hay buena razón para pensar que el propio Pablo incitó a Lucas a consignar esto para vergüenza suya y gloria de la gracia de Dios» (Editorial CLIE).

La complicidad. Saulo o Pablo desde el principio se deja ver como un líder, alguien que podía tomar decisiones, y en este caso como responsable de la muerte directa o indirecta del diácono Esteban, primer mártir cristiano y modelo para los futuros mártires que a lo largo de la historia de la iglesia con su sangre han regado la misma.

¿Cómo consintió Saulo en dicha muerte? Posiblemente era uno de los miembros más jóvenes de la Corte del Sanedrín. Pero esto es conjetura, sin base textual para sostener dicha posición resaltada por la tradición.

Puede que haya sido uno de los agitadores principales en tornar a aquella turba contra el inocente Esteban. Pero es innegable que era un joven fariseo en busca del foco de atención y que deseaba sobresalir como un verdadero fariseo celoso y fanático de su religión. Son muchos los seres humanos como Saulo de Tarso que siempre están buscando las luces del teatro.

Es probable que Saulo hubiera asistido en Jerusalén a la misma sinagoga donde se congregaba Esteban. Los judeocristianos guardaban el sábado en las sinagogas y el domingo lo celebraban en las casas-cultos.

Sobre su inicio en el fariseísmo, Pablo de Tarso testificaría: «Yo soy judío. Nací en la ciudad de Tarso, en la provincia de Cilicia, pero crecí aquí en Jerusalén. Cuando estudié, mi maestro fue Gamaliel, y me enseñó a obedecer la ley de nuestros antepasados. Siempre he tratado de obedecer a Dios con la misma lealtad que ustedes» (Hch. 22:3, TLA).

Este pasaje nos da un breve resumen o *curriculum vitae* de Pablo de Tarso sobre de dónde vino, dónde creció y lo que logró. Aunque nació en Tarso, se crió en Jerusalén y se educó para ser un rabino en las cátedras de Gamaliel. Fue un hombre que obedecía la ley y obedecía a Dios. ¡Era ciudadano y jerosolimitano!

La participación. Es sabido que muchos como Saulo se hacen cómplices de la injusticia humana, sea que la promuevan o que con su silencio la permitan. Un refrán popular dice: «El que calla otorga». Nunca estemos de acuerdo con el mal hacia otra persona. Nunca seamos partícipes de algo que es injusto poniéndonos el bozal del silencio.

Seamos agentes defensores de la verdad, defensores del orden, vigilantes de la justicia humana, embajadores de los derechos humanos. Levantémonos contra la difamación y los falsos testimonios. No nos pongamos al lado de la injusticia porque nos conviene, llegará el día que la injusticia en contra nuestra le convendrá a otra persona.

2. El duelo por Esteban

«Y hombres piadosos llevaron a enterrar a Esteban, e hicieron gran llanto sobre él» (Hch. 8:2).

El desafío. Aquí se puede hablar de líderes respetados, «hombres piadosos». La Traducción En Lenguaje Actual dice: «Unos hombres que amaban mucho al Señor». Por esa piedad y amor al Señor Jesucristo, esos «hombres piadosos» desafiaron a la multitud y reclamaron el cadáver del mártir Esteban para darle una honrosa sepultura. A los lapidados por blasfemia, herejías, inmoralidad, se les dejaban muchas veces sus cuerpos abandonados a las aves de rapiña.

Pero aquellos valientes **«hombres piadosos»**, se sobrepusieron a todos y a todo, para honrar a un buen ser humano, que por su creencia murió públicamente. Necesitamos muchos **«hombres piadosos»** y también incluyo a **«mujeres piadosas»**, que se atrevan a actuar moralmente-correctamente, políticamente-correctamente, y socialmente-correctamente.

Ellos no se avergonzaron de identificarse con la fe de Esteban, aunque eso los fuera a implicar como creyentes de Jesucristo. Nunca nos avergoncemos de dar testimonio de alguien que es un hombre o una mujer de Dios.

La honra. Pero notemos ese duelo expresado por la muerte de Esteban: «... **e hicieron gran llanto sobre él**». La muerte de alguien a quien se ama o que de alguna manera ha tocado nuestras vidas, produce en nosotros un fuerte dolor. Mientras otros celebraban la muerte de Esteban, un grupo lo lloraba.

A nuestros soldados espirituales caídos en combate contra las huestes del mal, se les tiene que honrar. Cuando están vivos y cuando mueren. El mundo norteamericano celebra el «Memorial Day» o «Día de los Veteranos». Y, pregunto: ¿Recordamos nosotros a nuestros «Veteranos de la Fe»?

Lamentablemente, a los impíos, a los no convertidos, a los hijos de las tinieblas, se les honra muchas veces más que a muchos paladines del evangelio, hombres y mujeres cuyas vidas se han desgastado en el servicio a la humanidad.

Al andar por muchas calles de New York City, veremos murales en algunas bodegas, que son pagados para honrar a vendedores de drogas o jefes de 'mafias', por personas que se benefician de sus actos. Pero nunca veremos un mural dedicado a un hombre o a una mujer de Dios. Muchas veces el mundo hace por los suyos, lo que nosotros no hacemos por los nuestros. ¡La verdadera ironía de la vida!

José de Arimatea se comprometió con el funeral de Jesús. «Después de todo esto, José de Arimatea, que era discípulo de Jesús, pero secretamente por miedo a los judíos, rogó a Pilato que le permitiese llevarse el cuerpo de Jesús; y Pilato se lo concedió. Entonces vino, y se llevó el cuerpo de Jesús» (Jn. 19:38, RV1960).

Nicodemo, el fariseo, se comprometió con el funeral de Jesús. «También Nicodemo, el que antes había visitado a Jesús de noche, vino trayendo un compuesto de mirra y de áloe, como cien libras» (Jn. 19:39, RV1960).

«Tomaron, pues, el cuerpo de Jesús, y lo envolvieron en lienzos con especias aromáticas, según es costumbre sepultar entre los judíos. Y en el lugar donde había sido crucificado, había un huerto, y en el huerto un sepulcro nuevo, en el cual aún no había sido puesto ninguno. Allí, pues, por causa de la preparación de la pascua de los judíos, y porque aquel sepulcro estaba cerca, pusieron a Jesús» (Jn. 19:40-42, RV1960).

Son muchos los funerales de líderes y creyentes en la obra de Jesucristo a los que he asistido como visitante o predicador, y he visto una notable ausencia de compañeros y de personas que en vida se beneficiaron de los mismos. ¿Por qué se ha perdido esta cultura de duelo funeral? A muchos no les importan los muertos de otros.

Pero peor aún, es cuando a muchos no les importan sus propios familiares fallecidos. Buscan las mil y una excusas para que otros asuman las responsabilidades de dar un funeral y un entierro digno a un ser querido. Y las iglesias muchas veces son blanco de oportunismo para esa clase de individuos. ¡Han gozado de sus seres queridos, los disfrutaron en vida, les han sacado finanzas a sus seres queridos, ahora que mueren los lloran, pero buscan que otros asuman la responsabilidad de los gastos funerarios!

3. El asolamiento de Pablo

«Y Saulo asolaba la iglesia, y entrando casa por casa, arrastraba a hombres y a mujeres, y los entregaba a la cárcel» (Hch. 8:3).

«... En aquel día hubo una gran persecución contra la iglesia que estaba en Jerusalén; y todos fueron esparcidos por las tierras de Judea y de Samaria, salvo los apóstoles» (Hch. 8:1).

Aquí se menciona a «**Jerusalén... Judea y Samaria**...» (Hch. 8:1), tres de los lugares mencionados en la asignación dada por el Señor como sus últimas palabras durante su ascensión: «Pero recibiréis poder, cuando haya venido sobre vosotros el Espíritu Santo, y seréis mis testigos en Jerusalén, en toda Judea, en Samaria, y hasta lo último de la tierra» (Hch. 1:8). La conjunción 'y' indica la proximidad de Judea y Samaria.

La iglesia fue comisionada para llenarse del Espíritu Santo y transformarse en una agencia de testimonio y de proclamación en su área y periferia. Pero la iglesia parece que se estancó, se quedó en Jerusalén. Entonces vino la persecución y se vio forzada a causa de la misma para cumplir con su asignación misionera y evangelizadora.

La iglesia fue esparcida, pero los apóstoles se quedaron en Jerusalén. Leemos: «… y todos fueron esparcidos por las tierras de Judea y de Samaria, salvo los apóstoles» (Hch. 8:1). La Iglesia de Jesucristo somos luz y debemos alumbrar en el mundo de las tinieblas.

Saulo de Tarso fue un asolador, un perseguidor, un inquisidor de la iglesia que estaba en Jerusalén, se metía en las casas para arrestar a los creyentes, arrastrándolos, los metía presos: «Mientras tanto, Saulo seguía maltratando a los miembros de la iglesia. Entraba en las casas, sacaba por la fuerza a hombres y a mujeres, y los encerraba en la cárcel» (Hch. 8:3, TLA).

Saulo de Tarso fue un fanático, un joven sin escrúpulos lleno de ambiciones, que maltrataba a hombres y mujeres. Haciendo daño a otros sentía que agradaba a Dios. Era un abusador «bully» religioso. ¡Un religioso equivocado! Y son muchos los religiosos bien intencionados, que hacen daño a quién no piensa como ellos. No somos amos de la verdad, somos siervos de la verdad.

Pero de ese perseguidor Jesucristo haría un seguidor. El perseguidor sería convertido en perseguido. El enemigo de la cruz sería el amigo de la cruz. Solo el poder de Jesucristo transforma a hombres y mujeres malos y no tan malos, en hombres y mujeres que hermosean la sociedad.

La muerte de Esteban de alguna manera influenció la vida de aquel joven llamado Saulo de Tarso. No solo le pusieron a sus pies las ropas de Esteban, Saulo guardó también las ropas de los que mataban a Esteban. Y eso lo demuestra en su testimonio posterior.

Aquella memoria del cuadro de la muerte de Esteban, siempre colgó en la pared del recuerdo: «Cuando mataron a Esteban, **yo estaba allí, y estuve de acuerdo en que lo mataran**, porque hablaba acerca de ti. ¡Hasta cuidé la ropa de los que lo mataron!» (Hch. 22:20, TLA).

En la vida de Pablo de Tarso se dejan ver varias vestiduras que señalan un propósito para con su vida:

Las vestiduras usadas por Esteban. «Y echándole fuera de la ciudad, le apedrearon; **y los testigos pusieron sus ropas a los pies de un joven que se llamaba Saulo**» (Hch. 7:58). Eran las vestiduras del hombre insultado, del siervo maltratado, del creyente abusado, del hombre santo, como lo era Esteban (Hch.

7:58). Aquellas vestiduras puestas a los pies de Saulo de Tarso, le dieron testimonio de una verdadera fe y una verdadera esperanza.

Las vestiduras usadas por los inquisidores de Esteban. «... **Y guardaba las ropas de los que lo mataban**» (Hch. 22:20). Eran hombres irracionales, arrastrados por sus impulsos emocionales, llenos de celo religioso, pero vacíos de misericordia y gracia. A Saulo le dieron testimonio de falta de amor, de celo religioso equivocado y falta de comprensión hacia el prójimo.

Las vestiduras rasgadas por Pablo de Tarso. «Cuando Bernabé y Pablo se dieron cuenta de lo que pasaba, rompieron su ropa para mostrar su horror por lo que la gente hacía. Luego se pusieron en medio de todos, y gritaron: ¡Oigan! ¿Por qué hacen esto? Nosotros no somos dioses, somos simples hombres, como ustedes. Por favor, ya no hagan estas tonterías, sino pídanle perdón a Dios. Él es quien hizo el cielo, la tierra, el mar y todo lo que hay en ellos'» (Hch. 14:14-15, TLA).

Bernabé y Pablo rasgaron sus vestiduras como demostración que no eran dioses. Con ese acto rechazaron toda adulación y pleitesía humana. En el drama divino solo Jesucristo es actor principal. Nosotros somos los extras.

Las vestiduras usadas por Pablo de Tarso. «Cuando vengas, tráeme la capa que dejé en Tróade, en casa de Carpo; también los libros, y especialmente los pergaminos» (2 Tim. 4:13, DHH). Pasado el tiempo Saulo de Tarso fue un hombre cambiado y santo. Esa Tróade es conocida como Troas o Troya. Muchos recuerdan a esta legendaria ciudad por el caballo de Troya mencionado en la Ilíada de Homero.

(Quien escribe esto ha visitado las ruinas de Troya. Allí he subido hasta el caballo conmemorativo de madera). Pero la Biblia recuerda a Troya asociada con la «capa» o «el capote» de Pablo de Tarso. Era el abrigo usado en el invierno por el apóstol. Allí dejó su capote bajo el cuidado de su amigo Carpo. Era una vestidura que daba testimonio de una vida entregada y gastada al servicio del reino de Jesucristo.

A los incrédulos, el Espíritu Santo los cambia en crédulos. A los mundanos, la Biblia los influencia para convertirse en santos. A los enemigos de la cruz, los vuelve amigos de la cruz. Los que no querían visitar la iglesia, ahora no quieren salir de la iglesia. Los que no querían saber nada de teología, ahora estudian teología. El que antes no oraba ni leía la Biblia, ahora en su nueva vida es un practicante de estos nuevos hábitos espirituales.

Debemos tener un equilibrio entre la pasión religiosa y el fanatismo religioso. Debemos mirar al mundo con los ojos de Jesucristo y tratarlo con el corazón compasivo de Jesucristo. La Palabra de Dios se debe presentar como miel que atraiga al pecador.

No hemos sido llamados para condenar al mundo, sino para decirle al mundo que en Cristo Jesús hay salvación. Jamás podremos convencer al mundo de su pecado, prediquemos y dejemos que el Espíritu Santo lo convenza de su pecado.

El Gran Maestro de Galilea dijo: «Cuando el Espíritu venga, hará que los de este mundo se den cuenta de que no creer en mí es pecado. También les hará ver que yo no he hecho nada malo, y que soy inocente. Finalmente, el Espíritu mostrará que Dios ya ha juzgado al que gobierna este mundo, y que lo castigará. Yo, por mi parte, regreso a mi Padre, y ustedes ya no me verán» (Jn. 16:8-11, TLA).

4. El alcance de la iglesia

«Pero los que fueron esparcidos iban por todas partes anunciando el evangelio» (Hch. 8:4). Es decir, aquellos creyentes fueron a la diáspora. Aquella persecución contribuyó para que Hechos 1:8 se cumpliera. Se nos declara que «iban por todas partes anunciando el evangelio».

La palabra griega διεσπάρησαν (diesparesan) es un verbo directo. Procede del verbo διασπείρω (diaspeiro). Cuando pensamos en la palabra diáspora, nos viene a la mente los judíos y palestinos dispersados por el mundo. La iglesia de Jesucristo es una comunidad de fe integrada por muchos creyentes que viven y conviven en la diáspora. El mundo es nuestra diáspora, es nuestro exilio.

Jesús de Nazaret oró diciendo: «Yo ruego por ellos; no ruego por el mundo, sino por los que me diste; porque tuyos son, y todo lo mío es tuyo, y lo tuyo mío; y he sido glorificado en ellos. Y ya no estoy en el mundo; mas éstos están en el mundo, y yo voy a ti. Padre santo, a los que me has dado, guárdalos en tu nombre, para que sean uno, así como nosotros» (Jn. 17:9-11).

Ese trabajo de evangelizar que salió de las manos de los doce apóstoles está ahora en las manos de todos los creyentes. A todos nosotros, clérigos o laicos, líderes o subalternos, con Instituto Bíblico o sin Instituto Bíblico, con muchos años de convertidos o recién convertidos, con o sin el bautismo del Espíritu Santo, nos toca la gran responsabilidad de ir «**por todas partes anunciando el evangelio**».

Ese en «**todas partes**», es dondequiera que vayamos, en la comunidad, en el trabajo, en la escuela, en la familia, es dondequiera. Y aunque los líderes se queden, nosotros iremos fuera. Nuestro llamado es para evangelizar. Nuestra misión es el mundo.

Si el mundo no conoce a Jesucristo, nosotros debemos presentárselo. Si el mundo no oye su voz, nosotros seremos la voz de Jesucristo. Alguien te habló a ti y a mí de Jesucristo, y ahora estamos en la iglesia. Ahora nos toca a nosotros hacer lo mismo, hablarles a otros de Jesucristo, para que también estén con nosotros en la iglesia.

Cómo sea, cuándo sea, dónde sea y con quién sea, el propósito del evangelio se predicará. Si no somos nosotros, otro lo hará. Si no es por las buenas, será por las malas, pero de una manera u otra, tenemos que predicar a Jesucristo.

Conclusión

Un mártir como el diácono Esteban estuvo frente a un martirizador como Saulo de Tarso. Un día aquel joven perseguidor sería también un perseguido y mártir de la Iglesia cristiana. Las sandalias que dejaba vacía Esteban, Saulo las usaría.

003
La persecución por Pablo

Hch. 9:4-5, RVR1960

«Y cayendo en tierra, oyó una voz que le decía: Saulo, Saulo, ¿por qué me persigues? Él dijo: ¿Quién eres, Señor? Y le dijo: Yo soy Jesús, a quien tú persigues; dura cosa te es dar coces contra el aguijón».

Introducción

Hechos 9:1-9, narra la más extraordinaria conversión cristiana del primer siglo, y se puede afirmar que de todos los tiempos, y fue la de un rabino fariseo llamado Saulo o Pablo de Tarso, que llegó a ser uno de los paladines del evangelio. Con su conversión se inició un nuevo capítulo de evangelización y misiones para la naciente Iglesia cristiana.

1. El odio de Pablo

«Saulo, respirando aún amenazas y muerte contra los discípulos del Señor, vino al sumo sacerdote y le pidió cartas para las sinagogas de Damasco, a fin de que si hallase algunos hombres o mujeres de este Camino, los trajese presos a Jerusalén» (Hch. 9:1-2).

El perseguidor. A Saulo o Pablo se le identifica desde el principio como un feroz enemigo de la fe cristiana. Con él se inauguró la primera gran persecución cristiana. Por lo que se desprende de este pasaje bíblico, Saulo era un hombre lleno de amenazas y con ansias insaciables de dar muerte a aquellos que habían profesado a Jesús como Mesías. El cristianismo era para él una herejía, y tenía que ser erradicada. Y llegó a creer que esa era su misión. ¡Saulo fue uno de esos muchos seres humanos que creyendo hacer un bien, hacen mucho mal!

La estrecha teología farisaica que Saulo tenía, no le daba espacio para pensar y creer diferente. Él necesitaba un encuentro sobrenatural con el Dios del cielo. Más que religión con Jesucristo, se debe buscar relación con Él. Unas semanas atrás la hermana Nela Paredes expresó desde el púlpito de la IPJQ: «No es que visitemos la iglesia, sino que sirvamos al que está en la iglesia».

Como Saulo son muchos los que son de mente estrecha (en inglés 'narrow minded') que no pueden pensar fuera de la caja, en su manera de vivir y hacer teología. El sentido religioso de estos, es un sin sentido religioso para otros. En vez de dejar a Dios actuar, ellos quieren actuar por Dios. La gracia, la misericordia y el amor de Jesucristo, están ausentes en su desbocamiento religioso.

El apoyador. Saulo llegó hasta Caifás que era el sumo sacerdote, el mismo individuo que enjuició al Mesías Jesús, para recibir de este cartas autorizándole a perseguir a los «de este Camino» (Hch. 9:2).

Saulo era un joven de conexiones en el emporio religioso. Aparece en este pasaje asociado con el sumo sacerdote Caifás, de los saduceos, aquel mismo que actuó en la pasión de Jesucristo: «Los que prendieron a Jesús le llevaron al sumo sacerdote Caifás, adonde estaban reunidos los escribas y los ancianos» (Mt. 26:57).

«Entonces la compañía de soldados, el tribuno y los alguaciles de los judíos, prendieron a Jesús y le ataron, y le llevaron primeramente a Anás, porque era suegro de Caifás, que era sumo sacerdote aquel año. Era Caifás el que había dado el consejo a los judíos de que convenía que un solo hombre muriese por el pueblo» (Jn. 18:12-14).

Saulo ya gozaba de una preeminencia en la cúpula del fariseísmo. La expresión «de este Camino» nos deja saber cómo se conocían a los seguidores de Jesucristo antes de haber sido llamados cristianos. Y fue en Antioquía cuando por vez primera se les dio este nombre de «cristianos» o seguidores de Cristo.

Saulo era su nombre hebreo que se le dio para honrar al primer rey de Israel llamado Saúl. Su nombre en griego era «Paulos» y en latín «Paulus». Pablo es su nombre en español. Como ciudadano romano tenía dos nombres, el hebreo y el romano. Es decir que se pudo haber llamado «Saulo Paulus».

Vemos en el joven Saulo a un fanático religioso, un hombre celoso de la fe judía. Era un apasionado de sus convicciones. Buscaba grandezas humanas. Quizá miraba con ansias el día que fuera enlistado en el Tribunal Superior de la religión farisaica llamado el Sanedrín. Y en esos Saulos caprichosos, celosos, apasionados, de un carácter descontrolado, cerrados de razón, se glorificará el Espíritu Santo cuando estos se rindan ante su poder.

Hablando de grandeza humana dijo el Dr. Martin Luther King, Jr, lo siguiente: «Junto a esto ha proliferado una desordenada adoración por la grandeza. Vivimos en una época de 'magnificación', en la que los hombres se complacen en lo amplio y en lo grande –grandes ciudades, grandes edificios, grandes compañías–. Este culto a la magnitud ha hecho que muchos tuviesen miedo de sentirse identificados con una idea de minoría» (*La Fuerza de Amar*. Publicado en español por Acción Cultural Cristiana. Madrid. Publicado en el año 1999, página 25).

2. El encuentro de Pablo

«Y cayendo en tierra, oyó una voz que le decía: Saulo, Saulo, ¿por qué me persigues?» (Hch. 9:4).

El lugar. «Ya camino a Damasco, y cerca de la ciudad, una luz resplandeciente del cielo lo rodeó: 'Mas yendo por el camino, aconteció que al llegar cerca de Damasco, repentinamente le rodeó un resplandor de luz del cielo'» (Hch. 9:3).

Ese «camino a Damasco» atravesaba por la *Via Mari*, la principal carretera hacia Siria, Babilonia, Persia. Cruzaba toda la Galilea y luego ascendía por las Alturas del Golán hasta cruzar el monte Hermón (quien escribe esto ha tomado parte de esa ruta en muchas de mis peregrinaciones a Israel). Saulo había avanzado bastante, estaba ya cerca de su meta. Pero Jesucristo tenía un propósito para él.

Se declara «Ya camino a Damasco». El rey Aretas de los nabateos, con su capital en Petra, parece que dominó por algún tiempo Damasco, de esa manera servía a los intereses romanos y se relacionaba muy bien con los judíos. Pero todos nosotros hemos tenido nuestro «camino a Damasco».

El Dr. Francisco Lacueva a raíz de su conversión a Jesucristo bajo la influencia del Dr. Samuel Vila, al enganchar los hábitos católicos, escribió un libro titulado: *Mi camino a Damasco*. Sus homólogos católicos en son de burla escribieron algo como una reacción en contra de la conversión del Dr. Lacueva: «Tu camino a Damasco».

Todos tenemos un «camino a Damasco», donde cae el hombre o la mujer viejos, para que se levante la nueva criatura en Cristo Jesús. Ese «camino a Damasco» es el camino de la rendición, es el camino de la muerte del yo, es el camino de nuestra crucifixión humana. ¿Recuerdas tu camino a Damasco? ¿Hacia dónde ibas cuando Jesucristo se te manifestó a ti?

El efecto de aquella luz, asustó la cabalgadura o caballo de Saulo, y este cayó a tierra (Hch. 9:4). Esa caída de Saulo lo humilló, lo hizo tocar polvo, y allí oyó una voz que le dijo: «... Saulo, Saulo, ¿por qué me persigues?» (Hch. 9:4).

Watchman Nee nos habló de nuestra propia indignidad a la luz de la manifestación de Jesucristo:

Cuando la luz llega, lo primero que hace es matar. No debemos pensar que la luz solo nos da la vista, ya que cuando ella viene, lo primero que hace es quitarnos la vista. La luz sí nos hace ver, pero eso vendrá más adelante. Al principio nos deja ciegos y nos hace caer hacia atrás. **Si no nos hace caer por tierra, ni nos humilla, no es luz.** Pablo fue rodeado de una luz y cayó a tierra; sus ojos no pudieron ver nada durante tres días (Hch. 9:8-9). Cuando recibimos la luz por primera vez, quedamos confusos, como cuando alguien sale de la oscuridad a una luz intensa y no puede distinguir nada; todo se le confunde. Aquellos que tienen confianza en sí mismos y son autosuficientes necesitan que Dios tenga misericordia de ellos, pues no han visto la luz. Lo único que conocen son doctrinas y teorías. Mas cuando vean la verdadera luz, dirán: «Señor ¿qué sé yo? No sé nada». **Cuanto mayor sea la revelación, más ciego queda uno** y más severo es el golpe que recibe. **La luz derriba a la persona y hace que sea humilde**; sólo entonces recibe la vista. Si nunca hemos sufrido un golpe certero ni hemos sido humillados, y si no hemos estado confusos ni sentido que no sabemos nada, nunca nos hemos encontrado con la luz y todavía estamos en tinieblas. Que el Señor tenga misericordia de nosotros para que su luz nos libre de la confianza que tenemos en nosotros mismos y nunca pensemos que nosotros tenemos la razón, que no nos equivocamos y que sabemos mucho. Que podamos decir: «Señor, Tú eres la luz. Ahora sé que lo único que había visto eran cosas y nada más». (*Cristo Es La Luz de la Vida*, Página 4).

Mientras uno no caiga de su cabalgadura, no podrá tener una revelación de quién es el Señor que está sobre nosotros. Muchos andan montados en el caballo del orgullo; andan montados en el caballo de sus pasiones; andan montados en el caballo de su desenfreno moral; andan montados en el caballo de su ego; andan montados en el caballo de su fanatismo religioso, sea muy legalista o sea muy liberal.

Pero de aquella cabalgadura, Jesucristo los derribará al suelo. Aquel joven fariseo que perseguía a la iglesia de Jesucristo, fue públicamente humillado, cayendo en tierra, para que recordara que él era polvo de la tierra.

La voz. Dos veces aquella extraña y sobrenatural voz, lo llamó por su nombre hebreo «Saulo, Saulo», que es una variante del nombre de Saúl (en hebreo significa 'pedido') y fue el primer rey de Israel. Saulo recibió ese nombre en honor al rey Saúl. Saulo de Tarso pertenecía a la pequeña tribu de Benjamín, al igual que Saúl. Benjamín fue el hijo menor de Jacob con la amada Raquel y hermano de padre y madre de José, el soñador.

Cuando en la Biblia se llama a alguien dos o tres veces por su nombre significa que lo que se le va a decir es sumamente importante, tratando de capturar su atención, de desenfocarlo de sí mismo para enfocarlo en Aquel que lo llama.

Leemos de la experiencia del joven Samuel y de cómo Jehová Dios lo llamó por su nombre: «Jehová llamó a Samuel; y él respondió: Heme aquí. Y corriendo luego a Elí, dijo: Heme aquí; ¿para qué me llamaste? Y Elí le dijo: Yo no te he llamado; vuelve y acuéstate. Y él se volvió y se acostó. Y Jehová volvió a llamar otra vez a Samuel. Y levantándose Samuel, vino a Elí y dijo: Heme aquí; ¿para qué me has llamado? Y él dijo: Hijo mío, yo no te he llamado; vuelve y acuéstate. Y Samuel no había conocido aún a Jehová, ni la palabra de Jehová le había sido revelada. Jehová, pues, llamó la tercera vez a Samuel. Y él se levantó y vino a Elí, y dijo: Heme aquí; ¿para qué me has llamado? Entonces entendió Elí que Jehová llamaba al joven. Y dijo Elí a Samuel: Ve y acuéstate; y si te llamare, dirás: Habla, Jehová, porque tu siervo oye. Así se fue Samuel, y se acostó en su lugar. Y vino Jehová y se paró, y llamó como las otras veces: ¡Samuel, Samuel! Entonces Samuel dijo: Habla, porque tu siervo oye» (1 Sam. 3:4-10).

A muchos de ustedes el Espíritu Santo los está llamando ahora mismo. Su voz está despertando su conciencia dormida. ¡Levántate y obedécelo! A la edad de 19 años, escuché la voz de Jesucristo que me llamó tres veces por mi nombre «Kittim... Kittim... Kittim». No dijo nada más, pero eso ha sido suficiente para que yo le esté sirviendo casi cinco décadas ya.

La pregunta a Saulo de Tarso era: «**¿Por qué me persigues?**». Muchas veces hacemos las cosas y no sabemos por qué. Saulo no tenía razones para perseguir a los creyentes. Al perseguirlos a ellos, él estaba persiguiendo al que murió por ellos. El grave problema de Saulo no era con la Iglesia era con el Señor de la Iglesia. Su problema no era con los cristianos, sino con el Cristo de los cristianos.

El que maldice a un creyente, maldice al Señor de ese creyente. El que critica a un siervo de Dios, critica al Dios de ese siervo. El que se mete con la iglesia, se mete con Aquel que murió por la iglesia. El que roba a la iglesia o a un pastor, le roba a Dios.

3. La conversión de Pablo

«Él, temblando y temeroso, dijo: Señor, ¿qué quieres que yo haga? Y el Señor le dijo: Levántate y entra en la ciudad, y se te dirá lo que debes hacer» (Hch. 9:6).

El temor. A muchos el Espíritu Santo los tiene que traer a los pies de Jesucristo, temblando y llenos de miedo, de lo contrario nunca se hubieran rendido ante el trono del Calvario. Necesitan haber tenido un accidente, caer presos o estar confinados en un hospital, ser abandonados o ser engañados por su pareja, tener a un hijo o hija en problemas, antes de que ellos o ellas puedan mirar hacia arriba, al cielo.

«Él dijo: ¿Quién eres, Señor? Y le dijo: Yo soy Jesús, a quien tú persigues; dura cosa te es dar coces contra el aguijón» (Hch. 9:5). El grave problema de Saulo al perseguir al Cuerpo de Jesucristo, era que perseguía a la Cabeza que es Jesucristo

Allí Saulo tuvo una revelación de un personaje espiritual. Por eso le preguntó: **«¿Quién eres, Señor?»**. Eso indica que Saulo no conocía a esa persona, de ahí que le tenga que preguntar ¿quién es? Muchos hoy son enemigos de la cruz, porque no conocen al Crucificado de la cruz. Son enemigos de la iglesia, porque no conocen a quién murió por la iglesia. Rechazan el evangelio porque desconocen que es la mejor noticia para su vida.

Notemos que Saulo le dijo: **«Señor»**. En griego es **«Kyrios»** que implica **Amo**, para que le sirvamos; **Dueño** para que seamos su propiedad y **Soberano** para ser sus súbditos. Esto implica un reconocimiento a la autoridad espiritual del **«Señor»** que se le reveló y le declaró.

A lo que este extraño personaje le respondió al vencido Saulo: «Yo soy Jesús, a quien tú persigues; dura cosa te es dar coces contra el aguijón». Allí Dios Hombre, el Cristo Pascual, se le reveló en un «tú a tú» a Saulo. Y el Señor le dejó saber que Él era a quién Saulo perseguía. Y que al hacerlo, se hería a sí mismo como el buey que es incado por la vara afilada del aguijón.

La revelación. A Saulo, le dijo el Señor: **«Yo soy Jesús»**. Allí le afirmó que él, Jesús, estaba resucitado, que vivía eternamente. A Saulo se le apareció como al último en su resurrección, como a un abortivo, como a uno que nació cuando no se esperaba que naciera.

«Y al último de todos, como a un abortivo, me apareció a mí. Porque yo soy el más pequeño de los apóstoles, que no soy digno de ser llamado apóstol, porque perseguí a la iglesia de Dios» (1 Cor. 15:8-9).

La Nueva Traducción Viviente rinde: «Por último, como si hubiera nacido en un tiempo que no me correspondía, también lo vi yo. Pues soy el más insignificante de todos los apóstoles. De hecho, ni siquiera soy digno de ser llamado apóstol después de haber perseguido a la iglesia de Dios, como lo hice».

Un gran pecador como Saulo o Pablo se encontró con un Gran Salvador llamado Jesús, que le ofreció una gran salvación. Amigo y amiga, ven al dulce salvador Jesús, antes de que sea demasiado tarde.

El Señor le dijo: «Yo soy Jesús, a quien tú persigues...». Le estaba diciendo: «No es a los de 'el Camino' que tú persigues, sino al 'Camino'. 'No es a ellos, sino a mí'». Saulo perseguía a aquellos creyentes, cuando en realidad era al Señor de esos creyentes que él perseguía.

«Saulo, respirando aún amenazas y muerte contra los discípulos del Señor, vino al sumo sacerdote, y le pidió cartas para las sinagogas de Damasco, a fin de que si hallase algunos hombres o mujeres de este **Camino**, los trajese presos a Jerusalén» (Hch. 9:1-2).

«Perseguía yo este **Camino** hasta la muerte, prendiendo y entregando en cárceles a hombres y mujeres» (Hch. 22:4).

«Pero esto te confieso, que según **el Camino** que ellos llaman herejía, así sirvo al Dios de mis padres, creyendo todas las cosas que en la ley y en los profetas están escritas» (Hch. 24:14).

Y le añadió: «**Dura cosa te es dar coces contra el aguijón**». El aguijón se utilizaba para mortificar al buey y obligarlo a caminar y a trabajar. Saulo era el buey que se estaba hiriendo contra algo que no podía vencer. Jesús lo estaba invitando a cambiar de equipo, a ser parte de los del 'Camino'.

Saulo de Tarso contestó a ese llamado de salvación: «Él, temblando y temeroso, dijo: Señor, ¿qué quieres que yo haga? Y el Señor le dijo: Levántate y entra en la ciudad, y se te dirá lo que debes hacer» (Hch. 9:6). El «**¿quién eres, Señor?**», se transformó en el «**¿qué quieres que yo haga?**». Está la rendición incondicional de Saulo de Tarso. Allí rindió todo lo que era a cambio de todo lo que Jesucristo era para él.

Amigo pecador, alma que andas vacía del Espíritu Santo, ríndete ya al Señor Jesucristo. ¡Deja de dar coces contra el aguijón! Jamás podrás vencer al Nazareno. ¡Déjate vencer por el Galileo! La cruz es tu puente para que llegues al Crucificado.

La entrega. Aquella fue una rendición total sin condiciones para el vencido por el Vencedor. Saulo o Pablo lo llamó «**Señor**». Fue un reconocimiento de que ese personaje era mayor en rango que él, y aún mayor que el jefe de los sacerdotes llamado Caifás. En él se produjo temblor y temor. Y con una pregunta aceptó el señorío de Jesucristo para su vida: «**¿Qué quieres que yo haga?**».

A partir de aquí, Saulo ya no haría más su voluntad, sino la voluntad de Aquel que pudo más que él. Allí le doblegó su voluntad religiosa Aquel que camino a Damasco lo había vencido. Allí Saulo fue crucificado espiritualmente y murió aquel fariseo fanático llamado Saulo o Pablo.

Los acompañantes. Con Saulo iban varios hombres, ellos oyeron la voz, pero solo con Saulo trató la gracia divina. Él era el elegido, el escogido, el que había sido predestinado para ese día de salvación: «Y los hombres que iban con Saulo se pararon atónitos, oyendo a la verdad la voz, mas sin ver a nadie» (Hch. 9:7).

Aquellos hombres oyeron la voz, pero no vieron al de la voz. Saulo se levantó de la tierra, se había quedado ciego: «Entonces Saulo se levantó de la tierra, y abriendo los ojos, no veía a nadie; así que, llevándole por la mano, le metieron en Damasco» (Hch. 9:8).

Ninguno de ellos se convirtió a pesar de tener la misma experiencia sobrenatural que tuvo Saulo en su camino a Damasco. Lo sobrenatural no salva a nadie, sino cuando el ser humano mueve el pestillo de la voluntad para dejar obrar al Espíritu Santo en vida.

En lo natural Saulo de Tarso se quedó ciego, perdió su visión religiosa y celosa, y recibió en lo sobrenatural una visión celestial. Nadie vio aquella visión de Jesús de Nazaret, solo la vio Saulo.

Cuando perdemos la visión de la carne, recibimos la visión del espíritu. El Saulo invencible se transformó en el Saulo vencido. El Saulo perseguidor sería el Saulo perseguido. El Saulo enemigo de la cruz, sería el Saulo amigo de la cruz. Un encuentro con Jesucristo, oír su voz y tener una visión de Él, producirá una transformación en el alma-espíritu.

Y allí en Damasco, Saulo entró en un ayuno de tres días: «Donde estuvo tres días sin ver, y no comió ni bebió» (Hch. 9:9). Aquel perseguidor de la iglesia pasó los primeros días de su conversión ayunando. Al morir aquel gran perseguidor de la Iglesia, había nacido el gran defensor de la Iglesia.

Conclusión

De lo malo, Jesucristo sacó lo bueno. Del perseguidor hizo el evangelizador. Su camino de Damasco fue cambiado por su camino de la salvación. Saulo de Tarso salió con sus planes, pero en el camino se le cambiaron por los planes de Jesucristo.

004
La ministración de Pablo

Hechos 9:19, RVR1960

«Y habiendo tomado alimento, recobró fuerzas. Y estuvo Saulo por algunos días con los discípulos que estaban en Damasco».

Introducción

Este pasaje nos lleva a ese cuarto día de la conversión de Saulo de Tarso. Un discípulo y profeta llamado Ananías, tuvo el llamado y la comisión de visitar al recién convertido Saulo de Tarso para ministrarle.

1. La visión de Ananías

«Había entonces en Damasco un discípulo llamado Ananías, a quien el Señor dijo en visión: Ananías. Y él respondió: Heme aquí, Señor» (Hch. 9:10).

El encargado. Ananías era un discípulo de Jesucristo que residía en Damasco, Siria, territorio romano (Hch. 9:10). A él se le reveló el Señor Jesucristo, como «el Señor». Lo llamó por su nombre «Ananías». El Señor Jesucristo y el Espíritu Santo siempre están en busca de alguien, joven o mayor, para llamarlos para la obra del ministerio. Alguien que como Ananías pueda responder a ese llamado celestial como los profetas del Antiguo Testamento con un **«Heme aquí, Señor»**.

«Y el Señor le dijo: Levántate, y ve a la calle que se llama Derecha, y busca en casa de Judas a uno llamado Saulo, de Tarso; porque he aquí, él ora, y ha visto en visión a un varón llamado Ananías, que entra y le pone las manos encima para que recobre la vista» (Hch. 9:11-12).

El Señor Jesucristo tiene un directorio personal de cada uno de nosotros, sabe cómo nos llamamos, el departamento, apartamento o casa donde vivimos y cómo se llega a nuestra dirección. Pero tristemente, hay muchos a los que Jesucristo no puede anotar en su directorio para ser localizados para una misión especial.

Dice William Barclay lo siguiente sobre la calle 'Derecha': «Esta era una calle importante que cruzaba Damasco de este a oeste. Estaba dividida a lo largo en tres partes: una central, por la que discurría el tráfico, y dos laterales para los que iban a pie, en las que los mercaderes ponían sus puestos y vendían mercancías» (*Comentario Al Nuevo Testamento*, Editorial CLIE. Publicado en el año 2006, página 518).

La calle Derecha se sigue trazando donde estaba aquella antigua calle romana y se le conoce en árabe como (Darb almustaqim) o «calle Derecha» o (Suµq al-Tawileµh-Tawilemh) o «calle Larga». Se traduce en algunas versiones bíblicas como calle «Recta» (BHTI).

Era una calle muy reconocida por su continuo tránsito. Pero se la recuerda porque en una casa de esa calle 'Derecha' vivía un discípulo llamado Judas y allí estaba alojado un hombre llamado Saulo, que en el futuro marcaría positivamente la historia como uno de los más grandes contribuyentes al cristianismo.

La orden. En esa visión, que pudo haber sido en sueño o en éxtasis, Ananías fue ordenado ir a la calle llamada 'Derecha', visitar la casa de otro discípulo llamado 'Judas', y le indicó que allí estaba orando Saulo de Tarso.

De Ananías y de este Judas no sabemos mucho. Son de los muchos personajes incógnitos que se mencionan en la Biblia. Pero Ananías y Judas son de esos individuos que la gracia divina conecta a otros, y de esa manera el propósito de Jesucristo se cumple en los mismos. Seres humanos dispuestos a obedecer la voluntad divina, aunque la misma choque contra su propia voluntad. La oración perdonadora de Esteban y la obediencia de Ananías con el alojamiento de Judas fueron claves en la conversión de aquel enemigo de la iglesia.

¡Y cuántas llamadas calles 'Derecha', nos puede enviar el Señor Jesucristo! Puede ser a un templo, a un culto de hogar, a una célula, a una clase bíblica, a un retiro espiritual, a una vigilia en el templo, a un concierto cristiano, a un convivio fraternal, o a una visita de un enfermo o de una oveja retraída en un hogar. Para allí tener un encuentro con un Saulo en necesidad espiritual de una palabra de parte de Jesucristo.

Ananías se conectaría con Judas quien ya estaba conectado con Saulo. ¡Esas conexiones divinas son necesarias! Aquí no hay espíritu de independencia, sino espíritu de dependencia. ¡Es trabajar en equipo! ¡Es promover la unidad negándose a uno mismo!

Ananías encontraría orando a Saulo de Tarso: «... porque he aquí, él ora...». El recién convertido debe iniciarse en su nueva vida espiritual, desarrollando el hábito de la oración.

La transformación de Saulo de Tarso fue total. «A total transformation», se diría en inglés. Pero aquel abortivo, nacido fuera de tiempo, fue cuidado en la casa de un partero espiritual. ¡Y cuántos parteros espirituales se necesitan en nuestros días!

En esos primeros días después de la conversión se necesita dar mucha atención al recién nacido espiritual. A eso se le conoce como un ministerio de consolidación o de conservación de frutos.

En la Iglesia de Jesucristo, necesitamos hombres y mujeres que cuiden de los pequeños, que ayuden a cuidar el rebaño del Señor. Un ministerio de cuidadores espirituales es de gran importancia. La labor pastoral no se realiza solo, se realiza con la ayuda pastoral.

2. La reacción de Ananías

«Entonces Ananías respondió: Señor, he oído de muchos acerca de este hombre, cuántos males ha hecho a tus santos en Jerusalén» (Hch. 9:13).

La afirmación. «Y ha visto en visión a un varón llamado Ananías, que entra y le pone las manos encima para que recobre la vista» (Hch. 9:12).

A Saulo de Tarso se le había revelado que Ananías entraría en la casa donde estaba, y allí el profeta impondría las manos para que recobrara la vista. Las investiduras espirituales se honran y se respetan. Ananías tenía rango espiritual ante el cielo. Los títulos no son gran cosa, si el rango espiritual no los acompaña.

Saulo de Tarso estaba conectado con la frecuencia del cielo. Tuvo un encuentro sobrenatural con el Cristo resucitado, al cual Saulo repudiaba delante de Esteban que declaró haberlo visto resucitado: «Y dijo: He aquí, veo los cielos abiertos, y al Hijo del Hombre que está a la diestra de Dios» (Hch. 7:56). Ese Resucitado se le reveló a Saulo y se le reveló a él.

La declaración. «Entonces Ananías respondió: Señor, he oído de muchos acerca de este hombre...» (Hch. 8:13). Ananías reaccionó al Señor en aquella visión, declarando que él había escuchado cosas no agradables de Saulo, y de su mala conducta con los «santos en Jerusalén» (Hch. 8:13).

La mala fama acompañaba a Saulo de Tarso. Tenemos que vencer muchos de nuestros prejuicios, para así ver lo que la gracia de Jesucristo puede hacer en nuestro semejante. Donde Ananías vio a un perseguidor de la fe, la gracia divina vio a un defensor de la fe.

A algunos nuevos convertidos la estela de su vida pasada (drogadicción, alcoholismo, delincuencia, inmoralidad, cárcel, brujería, promiscuidad, mentiras), de lo que fueron y lo que hacían, muchas veces les acompañará. Pero a medida que se manifiesta en él o ella la nueva vida en Cristo Mesías, la gente se dará cuenta que han sido verdaderamente cambiados. ¡Son nuevas criaturas! ¡Ha sido hechos en el cielo! ¡Tienen una patente celestial! De ese recién convertido, con un pasado dudoso, el Espíritu Santo sacará algo maravilloso.

¡Cuidado con ese «he oído»! No dejemos que rumores ajenos nos programen para prejuiciarnos contra alguien, sin antes darle el derecho a dudar de las cosas malas que se digan sobre ellos.

La preocupación. «Y aun aquí tiene autoridad de los principales sacerdotes para prender a todos los que invocan tu nombre» (Hch. 9:14). Ananías lo sigue viendo como al Saulo viejo bajo una autoridad mundana. Pero cuando a Saulo de Tarso se le reveló una autoridad mayor, la del Señor Jesucristo, la primera autoridad se hizo inoperante para él. Ahora le servía a un Señor mayor.

El instrumento. «El Señor le dijo: Ve, porque instrumento escogido me es éste, para llevar mi nombre en presencia de los gentiles, y de reyes, y de los hijos de Israel» (Hch. 9:15).

Al discípulo Ananías, el Señor Jesucristo le reveló que Saulo de Tarso le era su instrumento de testimonio. Aún antes de serlo, el Señor lo veía siéndolo. Un instrumento es cualquier cosa que sirva para lograr un propósito. Puede ser una pala, un envase, una herramienta. Hay instrumentos de trabajo, instrumentos de cocina, instrumentos de guerra, instrumentos de hospital, instrumentos de servicio. El martillo es un instrumento, pero un tenedor es un instrumento. Un tubo es un instrumento, pero un alfiler es un instrumento. El instrumento es un medio, pero quién usa el instrumento es la voluntad ejercida por medio del mismo. ¡Eso sería Saulo de Tarso como Pablo de Tarso, un instrumento de Jesucristo!

3. La comisión de Ananías

«Fue entonces Ananías y entró en la casa, y poniendo sobre él las manos, dijo: Hermano Saulo, el Señor Jesús, que se te apareció en el camino por donde venías, me ha enviado para que recibas la vista y seas lleno del Espíritu Santo» (Hch. 9:17).

La obediencia. Ananías obedeció y llegó a la dirección que se le había dado, y le llamó por vez primera: «**Hermano Saulo**» (Hch. 9:17). Ya no era el enemigo Saulo de Tarso. Lo hizo parte de la gran familia de la fe cristiana. ¡Qué hermosa es la palabra 'hermano'!

Saulo de Tarso ya no era uno fuera de la hermandad, ahora a causa de Jesucristo se había integrado a la hermandad cristiana. Era de la familia de la fe. Ya no era un extraño, era uno aceptado. Nosotros los creyentes, tenemos dos familias, la congénita que nos une la sangre genética y el ADN familiar y exclusivo, y la espiritual que nos une la sangre del Cordero-Jesús y un ADN espiritual e inclusivo.

Ananías afirmó a Saulo de Tarso, al dejarle saber que había sido el mismo Señor Jesucristo quien se le apareció por el camino por donde venía a Damasco; quién también lo envió a él para imponerle las manos y que recibiera el milagro de la vista y para que fuera lleno del Espíritu Santo (Hch. 9:17).

Saulo de Tarso, aunque con la experiencia tenida «**camino a Damasco**» con el Mesías resucitado, necesitaba ser «**lleno del Espíritu Santo**» (Hch. 9:17). ¡Las experiencias no llenan del Espíritu Santo! ¡Se debe buscar esa llenura! No te quedes en el 'estruendo' ni en el 'viento recio' de pentecostés, tampoco en la fiesta de pentecostés, busca que el Espíritu Santo de pentecostés te llene.

La señal. A Saulo de Tarso se le formaron «**como escamas**» en los ojos al quedarse sin visión física. Por la oración de Ananías las mismas se le cayeron de los ojos. Y él recibió la vista de manera doble, la natural y la espiritual.

«Y al momento le cayeron de los ojos como escamas, y recibió al instante la vista; y levantándose, fue bautizado» (Hch. 9:18). En la Traducción En Lenguaje Actual se dice: «Al instante, algo duro, parecido a las escamas de pescado, cayó de los ojos de Saulo, y éste pudo volver a ver. Entonces se puso de pie y fue bautizado».

No se dice que eran 'escamas', sino que es un símil 'como escamas'. Muchas clases de 'escamas' se tienen que caer de los ojos mundanos: la ignorancia, el orgullo, las dudas. Esas 'escamas' se caen siempre de la visión afectada de aquel que tiene un encuentro con Jesucristo.

Saulo de Tarso a los cuatro días de ser convertido fue bautizado por el mismo Ananías. ¡Ese fue un bautismo inmediato! ¡Creyó y fue bautizado! Con el bautismo, Saulo se identificó con la nueva fe que acabó de abrazar. ¡Un laico bautizó al futuro apóstol a los gentiles! En esos primeros días de la iglesia primitiva, el bautismo cristiano era aplicado por cualquier discípulo cristiano. El mismo era la profesión de fe.

Luego Saulo de Tarso gustó alimento, ya que llevaba tres días en ayuno, y las fuerzas le regresaron (Hch. 9:19). Así se cumplió el cuarto día de su conversión cristiana. Después se quedó «con los discípulos que estaban en Damasco» (Hch. 9:19). Saulo o Pablo entró a un proceso de discipulado. Empezó haciendo vida de redil. El recién convertido debe crear buenos hábitos en su nueva vida cristiana.

Conclusión

Saulo de Tarso fue discipulado para un día discipular a muchos. Aquel gigante de la fe, fue primero tomado de la mano por Ananías, para ser ayudado a crecer espiritualmente.

005
El cambio en Pablo

Hechos 9:20, RVR1960

«En seguida predicaba a Cristo en las sinagogas,
diciendo que éste era el Hijo de Dios».

Introducción

El nuevo convertido que es llamado a trabajar por Jesucristo, si proviene de un pasado oscuro, dudoso, anti-social, muchos lo mirarán bajo la lupa de la sospecha. Enfrentará las críticas y el rechazo humano.

1. El mensaje de Pablo

«En seguida predicaba a Cristo en las sinagogas, diciendo que éste era el Hijo de Dios» (Hch. 9:20).

El tiempo. El llamado a Pablo de Tarso para ministrar y predicar fue «enseguida» y de inmediato. El don puede llegar antes de la preparación o la preparación puede llegar después de la manifestación del don. Antes o después se necesita el don para predicar.

El tema de las predicaciones de Pablo fue: «Cristo era el Hijo de Dios». Su mensaje afirmaba la deidad de Jesús como el Cristo o el Mesías. ¡Era una predicación revolucionaria en un mundo judío! Con eso declaraba que el Cristo o Mesías era anunciado y proclamado como el que había llegado, y se había manifestado en la persona del Jesús histórico. Si no tienes tema para predicar, predica a Cristo. Aunque tengas un tema para predicar, predica a Cristo. Si no sabes qué predicar, predica a Cristo. Si estás nervioso y se te hace difícil predicar, predica a Cristo.

Muchos predican mensajes que a los oídos les gusta escuchar. Pero no predican el evangelio completo, ni predican todas las doctrinas bíblicas. El mensaje que muchos predican no necesita que Cristo haya muerto por los pecados de la humanidad. No predicamos para que la gente se sienta bien, predicamos para que la gente sea cambiada.

Toda predicación cristiana tiene que estar anclada en la persona de Jesucristo. Él es sujeto y predicado, verbo y sustantivo. La predicación cristiana no se basa en revelaciones privadas o personales, sino en la revelación de Jesucristo, en la Palabra Escrita.

Él, Jesucristo, es la suma de su nombre y misión, es la presentación y aplicación de nuestras predicaciones. Él es la ilustración y conclusión de nuestros sermones. La «Gran Comisión» es la proclamación de una «gran noticia» acerca de una «gran salvación» para un «gran pecador» por el cual murió un «Gran Salvador». El mensaje es cristiano porque se habla de Jesucristo.

«Ustedes vayan y hagan más discípulos míos en todos los países de la tierra. Bautícenlos en el nombre del Padre, del Hijo y del Espíritu Santo. Enséñenles a obedecer todo lo que yo les he enseñado. Yo estaré siempre con ustedes, hasta el fin del mundo» (Mt. 28:19-20, TLA).

La pasión. Pablo de Tarso **«predicaba a Cristo en las sinagogas»**. El que es llamado a un ministerio, desde el principio da muestras de una pasión hacia el ministerio. Con o sin ayuda humana lo hace. Con o sin recursos humanos lo desarrolla. Con o sin palancas humanas se mueve. ¡No necesita tráfico de influencias! ¡Esa es la gran diferencia entre uno que es llamado y uno que no es llamado!

La pasión era lo que movía a los profetas. La pasión era la fuerza que animaba a los mártires para enfrentar con audacia y valor el suplicio de sus vidas. La pasión era lo que hacía que los reformadores defendieran la verdad de Dios y la autoridad de las Sagradas Escrituras.

Dijo Juan Huss ante el tribunal religioso en Bohemia, Checa, que lo sentenció a la hoguera y ante los verdugos inquisidores que lo quemarían: «Hoy queman a un ganso, mañana resucitará un cisne».

La pasión movió a Juan Wesley, para recorrer montado a caballo 4,500 millas. En una ocasión Wesley recorrió en un día 30 millas. Esa pasión movió a Charles H. Spurgeon a publicar 3,561 sermones, además de otros libros. Esa pasión movió a los pioneros pentecostales del 312 en la Calle Azusa en Los

Ángeles a exportar esta experiencia pentecostal a muchos rincones dentro y fuera de los Estados Unidos de América.

La pasión con amor y misericordia se transforma en compasión. El Buen Samaritano al ser «movido a misericordia» por la condición del hombre asaltado y herido, lo hizo lleno de compasión. Pierdes la pasión en tu vida y lo pierdes todo.

En Lucas 10:30-35, la Traducción En Lenguaje Actual dice: «Entonces Jesús le puso este ejemplo: 'Un día, un hombre iba de Jerusalén a Jericó. En el camino lo asaltaron unos ladrones y, después de golpearlo, le robaron todo lo que llevaba y lo dejaron medio muerto'. Por casualidad, por el mismo camino pasaba un sacerdote judío. Al ver a aquel hombre, el sacerdote se hizo a un lado y siguió su camino. Luego pasó por ese lugar otro judío, que ayudaba en el culto del templo; cuando este otro vio al hombre, se hizo a un lado y siguió su camino. Pero también pasó por allí un extranjero, de la región de Samaria, y al ver a aquel hombre tirado en el suelo, le tuvo compasión. Se acercó, sanó sus heridas con vino y aceite, y le puso vendas. Lo subió sobre su burro, lo llevó a un pequeño hotel y allí lo cuidó. Al día siguiente, el extranjero le dio dinero al encargado de la posada y le dijo: 'Cuídeme bien a este hombre. Si el dinero que le dejo no alcanza para todos los gastos, a mi regreso yo le pagaré lo que falte'».

El Dr. Martin Luther King dijo sobre esta parábola: «¿Quién es mi prójimo? No sé su nombre, dice en esencia Jesús. Es cualquier persona que está junto a ti. Es el que se encuentra necesitado junto al camino de la vida. No es judío ni gentil; no es ruso ni americano; no es blanco ni negro. Es un hombre –cualquier hombre necesitado– en uno de los numerosos caminos del Jericó de la vida». Jesús define al prójimo, por consiguiente, no como una fórmula teológica, sino como una situación vital» (*La Fuerza de Amar*, pg. 31).

2. El temor a Pablo

«Y todos los que le oían estaban atónitos, y decían: ¿No es éste el que asolaba en Jerusalén a los que invocaban este nombre, y a eso vino acá, para llevarlos presos ante los principales sacerdotes?» (Hch. 9:21).

La atención. Se nos dice «**y todos los que le oían**». Pablo tenía el don de gente. La gente lo escuchaba. Aquel o aquella que en su vida pasada cargaba una fama, en su nueva vida en Jesucristo, llamará la atención de muchas personas. Muchos querrán saber qué dirá y cómo lo dirá. Pero las almas no se convertirán por su fama, ni predicará su fama, sino el mensaje acerca de Jesucristo como Señor, Salvador y Sanador. ¡Predica la Biblia, no prediques tu testimonio!

Pero en esa multitud de oyentes había la duda, de si esto era una nueva triquiñuela de aquel «azote de la Iglesia» llamado Saulo. Por eso se preguntaban: «¿No es éste el que asolaba en Jerusalén a los que invocaban este nombre, y a eso vino acá, para llevarlos presos ante los principales sacerdotes?». La misma duda que tuvo Ananías sobre Saulo aún después de ya bautizado, la tenían otros cristianos. La mala fama acompañará por mucho tiempo al recién convertido, pero frutos de un verdadero arrepentimiento borrarán la misma.

El espíritu del rechazo humano siempre comienza con: «**¿No es este...?**». Muchos en Nazaret iniciaron así o con un equivalente el rechazo hacía Jesús de Nazaret: «**¿No es éste el hijo del carpintero?** ¿No se llama su madre María, y sus hermanos, Jacob, José, Simón y Judas? ¿No están todas sus hermanas con nosotros? ¿De dónde, pues, tiene éste todas estas cosas? Y se escandalizaban de él. Pero Jesús les dijo: No hay profeta sin honra, sino en su propia tierra y en su casa. Y no hizo allí muchos milagros, a causa de la incredulidad de ellos» (Mt. 13:55-58).

«Salió Jesús de allí y vino a su tierra, y le seguían sus discípulos. Y llegado el día de reposo, comenzó a enseñar en la sinagoga; y muchos, oyéndole, se admiraban, y decían: **¿De dónde tiene éste estas cosas?** ¿Y qué sabiduría es esta que le es dada, y estos milagros que por sus manos son hechos? **¿No es éste el carpintero**, hijo de María, hermano de Jacob, de José, de Judas y de Simón? ¿No están también aquí con nosotros sus hermanas? Y se escandalizaban de él. Mas Jesús les decía: No hay profeta sin honra sino en su propia tierra, y entre sus parientes, y en su casa. Y no pudo hacer allí ningún milagro, salvo que sanó a unos pocos enfermos, poniendo sobre ellos las manos. Y estaba asombrado de la incredulidad de ellos. Y recorría las aldeas de alrededor, enseñando» (Mc. 6:1-6).

Para muchos es muy difícil ver la gracia del Espíritu Santo sobre alguien que conocen, que ha estado cerca, que es como ellos y ellas. Pero más allá de lo que conocemos o vemos en alguien, si el Señor Jesucristo lo ha llamado, debemos ver la gracia divina sobre su vida.

La sospecha. En otras palabras, Saulo de Tarso era un hombre bajo sospechas: ¿Será o no será? ¿Estará verdaderamente convertido o no? ¿Será un riesgo o un peligro para los creyentes? ¿Qué buscará entre nosotros? ¿Andará de encubierto y de espía?

Muchos oirán y verán con sospechas a muchos nuevos convertidos, que antes habían hecho daño a la sociedad. Ese rechazo inicial por algunos no debe desanimarlos para continuar hacia adelante demostrando con la predicación y la transformación de sus vidas, que ahora son nuevas criaturas: «Por lo tanto, si alguno está en Cristo, es una nueva creación. ¡Lo viejo ha pasado, ha llegado ya lo nuevo!» (2 Cor. 5:17, NVI).

3. El esfuerzo de Pablo

«Pero Saulo mucho más se esforzaba, y confundía a los judíos que moraban en Damasco, demostrando que Jesús era el Cristo» (Hch. 9:22).

El reto. Pablo en vez de ver eso como un rechazo, como un desprecio, lo veía como un reto para continuar hacia adelante, esforzándose más allá de lo que podía. El peor rechazo no es el de otros a nosotros, hacía nosotros, sino el de nosotros mismos. Nunca limites el potencial del Espíritu Santo en tu vida. Tú has sido marcado por Jesucristo para que marques las vidas de otros.

Pablo de Tarso «**confundía a los judíos que moraban en Damasco, demostrando que Jesús era el Cristo**». La Traducción En Lenguaje Actual dice: «Pero no entendían nada». El mundo se confunde muchas veces con la verdad acerca de Jesucristo. Haz que el mundo se confunda en sus creencias.

Muchas cosas se pueden lograr y alcanzar en la vida si estamos dispuestos a sumar un poco de esfuerzo. ¡Esfuérzate para estudiar! ¡Esfuérzate en el trabajo! ¡Esfuérzate en el servicio a los demás! ¡Esfuérzate en tener fe hacia Dios! ¡Esfuérzate en la oración! ¡Esfuérzate en el amor fraternal! ¡Esfuérzate en el ejercicio de los dones del Espíritu Santo! ¡Esfuérzate en todo lo que hagas! ¡Esfuérzate en ver a tu congregación crecer!

El mismo Pablo de Tarso animó a su joven discípulo llamado Timoteo con estas palabras: «No permitas que nadie te desprecie por ser joven. Al contrario, trata de ser un ejemplo para los demás cristianos. Que cuando todos oigan tu modo de hablar, y vean cómo vives, traten de ser puros como tú. Que todos imiten tu carácter amoroso y tu confianza en Dios» (1 Tim. 4:12, TLA).

Jesucristo te necesita para que trabajes en su viña. Para que seas su mensajero. Para que seas ejemplo ante los demás. Nunca te subestimes. Tú eres importante. El mundo está esperando a un Moisés que no ponga como excusa el que no sabe hablar. A un José que lo rechacen porque sueña, pero interpretará sueños. A un Gedeón que salga de su escondite y venza el miedo y la baja autoestima. A una Rut que recoja espigas en el campo para llegar a ser la dueña del campo. A un David que mate a un gigante llamado Goliat. A una Ester que se atreva a defender a los oprimidos. A un Daniel que ore con las ventanas abiertas hacía Jerusalén. A un Ananías, Misael y Azarías, que no doblen sus rodillas ante la estatua levantada por el mundo con un culto falso. ¡Para ser grande, primero tienes que ser pequeño!

La Gran Comisión necesita a hombres y mujeres, mayores y jóvenes, ministros ordenados o laicos, que se dejen comisionar para ser los agentes del Espíritu Santo en la gran cosecha de almas de los tiempos en que vivimos. ¡Tú puedes ser ese agente de la Gran Comisión!

El ejemplo. A Josué, Moisés le dijo que se esforzará: «Mira que te mando que te esfuerces y seas valiente; no temas ni desmayes, porque Jehová, tu Dios, estará contigo a dondequiera que vayas» (Jos. 1:9).

Moisés estaba animando a Josué para que mantuviera actitudes positivas en su vida y sentimientos positivos. Y para que siempre confiara en la presencia de Dios que lo acompañaría. ¡Esfuérzate! ¡Sé valiente! ¡No tengas miedo! ¡No te desanimes!

Presencia, palabra y poder, son tres cosas importantes en la vida de un creyente, de un ministerio y de una congregación. Presencia sin Palabra es comunión sin revelación. Poder sin Palabra es emoción sin revelación. Palabra sin poder es revelación sin manifestación. ¡Todo trabaja en equipo! Es algo subsidiario y complementario.

A Salomón, David le dijo que se esforzará: «Según el destino que a todos nos espera, pronto partiré de este mundo. ¡Cobra ánimo y pórtate como hombre!» (1 R. 2:2, NVI). David le estaba declarando a Salomón que él estaba listo y preparado para morir. Aunque la muerte llegará a todos los vivientes, es el destino que nos espera, la vida debe continuar su programa para el que sobrevive. Esa expresión «pórtate como hombre» y «sé varón» (RVR60), implica que tenemos que ser maduros. Salomón tenía que ser un «hombre» en cuanto a actitudes, carácter y responsabilidades.

A Esdras le dijo Sechanías que se esforzara: «Levántate, porque a ti toca el negocio, y nosotros seremos contigo; esfuérzate, y ponlo por obra» (Esdras 10:4, RVES). Sechanías animaba a Esdras para que asumiera su responsabilidad con esfuerzo, y el apoyo lo tendría de parte de ellos.

Líder, si tú no te mueves, nada se mueve. Si no emprendes algo grande, nadie te seguirá en algo grande. Si no tienes visión para dirigir a los que están alrededor tuyo no verán nada. Si estás cansado, cansarás a los demás. Si te falta entusiasmo («entheos» significa «con Dios adentro»), otros no tendrán entusiasmo. Las ovejas son un reflejo del pastor. Los seguidores reflejan a su líder. ¡Levántate y ellos se levantarán! ¡Siéntate y ellos se sentarán! ¡Camina y ellos caminarán!

A Timoteo, Pablo le dijo que se esforzara: «**Tú, pues, hijo mío, esfuérzate en la gracia que es en Cristo Jesús**» (2 Tim. 2:1). Eso era todo lo que Pablo de Tarso le pedía a su pupilo Timoteo, que su esfuerzo fuera motivado por la gracia de Jesucristo en él, y no por sus méritos personales. Eso es aprender a confiar y a depender del favor del Señor Jesucristo. ¡Esfuérzate en tu ministerio! ¡Esfuérzate ganando almas para Jesucristo! ¡Esfuérzate haciendo una gran diferencia a tu generación! ¡Esfuérzate en cumplir con la Gran Comisión!

A la iglesia, Pedro le dijo: «**Apártate del mal y haz el bien. Busca la paz y esfuérzate por mantenerla**» (1 P. 3:11, NTV). En otras palabras, ante el peligro uno se aleja. De la tentación uno huye. Del pecado uno se distancia. Del mal uno se aleja. Y debemos buscar la paz, y con esfuerzo luchar para retenerla. ¡Somos llamados a ser agentes de paz!

¡Esfuérzate! ¡No te rindas! Con la ayuda de Jesucristo tú puedes alcanzar cualquier meta que esté en su voluntad y que te propongas alcanzar. Hoy te abre la puerta para mañana.

Conclusión

El tiempo será el mejor testigo de una conversión genuina. La perseverancia demostrará que Jesucristo cambió a un pecador en un fiel servidor de la Iglesia. Hay árboles que solo dan sombra, otros dan sombra y frutos, los dos se necesitan.

006
El escape de Pablo

Hechos 9:25, RVR1960

«Entonces los discípulos, tomándole de noche, le bajaron por el muro, descolgándole en una canasta».

Introducción

Cuando Jesucristo se propone hacer algo contigo y conmigo, nada le detendrá. Él cumplirá su propósito en nosotros. Así oró el salmista: «Dios mío, tú cumplirás en mí todo lo que has pensado hacer. Tu amor por mí no cambia, pues tú mismo me hiciste. ¡No me abandones!» (Salmo 138:8, TLA).

1. El consejo contra Pablo

«Pasados muchos días, los judíos resolvieron en consejo matarle» (Hch. 9:23).

El cambio. Aquel que buscaba a los cristianos para darles muerte, ahora su propia gente, los judíos fariseos los buscaban a él para darle muerte. El depredador se transformó en la presa. El perseguidor se transformó en el perseguido. El fariseo fanático se transformó en el cristiano fanático. El cambio en Saulo de Tarso había sido completo, fue un giro de 180 grados. Miraba en dirección contraria con su nueva vida a la de su pasada vida.

«Pasados muchos días…» (Hch. 9:23). En Hechos 9:19 se lee: «... Saulo pasó varios días con los discípulos que estaban en Damasco» (NVI). La expresión «varios días» habla del tiempo inicial de la conversión de Saulo de Tarso en Damasco. La expresión «pasados muchos días», alude a un largo periodo. En Damasco permaneció un tiempo y de ahí fue a la parte norte de Arabia, que era más cercana a Damasco a donde luego regresó. Ese tiempo en ambos lugares fue de unos tres años. Desde Damasco escapó a Jerusalén de manera vergonzosa e ignominiosa.

En Gálatas 1:17-18 se aclara: «Ni subí a Jerusalén a los que eran apóstoles antes que yo; sino que fui a Arabia, y volví de nuevo a Damasco. Después, pasados tres años, subí a Jerusalén para ver a Pedro, y permanecí con él quince días».

«... los judíos resolvieron en consejo matarle». El que consintió en la muerte de Esteban, ahora los judíos consienten en su propia muerte. Es decir, se reunieron y planificaron una conspiración para dar muerte al embajador del cristianismo. El enemigo de las almas siempre tramará un plan contra el plan que Jesucristo tiene para con tu vida.

Contra Lázaro se había planificado un complot después de haber este sido resucitado y ese plan también incluía a Jesús de Nazaret: «Gran multitud de los judíos supieron entonces que él estaba allí, y vinieron, no solamente por causa de Jesús, **sino también para ver a Lázaro**, a quien había resucitado de los muertos. Pero los principales sacerdotes acordaron dar muerte también a Lázaro, porque a causa de él muchos de los judíos se apartaban y creían en Jesús» (Jn. 12:9-11).

El llamado. En la iglesia primitiva la conversión podía implicar el abandono de la familia, el rechazo de las amistades, la pérdida de bienes y muy comúnmente la muerte por haber abrazado la nueva fe cristiana. Todavía para un judío que profesa a Jesús el Cristo, su conversión lo puede separar de su familia judía. El judío religioso rechaza al Jesús Mesiánico. Aun en algo tan sencillo como la expresión «antes de Cristo» (a.C.) y «después de Cristo» (d.C.), por causa de los judíos, los humanistas y los ateos lo han cambiado por «antes de la Era Cristiana» (a.E.C.) y «después de la Era Cristiana» (d.E.C.). Lo cual es una demostración de ese rechazo mesiánico.

Convertirse a Jesucristo era una sentencia de muerte, un llamado a la muerte, a morir a uno mismo, para vivir para con Jesucristo. Todavía en muchos países la conversión a Jesucristo es un rechazo social. Pero en países donde es fácil la conversión, muchos la toman muy 'lite', la toman muy suave. Para ellos y ellas es cruz sin crucifixión; es discipulado sin negación; es cristianismo sin Cristo; es fe sin obras; es religión sin relación; es salvación sin compromiso; es llamamiento sin servicio.

El griego utiliza palabras para describir los estados del ser humano: **psuchikos** (persona natural), **sarkikos** (persona carnal) y **pneumatikos** (persona espiritual). Vivimos en una cultura de cristianos que podemos llamar «muy asmáticos» que sufren de «asma espiritual», «parálisis espiritual» y «falta de compromiso espiritual». Es decir, son muy frágiles espiritualmente. Somos dichosos de vivir un cristianismo en un tiempo y un lugar de seguridad. A los católicos se les acusaba de solo ir a misa los domingos, muchos cristianos evangélicos son de congregarse solo el domingo.

La llamada «Semana Santa» sufrió históricamente una campaña de que no era santa por los evangélicos, quienes decían que todas las semanas eran santas. Los evangélicos la renombramos «Semana Mayor». Y ahora para muchos evangélicos no es ni 'santa', ni 'mayor'. Esa semana es trabajo, es vacaciones, es faltar a los cultos. El mensaje de «Las Siete Palabras» compartidas entre semana y resumidas en el «Viernes Mayor», se recibe con los santuarios vacíos. Cada vez somos menos evangélicos y más cristianos 'Lite' como la Coca-Cola o la Pepsi-Cola.

2. La información a Pablo

«Pero sus acechanzas llegaron a conocimiento de Saulo. Y ellos guardaban las puertas de día y de noche para matarle» (Hch. 9:24).

El conocimiento. A Pablo de Tarso lo acechaban, lo vigilaban, le contaban sus pasos. La Nueva Versión Internacional dice: «Pero Saulo se enteró de sus maquinaciones». ¡Pero él lo sabía! No hay nada que haga el enemigo que no sea revelado a los siervos de Jesucristo. Todo mal que se trame contra tu vida, el Espíritu Santo te lo revelará.

El cuidado. Se nos declara: «... Y ellos guardaban las puertas de día y de noche para matarle». Para Pablo de Tarso, hablando humanamente, no había escape posible. El enemigo lo vigilaba de día y de noche. Pero Dios de igual manera lo cuidaba de día y de noche. El enemigo de toda justicia y de toda verdad nos vigila día y noche, no nos da tregua.

Este cuidado divino lo expresó el salmista: «Jehová es tu guardador; Jehová es tu sombra a tu mano derecha. El sol no te fatigará de día, ni la luna de noche. Jehová te guardará de todo mal; Él guardará tu alma. Jehová guardará tu salida y tu entrada Desde ahora y para siempre» (Sal. 121:5-8).

3. La ayuda a Pablo

«Entonces los discípulos, tomándole de noche, le bajaron por el muro, descolgándole en una canasta» (Hch. 9:25).

Este relato de Hechos 9:25 encuentra su contexto paralelo en 2 Corintios 11, donde leemos: «En Damasco, el gobernador de la provincia del rey Aretas guardaba la ciudad de los damascenos para prenderme; y fui descolgado del muro en un canasto por una ventana, y escapé de sus manos» (2 Corintios 11:32-33).

Aquí se nos añaden dos nuevos detalles. Primero: el rey damasceno Aretas estaba involucrado en el arresto de Pablo de Tarso, saliendo de él, una orden de arresto por toda la ciudad. Segundo, el apóstol fue descolgado por una ventana de una casa que estaba en el muro y debió ser de algún converso cristiano.

Los ayudantes. Para Pablo de Tarso, «los discípulos» se convirtieron en ángeles de ayuda sin alas, en ángeles de socorro sin alas, en ángeles de liberación sin alas. Tú y yo también podemos convertirnos en ángeles sin alas, protectores de otras personas. Oremos por esos ángeles de consolación, ángeles de ayuda, ángeles de carne y de hueso sin alas, no que vuelen, pero sí que lleguen cuando se les necesita.

Muchos se convierten en demonios de aflicciones, demonios de tribulaciones, demonios de discordias. Nosotros podemos convertirnos en ángeles sin alas trayendo alegría a los entristecidos y ángeles sin alas de esperanza para muchos seres humanos sin esperanza. Necesitamos ángeles de amor sin alas; ángeles de provisión sin alas; ángeles de cuidado sin alas; ángeles que den sin alas; ángeles de aviso sin alas; ángeles de trabajo sin alas.

El medio. Con la ayuda de una canasta, el Apóstol de Tarso fue descolgado de noche por una muralla, y así fue liberado de la muerte. Todavía no era el tiempo de la muerte para él. Mientras Jesucristo no haya cumplido su propósito contigo y conmigo, la muerte no podrá reclamarnos. Tu vida y mi vida está guardada en las manos de Jesucristo.

Puede que Damasco haya sido el punto de partida al desierto de Arabia y el regreso de Arabia. Cuando un discípulo del Señor Jesucristo es llamado para una misión, debe ir al desierto para ser quebrantado. El Espíritu Santo usa más fácilmente a creyentes que se han dejado quebrantar.

De los dos testigos apocalípticos, que podrían ser Moisés y Elías, leemos: «Cuando estos dos profetas hayan terminado de anunciar mi verdadero mensaje, el monstruo que sube desde el Abismo profundo peleará contra ellos, y los vencerá y los matará» (Apoc. 11:7, TLA). La muerte de ellos o quien quiera que ellos puedan ser, no será un minuto antes, ni un minuto después. ¡Dios sabe la hora con los minutos para cada uno de nosotros!

A Saulo de Tarso lo bajaron por aquella muralla metido dentro de una canasta, que por su tamaño pudo ser de cargar pescados. Quizá no olía bien, pero era su salvación. El Señor Jesucristo tiene muchas canastas para nosotros que no son muy de nuestro gusto, pero nos ayudan.

El Saulo de antes, todo auto-suficiente, ahora necesitó de la ayuda de personas anónimas. Muchos anónimos aparecieron en la vida de Saulo. Y son muchos los anónimos que han dado su contribución a nuestras vidas y ministerios. Cuando puedas piensa en esas ocasiones en las que algún anónimo asignado por el cielo, te ayudó a ti. Aunque nosotros también hemos sido un anónimo para alguien. El cielo de la Biblia está tachonado por muchas estrellas anónimas.

Conclusión

Déjate ayudar por aquellos que el Espíritu Santo mueve para ayudarte y darte la mano. Solo no puedes hacer las cosas. Con otros se te hará más fácil.

007
La conexión de Pablo

Hechos 9:27, RVR1960

«Entonces Bernabé, tomándole, lo trajo a los apóstoles, y les contó cómo Saulo había visto en el camino al Señor, el cual le había hablado, y cómo en Damasco había hablado valerosamente en el nombre de Jesús».

Introducción

Saulo de Tarso, al igual que muchos de nosotros, necesitó la ayuda de alguien para llegar a ser alguien. Fue tomado de la mano para tomar de la mano a otro. Un ministerio eficaz es ayudado para luego ayudar.

1. La reacción contra Saulo

«Cuando llegó a Jerusalén, trataba de juntarse con los discípulos; pero todos le tenían miedo, no creyendo que fuese discípulo» (Hch. 9:26).

La llegada. Desde Damasco Saulo de Tarso viajó a Jerusalén. Dicha llegada a Jerusalén estaría cargada de sentimientos encontrados, pues fue la ciudad donde Pablo de Tarso se educó y pasó la mayor parte de su vida. De allí salió con la encomienda de apresar a los seguidores de Jesús. Ahora regresaba como un apresado espiritualmente por Jesús. Tendría que pensar en sus antiguos amigos y condiscípulos fariseos. Eso debió de haberle llenado de mucho nerviosismo cuando entró por las puertas de Jerusalén.

Por otro lado la llegada de él a Jerusalén produjo una atmósfera desagradable para los seguidores de Jesús. Muchos «discípulos» dudaban de la conversión de Saulo. Pensaban que su cambio no era genuino. Por eso exigían de él dar frutos de arrepentimiento y pruebas de su conversión. Lo irónico es que ya habían pasado algunos años. El tiempo es el mayor testimonio para un recién convertido. Ver cambios en una persona exige tiempo.

Un árbol que da buenos frutos testifica de su buena naturaleza. Hay árboles que no dan fruto, pero dan buena sombra. Otros árboles dan fruto, pero no dan buena sombra. Otros árboles no dan ni sombra ni frutos. Las sombras o los frutos pueden ser buenos o malos. ¡Un árbol que da buen fruto y da buena sombra es mucho mejor!

El miedo. Saulo de Tarso «trataba de juntarse con los discípulos, pero todos le tenían miedo». El miedo es un sentimiento negativo, el cual se había manifestado en los creyentes de la Iglesia de Jerusalén. Ese fue un miedo colectivo, «todos le tenían miedo». El rechazo a otros nos impide disfrutar de sus frutos y de su sombra.

Me gusta esa expresión «trataba de juntarse con los discípulos». La Traducción En Lenguaje Actual nos dice: «Y allí trató de unirse a los seguidores de Jesús». ¿Has tratado de juntarte o unirte a alguien, y no te han querido? ¿Te has sentido rechazado por alguien o por causa de algo?

El sentimiento negativo del miedo es contagioso, de una persona se transfiere a otra. Un miedoso hace miedosos. El creyente no debe tener miedo: «En el amor no hay temor, sino que el perfecto amor echa fuera el temor; porque el temor lleva en sí castigo. De donde el que teme, no ha sido perfeccionado en el amor» (1 Jn. 4:18).

«Porque el Espíritu de Dios no nos hace cobardes. Al contrario, nos da poder para amar a los demás, y nos fortalece para que podamos vivir una buena vida cristiana» (2 Tim. 1:7, TLA).

2. La cooperación con Saulo

«Entonces Bernabé, tomándole, lo trajo a los apóstoles, y les contó cómo Saulo había visto en el camino al Señor, el cual le había hablado, y cómo en Damasco había hablado valerosamente en el nombre de Jesús» (Hch. 9:27).

La necesidad. ¿Cómo se conectó Bernabé con Saulo? Se desconoce. Se necesita el ministerio de un Bernabé, que es el ministerio de alguien que cree en otra persona, que toma de la mano, y conecta con personas significativas. Bernabé trajo a Saulo de Tarso ante los apóstoles. Bernabé fue un hombre de conexiones espirituales y de contactos sociales. Dios pondrá alrededor tuyo a gente de conexiones divinas, abridores de brechas, de puentes que te conectarán a un proyecto, a un sueño o a una visión.

Saulo de Tarso se conectó a Bernabé, y él lo conectó con el colegio apostólico, aunque la realidad es que fue solamente con el apóstol Pedro con quien se entrevistó, y aparte vio al apóstol Santiago, el hermano del Señor Jesucristo. En Jerusalén Pablo de Tarso estuvo solo quince días con el apóstol Pablo.

«Ni fui a Jerusalén para pedir la opinión de aquellos que ya eran apóstoles. Más bien, me fui inmediatamente a la región de Arabia, y luego regresé a la ciudad de Damasco. Tres años después fui a Jerusalén, para conocer a Pedro, y sólo estuve quince días con él. También vi allí al apóstol Santiago, hermano de Jesucristo nuestro Señor. Aparte de ellos, no vi a ningún otro apóstol. Les estoy diciendo la verdad. ¡Dios sabe que no miento!» (Gal. 1:17-20, TLA).

Una vez convertido Saulo de Tarso, de Damasco viajó a Arabia, que pudo haber sido la frontera con Siria y luego regresó a Damasco y, a los tres años realizó su viaje a Jerusalén. A muchos convertidos, el Señor Jesucristo los esconde por algún tiempo de sus amistades para luego llevarlos ante ellos, ya maduros en la fe.

Nunca te olvides de esos agentes providenciales que Jesucristo ha traído a tu camino. Hombres y mujeres eficaces en tomarte por la mano y de introducirte con personas y en lugares que te hubiera sido muy difícil llegar. Pero con ellos y ellas, todo se ha hecho más fácil. Es muy fácil crecer para muchos, pero ya crecidos, luego llegan a olvidarse de aquellos que los ayudaron en ese proceso de crecimiento. Hoy estás ahí, porque un Bernabé te tomó de la mano.

Bernabé fue el «garante» de Saulo de Tarso. Ofreció su palabra y testimonio, por aquel creyente de Jesús, que cargaba un pasado de perseguidor y fue un enemigo de la fe cristiana. Pero Bernabé creyó en él. Da gracias a Dios y sé agradecido de ese líder que ha creído en ti, y no lo defraudes.

Ese espíritu de Bernabé lo tienen todos aquellos y aquellas que dan la cara por uno, incluso a riesgo de su propia reputación. Creen en uno, aunque uno no crea mucho en sí mismo. Te defienden cuando otros te acusan. Salen por ti cuando muchos se alejan de ti. Están ahí cuando no hay nadie. Se asoman por la ventana cuando otros desaparecen. Hablan a favor tuyo cuando otros se callan.

El significado. Bernabé significa en hebreo: «Hijo de consolación». Y la acción de él hacia Saulo de Tarso, describía su carácter y el respeto del que gozaba entre el emporio apostólico. A este discípulo, José Bernabé, se le describe desde el principio como alguien con un espíritu dadivoso, desprendido y de entrega total.

«Entonces José, a quien los apóstoles pusieron por sobrenombre Bernabé (que traducido es, Hijo de consolación), levita, natural de Chipre, como tenía una heredad, la vendió y trajo el precio y lo puso a los pies de los apóstoles» (Hch. 4:36-37).

Se nos dice que el nombre original de este discípulo era «José», pero los apóstoles lo apodaron como «Bernabé». Sobrenombre que se ganó por su espíritu servicial y ayudador. Era un defensor de los indefensos, un sanador de los heridos, un cura del alma. ¡Su gran testimonio era lo que hacía por los demás! ¿Cuántos con el espíritu de Bernabé se necesitan en las comunidades de fe?

El ministerio gime de dolor, llora desconsoladamente, se deprime ministerialmente, cuando hay ausencia de un apostolado de consolación. De un ministerio que se acerque para consolar, para ayudar y para levantar.

3. La comunión de Saulo

«Y estaba con ellos en Jerusalén; y entraba y salía» (Hch. 9:28).

La membresía. Saulo fue un creyente de comunión y de congregación. Se hizo miembro de aquella comunidad de fe. Se puso inmediatamente bajo una cobertura espiritual. Los misioneros se forman en el yunque de la iglesia local y los predicadores se forman en las bancas de las congregaciones. Una congregación eficaz requiere de creyentes fieles, responsables, entregados y apasionados con la visión y misión de la iglesia.

Estoy cansado de la fama que solo busca las luces del escenario. Estoy cansado de los aplausos humanos que nos hacen cosquillas. Estoy cansado de las adulaciones pretenciosas, que buscan beneficios propios. Estoy cansado de los discursos que anestesian la mente, pero no transforman el corazón. Estoy cansado de la competencia y no de la excelencia.

Estoy cansado de un evangelio sin cruz. Estoy cansado de una iglesia admirada por el mundo, pero rechazada por Jesucristo. Estoy cansado de los cristianos de papel del siglo XXI que no son como los cristianos de hierro del siglo I.

Estoy cansado de una teología que cada vez se hace más mundana que santa. Estoy cansado de un cristianismo de enanismo espiritual. Estoy cansado de una iglesia que se avergüenza de llamarse iglesia y ahora se quiere cambiar de nombre.

Estoy cansado de ver el Cuerpo de Cristo fragmentado por la ambición y el egoísmo carnal. Los intereses humanos se ponen antes que los intereses del reino. Ganar algo y recibir un beneficio propio, es el interés de muchos.

Estoy cansado de los predicadores que cobran excesivamente por sus predicaciones. Ejercen el ministerio más por un trabajo que por llamado. Manejan emociones y voluntades para su provecho financiero.

Estoy cansado de exageraciones cuando se predica. Estoy cansado de manipulaciones desde un altar. Estoy cansado de oír mentiras para jugar con la fe de los oyentes. Estoy cansado de un mensaje de prosperidad que solo beneficia al que lo está exponiendo. Estoy cansado de un mensaje de la cruz sin crucifixión. Estoy cansado de los títulos que promueven grandeza humana, pero no promueven el servicio hacia el prójimo. ¡Estoy cansado!

Estoy cansado de aquellos que no se ponen bajo autoridad. No podemos estar en una posición de autoridad, si no nos ponemos bajo una posición de autoridad. Muchos predican y ministran sin cobertura espiritual. No responden a ninguna cabeza sobre ellos. Otros tienen demasiadas cabezas y no me refiero a las institucionales; superintendentes por acá, obispos por aquí, apóstoles por allá, mentores más allá. La obediencia y sumisión a una autoridad espiritual nos da credibilidad ministerial. Ministerios acéfalos como la ostra, no dan mucho testimonio de credibilidad. ¿A qué superior le rinden informe? ¿Dónde diezman? ¿Quién lo disciplinará si sufre una falla moral? ¿Quién se hará responsable para dar la cara por él o ella?

La accesibilidad. Saulo de Tarso «entraba y salía». No era un creyente que hacía lo que le venía en gana. Él tenía un lugar donde asistía y se congregaba. Desde el principio desarrolló el hábito de congregarse. Desde el principio aprendió a practicar la vida de redil. Aquellos que no han sido buenas ovejas y ovejas de redil, difícilmente serán pastores eficientes que puedan dar pasto fresco a las ovejas. Se aprende a pastorear siendo ovejas primero. Todo pastor debe primero alimentarse para poder alimentar a las ovejas.

Eliseo aprendió a ser profeta de liderazgo, andando con Elías. El último día de Elías en la tierra invitó a Eliseo a dar un paseo por Gilgal, Bet-el, Jericó y el Jordán (2 R. 2:1-15). Allí, en ese recorrido, Elías estaba presentando a Eliseo como su sucesor. Elías ya debes comenzar a andar con Eliseo. Los hijos de los profetas lo deben ver a tu lado y deben ver que es tu seleccionado.

4. La ministración de Saulo

«Y hablaba denodadamente en el nombre del Señor, y disputaba con los griegos; pero éstos procuraban matarle» (Hch. 9:29).

El nombre del Señor. Saulo o Pablo de Tarso no hablaba en su propio nombre, porque ese nombre no tenía ningún poder o autoridad. Él hablaba «en el nombre del Señor». Su autoridad procedía de ese nombre. A los griegos los enfrentaba con ese «nombre del Señor». Estos griegos eran judíos helenistas, es decir, que procedían de una cultura, compartían el griego como idioma principal. Saulo y Bernabé fueron judíos, y según algunos comentaristas, era posible que fueran helenizantes. La prédica y el ministerio deben estar anclados en el nombre del Señor. ¡Hablemos más de Jesucristo y menos de nosotros!

El acecho a Saulo. Leemos: «... pero éstos procuraban matarle». Desde el mismo principio, la persona de Saulo de Tarso, a causa de su predicación acerca de Cristo, lo marcó con la muerte. Los judíos griegos lo querían matar.

Son muchos los que matan ministerios, matan visionarios, matan ungidos, matan soñadores, matan gente inteligente, matan gente habilidosa y carismática. Un ministerio eficaz no mata ministerios. No celen la unción de nadie. No envidien la prosperidad de otros.

Si Adolfo Hitler no hubiera matado a esos seis millones de judíos, si hubiera tenido a su lado a todos esos cerebros geniales de los judíos, posiblemente el resultado de la Segunda Guerra Mundial habría sido muy diferente.

5. La colaboración con Saulo

«Cuando supieron esto los hermanos, le llevaron hasta Cesarea, y le enviaron a Tarso» (Hch. 9:30).

La reacción. «Cuando supieron esto...». Muchos y muchas se dan cuenta de que un hermano está en necesidad de algo, de que requiere alguna ayuda, y hacen caso omiso. Cuando el Espíritu Santo revela que algo le está ocurriendo a alguien, nos tenemos que dar cuenta que es para que actuemos.

La acción. «... los hermanos, le llevaron hasta Cesarea...». Los hermanos que antes habían dudado de la conversión genuina de Saulo de Tarso, ahora prestaron sus servicios para socorrerlo, protegerlo y encaminarlo hasta el puerto marítimo en Cesarea Marítima, para que desde ahí tomara una embarcación con destino a su ciudad, Tarso. ¡Se hicieron sus hermanos! Y estos términos como 'hermanos' como 'pastor' e 'iglesia', están desapareciendo de las iglesias pentecostales. Cada vez las iglesias pentecostales son menos pentecostales. Más que ministros sirviendo en los altares, tenemos muchas celebridades entreteniendo desde los altares.

Los ministerios de liderazgo, necesitan colaboradores. Hombres y mujeres de «sinergia» que ayuden al líder cuando este o esta los necesita. Estos segundos o terceros o sextos... son de gran importancia en el éxito o el fracaso de un líder. Ellos y ellas son los dos ojos extras, los dos oídos extras, las dos manos extras, los dos pies extras, las dos piernas extras.

En Wikipedia se da una definición de la palabra «sinergia»: «Sinergia (del griego συνεργία, «cooperación») quiere decir literalmente trabajando en conjunto. Es un vocablo acuñado por el diseñador, arquitecto, visionario e inventor Richard Buckminster Fuller, refiriéndose al fenómeno en el cual el efecto de la influencia o trabajo de dos o más agentes actuando en conjunto es mayor al esperado considerando la suma de las acciones de los agentes por separado».

Necesitamos trabajar en cooperación. En vez del esfuerzo dividirse y debilitarse, el mismo se puede duplicar en fuerzas, en logros, en propósito, en lograr algo y en alcanzar algo. Pero nos hemos vuelto muy egoístas. Se habla más de lo 'mío' que de lo 'nuestro'. Somos más eficaces apoyando la visión recibida, que inventando otras visiones.

Un buey mueve el doble de su fuerza, dos bueyes mueven el doble y un quinto más de su fuerza. Dijo el gran sabio del Eclesiastés: «La verdad, 'más valen dos que uno', porque sacan más provecho de lo que hacen» (Ecl. 4:9, TLA).

En Num. 10:29-32 leemos: «Moisés le dijo a su pariente Hobab hijo de Reuel, el madianita: Nosotros vamos al territorio que Dios nos va a dar. Ven con nosotros. Te trataremos bien, como Dios ha prometido tratarnos. Pero Hobab le contestó: No, gracias. Prefiero regresar a la región en donde viven mis parientes. Moisés le volvió a decir: No nos dejes. Tú conoces bien el desierto y sabes dónde podemos acampar. Si vienes con nosotros y nos guías, te daremos una parte de todo lo que Dios nos dé» (TLA).

Si Hobab siguió o no a Moisés, no lo sabremos nunca. Si no lo hizo, perdió una gran oportunidad de caminar junto a un gran siervo de Dios como lo fue Moisés. Andar al lado de un líder de reino, hace mucho bien.

La asignación. «... y le enviaron a Tarso». Saulo regresaría al lugar de su nacimiento. (Quien escribe hace muchos años que visitó Tarso, y bebió agua del Pozo de Tarso. Recuerdo siempre el Arco de la Puerta Principal de Tarso). Coincidiendo con el viaje de Saulo a Tarso, vino un tiempo de refrigerio donde estaban las iglesias del Señor. ¿Qué tiempo estuvo Saulo en Tarso? Posiblemente varios años, donde reflexionó y afiló la teología cristiana. No fueron años improductivos, sino de formación teológica. Ese tiempo de anonimato era esencial para que del perseguidor de la Iglesia emergiera un apóstol a los gentiles. Todo el que es llamado al ministerio debe pasar por un tiempo de preparación y de formación espiritual y ministerial.

Pasarían catorce años antes de que Pablo de Tarso subiera a Jerusalén, para explicar a los jerarcas de la iglesia su misión a los gentiles: «Catorce años después, Dios me hizo ver que yo debía ir a Jerusalén. En esa ocasión me acompañaron Bernabé y Tito. Allí nos reunimos con los miembros de la iglesia, y les explicamos el mensaje que yo anuncio a los que no son judíos. Luego me reuní a solas con los que eran reconocidos como líderes de la iglesia, pues quería estar seguro de que mi trabajo, pasado y presente, no iba a resultar un esfuerzo inútil» (Ga. 2:1-2, TLA).

Y oro para que por lo menos, en nuestras organizaciones pentecostales, los Institutos Bíblicos no desaparezcan. Si estuvieron llenos de bendiciones antes de nosotros y para nosotros, lo serán para las próximas generaciones emergentes de misioneros, predicadores, evangelistas, pastores y maestros. Los Institutos Bíblicos ayudan a abrir la mano ministerial de los cinco dones de oficio de Jesucristo para la Iglesia.

Con o sin Saulo de Tarso, el apasionado predicador, la obra del Señor continuaría adelante. Y en efecto así lo fue. ¡No somos imprescindibles! La obra no se caerá por nuestra ausencia. La obra se mantiene por la presencia de nuestro Señor Jesucristo. Él es quien la mantiene y quien la sostiene contra viento y marea.

«Entonces las iglesias tenían paz por toda Judea, Galilea y Samaria; y eran edificadas, andando en el temor del Señor, y se acrecentaban fortalecidas por el Espíritu Santo» (Hch. 9:31).

Esas tres aéreas de «Judea, Galilea y Samaria» eran el foco inicial del trabajo misionero de la Iglesia Primitiva. El trabajo misionero comienza en nuestra zona geográfica. Se enfoca en nuestro norte, nuestro sur y nuestro mundo circundante. Aquellas comunidades de fe y de esperanza tenían paz. Fueron comunidades fundamentadas en la fe, temerosas en el servicio a Dios, y su fuerza provenía de la presencia del Espíritu Santo.

Un ministerio eficaz es promovido por el Espíritu Santo. El Señor Jesucristo está ya levantando en esta generación los José, los Josué, los David, los Eliseos, los Josías, los Joacim, los Daniel, los Pedro, los Bernabé, los Pablo. Y cuenta contigo para esta hora de la Iglesia y las misiones.

El Espíritu Santo da vida y fortaleza a la Iglesia, mueve a la misma, dirige a esta, la equipa para el ministerio y el servicio a los santos. Una congregación ungida por el Espíritu Santo es poderosa en señales y milagros. Y cumple con la razón de ser, que es adorar y alabar a Dios. Pero también cumple con su misión que es alcanzar a un mundo con el mensaje de Jesucristo, trayendo esperanza en su presente.

Conclusión

Saulo de Tarso, una vez convertido, ya no se movía por su voluntad, sino por la voluntad de Dios. Su nueva pasión era Jesucristo y su misión, la misión de hablar de ese nombre a todo el que pudiera.

008
La misión de Pablo

Hechos 11:25, RVR1960

«Después fue Bernabé a Tarso para buscar a Saulo,
y hallándole, le trajo a Antioquía».

Introducción

Bernabé dio la cara por Pablo cuando el liderazgo de la Iglesia de Jerusalén lo miraba con sospechas. Ahora, años después, Bernabé es el instrumento para tomar de la mano nuevamente a Pablo y de introducirlo en las misiones.

1. La evangelización a otros

«Y la mano del Señor estaba con ellos, y gran número creyó y se convirtió al Señor» (Hch. 11:21).

El contexto de este pasaje nos describe la persecución que tomó lugar con la muerte de Esteban: «Ahora bien, los que habían sido esparcidos a causa de la persecución que hubo con motivo de Esteban, pasaron hasta Fenicia, Chipre y Antioquía, no hablando a nadie la palabra, sino sólo a los judíos» (Hch. 11:19).

La persecución encendió la llama de la Gran Comisión. Muchas veces las pruebas nos llevan a acercarnos más a nuestro Señor Jesucristo y servirle en su obra. En las pruebas necesitamos buscar refugio espiritual bajo las alas del Espíritu Santo. Grandes hombres y mujeres de Jesucristo, fueron formados para el ministerio bajo el yunque de las pruebas y el fuego del Espíritu Santo.

«Pero había entre ellos unos varones de **Chipre** y de **Cirene**, los cuales, cuando entraron en Antioquía, hablaron también a los griegos, anunciando el evangelio del Señor Jesús» (Hch. 11:20). La palabra para griegos es «helenistas». El alcance de la Gran Comisión no se limitó a los judíos, alcanzó a los griegos. Aquellos chipriotas y cirineos fueron mensajeros del evangelio de Jesús en Antioquía de Siria. Iban por dondequiera hablando de la mejor noticia que era Jesús. Eran laicos con dones del Espíritu Santo al servicio de la Iglesia.

La Traducción En Lenguaje Actual de Hechos 11:21 dice así: «Y Dios les dio poder y los ayudó para que muchos aceptaran el mensaje y creyeran en Jesús».

La ayuda. «Y la mano del Señor estaba con ellos...» (Hch. 11:21). Es un aforismo para dejar ver que el poder de Jesucristo se manifestaba sobre la joven iglesia. Toda tarea misional y pastoral será infructuosa si «la mano del Señor» no está con nosotros. No se debe trabajar para el Señor sin el Señor. Más importante que la viña es el Señor de la viña. Mayor que los recursos misioneros es «la mano del Señor». No podemos sufrir más por la obra que lo que Jesucristo sufrió por esta. No podemos amar más a la obra que lo que Jesucristo la ha amado. El Señor cuenta con nosotros, pero no depende de nosotros.

El efecto. «... y gran número creyó y se convirtió al Señor» (Hch. 11:21). Aquí está la misión de la iglesia, la de evangelizar para ver convertidos y ganar almas para el engrandecimiento del reino de Jesucristo aquí en la tierra. Se dice «... y gran número creyó y se convirtió al Señor». Se recalca de ellos que creyeron, pero se convirtieron.

Muchos evangelistas se emocionan con la primera parte de la multitud, «gran número creyó». Toman fotografías y hablan de cientos de conversiones. Se olvidan de la segunda parte de la multitud, «se convirtió al Señor». Creer y no convertirse es la mitad del esfuerzo evangelístico. ¡Es contar peces sin haber sido pescados!

El mundo necesita ser transformado por el poder del evangelio. La iglesia tiene como misión asignada la Gran Comisión para ver al mundo convertido a Jesucristo. No es convertir al mundo entero, es que invitemos un alma al templo, le hablemos de Jesucristo, y que ocurra en su corazón el milagro de la regeneración o el nuevo nacimiento. La fórmula de la salvación es: $C + C = S$ (creer más conversión equivale a la salvación). La otra fórmula es la de la reconciliación: $A + P = R$ (arrepentimiento más perdón equivale a reconciliación).

Alguien te habló de Jesucristo. Alguien te invitó a la iglesia. Alguien te hizo un llamamiento. ¡Creíste y te convertiste! Hoy eres un hijo o una hija de Dios, lavado o lavada por la sangre del Cordero Jesucristo y estás lleno o llena del Espíritu Santo. Aunque quieras volver a ser lo que eras, te es muy difícil, te has convertido. ¡El mundo no puede ser tu hogar! ¡El cielo es tu ciudadanía!

Hoy el mundo tiene como meta ver a la iglesia reclutada para él. Cada vez el mundo se hace más atrayente para la iglesia, de tal manera que existen grupos cristianos donde no hay que irse al mundo para disfrutar del mundo. Pero por otro lado, la iglesia se hace menos atrayente para el mundo, porque el mundo ve en la iglesia más de lo mismo que tiene como mundo. El mundo busca a una iglesia que sea iglesia, no que juegue a iglesia. El mundo no quiere ver a una iglesia que se parezca a él, sino que quiere ver a una iglesia donde haya esperanza, haya perdón, haya amor, haya transformación.

Dietrich Bonhoeffer escribió sobre la Iglesia rechazada por el mundo: «Quien pertenece al cuerpo de Cristo está liberado del mundo, es llamado a salir de él; y es preciso que esto se haga visible al mundo, no sólo por la comunión del culto y del orden en la Iglesia, sino también por la nueva comunión de la vida fraterna. Cuando el mundo desprecia a un hermano, el cristiano le amará y servirá; cuando el mundo usa la violencia contra este hermano, el cristiano le ayudará y le consolará; cuando el mundo le deshonre y ofenda, el cristiano entregará su honor a cambio del oprobio de su hermano. Cuando el mundo busque su provecho, el cristiano se negará a hacerlo; cuando el mundo practique la explotación, él se desprenderá de todo; cuando el mundo practique la opresión, él se someterá para salir victorioso. Si el mundo se cierra a la justicia, él practicará la misericordia; si el mundo se envuelve en la mentira, él abrirá la boca para defender a los mudos y dará testimonio de la verdad. Por amor a su hermano –judío o griego, esclavo o libre, fuerte o débil, noble o no– renunciará a toda otra comunión en el mundo, porque está al servicio de la comunión del cuerpo de Cristo. No puede permanecer oculto al mundo en esta comunión. Ha sido llamado y sigue a Cristo» (*El Precio de la Gracia: El Seguimiento*, Ediciones Sígueme, Salamanca 2004, pag. 192).

Ya la iglesia no se quiere llamar Iglesia, sino Centro. Ya no se quiere el título de Pastor, sino de Apóstol. Ya no se dice: «El Señor te bendiga», sino «Eres bendecido». Ya no se habla de «hermano», sino de «compañero». Ya no se emplea el término «himno», sino «canción». Ya no se dice «retiro», sino «encuentro».

Y lo digo con respeto, y no quiero ofender a nadie, porque tengo buenos amigos que dirigen buenos centros de evangelismo y misiones a quienes respeto mucho. ¡Pero ahora, el apostolado es la fiebre de la Iglesia! Más que una iglesia pentecostal nos hemos transformado en una iglesia de nomenclatura apostólica.

2. La notificación a Bernabé

«Llegó la noticia de estas cosas a oídos de la iglesia que estaba en Jerusalén; y enviaron a Bernabé que fuese hasta Antioquía» (Hch. 11:22).

La noticia. «Llegó la noticia de estas cosas a oídos de la iglesia que estaba en Jerusalén...». Toda buena noticia de lo que sucede en la iglesia en general debe llegar a oídos de las congregaciones.

Lamentablemente, las malas noticias de la Iglesia corren más rápido que las buenas noticias. Cae un ministro de la gracia de Jesucristo o lo sorprenden en algún escándalo moral y explota como la pólvora. Algo pasa a un hermano de la Iglesia y el mundo se entera de inmediato. La tecnología en las redes sociales es un río para llevar chismes o desacreditar a muchos que son de la Iglesia. El chismoso añade a lo que escuchó o dice lo que no le dijeron.

«El chismoso anda contando secretos; pero los que son dignos de confianza saben guardar una confidencia» (Prov. 11:13, NTV).

«El alborotador siembra conflictos; el chisme separa a los mejores amigos» (Prov. 16:28, NTV).

«¡Qué sabrosos son los chismes, pero cuánto daño causan!» (Prov. 18:8, TLA).

«El chismoso anda por ahí ventilando secretos, así que no andes con los que hablan de más» (Prov. 20:19, NTV).

«El fuego se apaga cuando falta madera, y las peleas se acaban cuando termina el chisme» (Prov. 26:20, NTV).

¡Los chismes están en el portal de Facebook! ¡Se lee más a Facebook que a la Biblia! Cuando necesites que Dios te hable, no abras tu Facebook, abre tu Biblia.

En la endecha o elegía expresada por David como luto por Saúl, Jonatán y otros hijos, declararon: «¡No se lo digan a nadie en Gat, ni lo cuenten por las calles de Ascalón! ¡Que no se alegren las ciudades filisteas, ni haga fiesta esa gente idólatra!» (2 Sam. 1:20, TLA).

Pero los logros y éxitos de un soldado de la cruz, muchas veces pasan desapercibidos o ignorados. Para muchos los reconocimientos serán póstumos, si es que los hacen y serán rápidamente archivados en las gavetas del olvido. Muchos siervos de Dios mueren sin honra y demasiado pronto son olvidados.

La delegación. «... y enviaron a Bernabé que fuese hasta Antioquía». Antioquía de Siria, al igual que Roma y Alejandría, eran ciudades grandes y famosas del Imperio Romano. En ellas se encontraba de todo, desde muchos cultos religiosos hasta los mayores placeres inmorales. Ese avivamiento que trajo salvación en Antioquía, hizo que la iglesia madre de Jerusalén, enviara a Bernabé como delegado para traer un informe de lo acontecido. Y este discípulo colaborador, benévolo, de corazón altruista fue hasta Antioquía y vio el trabajo.

El trabajo de la obra debe ser supervisado por dirigentes calificados para este trabajo. Muchos fracasos se deben a la falta de evaluación y supervisión. La palabra griega que traduce «supervisor» es «episkopos» y se traduce en español «obispo». Ese título «obispo» es utilizado en muchos concilios pentecostales. Y se ajusta bíblicamente al trabajo de los mismos.

Bernabé era oriundo de Chipre, y ese trabajo en Antioquía fue fruto de «unos varones de Chipre y de Cirene» (Hch. 4:36-37). Ellos fueron los instrumentos que iniciaron la obra misionera en Antioquía en Siria. Quizá, por ser algunos de esos plantadores de Chipre, es que la iglesia de Jerusalén decidió enviar a Bernabé que era un levita chipriota, un hombre que conocía bien dos culturas la judía y la gentil. Era un judío helenista (Hch. 4:36).

3. La selección de Pablo

«Después fue Bernabé a Tarso para buscar a Saulo; y hallándole, le trajo a Antioquía» (Hch. 11:25).

En Tarso, Saulo pasó probablemente unos 9 años arropado a la sombra del silencio. Uno debe esperar ese momento de ser utilizado. El que busca promoverse a sí mismo, puede interrumpir el programa de Jesucristo para su vida. No busques la posición, esta llegará a ti. No persigas la fama, si está es para ti, la misma correrá detrás de ti.

La misión. Bernabé, el Chipriota, como mentor de Saulo, después de ver el trabajo en Antioquía de Siria, reconoció que necesitaba un ayudante y viajó hasta Tarso para buscar a Saulo de Tarso. Y allí invitó a su hermano en la fe, para que se sumara a su equipo en lo que sería su primera asignación misionera con él como compañero misionero. Por ser de Tarso y tener un nombre hebreo se le llama Saulo de Tarso. Me gusta llamarlo Pablo de Tarso por su nombre gentil como misionero. Aunque bien lo pudiéramos llamar Pablo de los Gentiles. Tarso era la capital de Cilicia, provincia romana.

Bernabé hizo mancuerna espiritual, yunta misionera, dúo ministerial con Pablo de Tarso. Cuando se va a enyugar dos bueyes hay un proceso: (1) Deben ser castrados o dañados para la fertilidad. (2) Se les entrena llevando un madero sobre el cuello y halando un palo. (3) Se enyugan bueyes del mismo tamaño y con fuerza similar.

«Una vez más les digo, que si en este mundo dos de ustedes se ponen de acuerdo en lo que piden, mi Padre, que está en los cielos, se lo concederá» (Mt. 18:19, RVC).

Dos personas o más en desacuerdo, difícilmente lograrán alcanzar una meta y desarrollar algún proyecto. Debemos ponernos de acuerdo en todo. Dos creyentes que se ponen de acuerdo en una tarea espiritual lograrán muchas cosas.

Mirarán en la misma dirección. El mayor obstáculo para no lograr algo es el desacuerdo. Pongámonos de acuerdo si queremos lograr algo.

Bernabé pudo buscar a cualquier otro como ayudante, pero desde el principio tuvo ojos clínicos para ver en Pablo a un futuro misionero. Y esos ojos clínicos se necesitan en el ministerio. Mi amigo el Pbro. Daniel de los Reyes Villarreal, Ex-Supt. de las Asambleas de Dios en México, ha tenido «ojos clínicos» para descubrir y apoyar muchos ministerios.

Los líderes como Bernabé corren riegos de liderazgo. A Bernabé le importaba más la obra que él mismo. Por eso no tuvo temor en buscar a Saulo de Tarso, ni que con su brillo lo fuera a eclipsar. Muchos ayudantes alumbran tanto que no dejan a uno alumbrar. Y efectivamente, así fue para Bernabé de Chipre con Saulo de Tarso. Deseo compartir la siguiente fábula del libro *La Culpa es de la vaca II* (Jaime Lopera, Editorial Planeta Colombiana, 2015).

Cuentan que una serpiente empezó a perseguir desesperadamente a una luciérnaga (inglés 'lightning bug'), la cual huía rápido y con miedo de la feroz depredadora; no obstante, la serpiente no pensaba renunciar a su intento.

Se evadió un día, pero el reptil no desistía. Dos noches y nada. En el tercer día, y ya sin fuerzas, la luciérnaga se detuvo y le dijo de frente a la serpiente:

- ¿Puedo hacerte tres preguntas?
- No acostumbro a facilitar este precedente a nadie −repuso el ofidio−, pero, como te voy a devorar, puedes preguntarme lo que quieras.
- ¿Pertenezco a tu cadena alimenticia?
- No.
- ¿Yo te hice algún mal?
- No.
- Entonces, ¿por qué quieres acabar conmigo?
- ¡Porque no soporto verte brillar!

«Esta pequeña fábula es muy representativa de lo que es hoy en día la fuerza de la envidia. Muy pocas veces las personas se alegran de los éxitos y de los logros de sus familiares y amigos».

Hay personas envidiosas cuando ven a otros progresar, sobresalir, tener éxito, ser buscado por los demás, ser el centro de la atención, verlos destacados en cualquier asignación; la envidia los consume como la carcoma consume la madera. Si Jesucristo pone a otro a brillar más que tú, aunque tú trajiste a esa persona y lo ayudaste, dale gracias a Jesucristo y alégrate por esa persona.

La mentoría. El pastor debe aprender con otro pastor. El evangelista debe aprender con otro evangelista. El misionero debe aprender con otro misionero. El profeta debe aprender con otro profeta. El líder debe aprender con otro líder. L oveja debe aprender de su pastor. Aquel que no quiere aprender de otro, no llegará lejos en la misión de Jesucristo.

Bernabé y Pablo desarrollaron un ministerio próspero en Antioquía: «Y se congregaron allí todo un año con la iglesia, y enseñaron a mucha gente; y a los discípulos se les llamó cristianos por primera vez en Antioquía» (Hch. 11:26).

El mayor trabajo de un misionero es enseñar a la gente. De educarlos en la Palabra de Dios. Antioquía fue la cuna del nombre por el cual se conocería a los seguidores de Jesucristo. Se cuenta que los Antioqueños eran conocidos por poner sobrenombres a las personas. Y los seguidores de Jesús no se libraron de que se les pusiera un sobrenombre. Allí se les llamó «cristianos» (griego «cristianous»), que significa: «como Cristo» o «seguidores de Cristo».

Esa aplicación de que cristianos significa «pequeños Cristos» o «hacernos un pequeño Cristo» es muy elástica, aberrante y sin sentido. Hace muchos años tuve la oportunidad de visitar Antioquía de Siria conocida como Antakya en Turquía y entrar en la Gruta de San Pedro, donde según la tradición se congregaba la iglesia de Antioquía, y se le atribuye al apóstol Pedro la fundación de la misma, aunque sabemos por el libro de Hechos que fueron creyentes de Chipre y de Cirene. La experiencia de haber conocido ese lugar ha quedado bien marcada en mi vida.

Conclusión

Pablo comenzaría como un ayudante de Bernabé, pero llegaría el día en que Bernabé sería el ayudante de Pablo. Para llegar a ser grande, se debe comenzar siendo primero pequeño.

009
La ordenación de Pablo

Hechos 13:2, RVR1960

«Ministrando éstos al Señor, y ayunando, dijo el Espíritu Santo: Apartadme a Bernabé y a Saulo para la obra a que los he llamado».

Introducción

Desde el principio el orden y el proceso para reconocer misioneros, apartarlos y enviarlos a las misiones, se hace evidente en la iglesia. La iglesia tipo Antioquía es un modelo misional.

1. Los líderes en Antioquía

«Había entonces en la iglesia que estaba en Antioquía, profetas y maestros: Bernabé, Simón, al que llamaban Níger, Lucio de Cirene, Manaén, el que se había criado junto con Herodes el tetrarca, y Saulo» (Hch. 13:1).

El equipo ministerial en la iglesia de Antioquía de Siria estaba constituido por «profetas y maestros» (griego «prophetai kai didaskaloi»), es decir, predicadores que anunciaban la voluntad de Dios y maestros que enseñaban la Palabra. ¡Un verdadero equilibrio de conocimiento y proclamación! Enseñar y predicar es la gran responsabilidad de la Iglesia, adorar y alabar es la gran demostración de la Iglesia, evangelizar y plantar congregaciones es la Gran Comisión de la Iglesia.

La fiebre del profetismo actual ha dado lugar a que muchos analfabetos de la Palabra de Dios, anden por ahí haciendo reclamos: «El Espíritu Santo me ha revelado». «Dios me ha dicho que diga». «Se reveló el Señor Jesucristo y me ha hablado y tengo que decirlo». «Siento decirte de parte de Dios...». «Siento por el Espíritu Santo esto y aquello». Se las pasan dando mensajes proféticos correctivos a otros, y que ellos mismos necesitan.

Muchos profetas y profetizas son desequilibrados o manipuladores espirituales. Se transforman en dictadores espirituales y controlan a otros con su juego profético. Utilizan el don para su provecho personal y para humillación de otros. El don no es para hacer grande al poseedor, es para engrandecer al Dador del mismo que es el Espíritu Santo. Los dones son para edificación del cuerpo de Cristo que es la Iglesia.

El primer líder nombrado en Antioquía era Bernabé y encabezaba el listado. Esto puede indicar que Bernabé, en griego «Barnabas», era «primus inter pares» o «primero entre iguales». Era un líder, cabeza en esta etapa de la naciente congregación de Antioquía. Al inicio de la plantación y la solidarización de nuevas obras, al ser estas obras debidamente establecidas, surgen líderes tipo Bernabé que luego serán substituidos por líderes tipo Pablo. Este es el ministerio del líder pionero, es decir, el que abre brecha. Y no necesariamente será el líder de permanencia o avanzada.

La misión de algunos líderes es sembrar la Palabra, la de otros líderes es regar la Palabra, la de otros líderes es alimentar con la Palabra, y la de otros líderes ser cuidadores de los que son alimentados con la Palabra. Son líderes cuidadores. ¡Todos tenemos uno o más dones para la edificación de los santos!

El segundo líder nombrado en Antioquía era Simón, apodado «Níger». Llamado también el **«Negro»** en latín. El apodo de Níger puede proceder del río Níger o la región del Níger, que a partir de 1960 se independizó de Francia y se transformó en la República de Níger. Otro país que toma el nombre por el rio Níger es Nigeria. El término despectivo de 'Níger' tiene su etimología por los nombres mencionados.

El griego lee «Simeón o *kaloúmenos* Níger». Níger también podría ser una referencia a su oscura piel. Y de ser así, se demuestra cómo en la iglesia primitiva no se hacía diferencia por la pigmentación de la piel. El nombre hebreo **Simón** de **Simeón** es una referencia para saber que se trata de algún hebreo.

Algunos negros o personas de pigmentación oscura sobresalieron en la Biblia. Y eso demuestra, contrario a lo que muchos llegaron a pensar en su ignorancia, que ser negro era la maldición que Noé impuso sobre su hijo Cam, quien vio su desnudez.

«Entonces Sem y Jafet tomaron la ropa, y la pusieron sobre sus propios hombros, y andando hacia atrás, cubrieron la desnudez de su padre, teniendo vueltos sus rostros, y así no vieron la desnudez de su padre. Y despertó Noé de su embriaguez, y supo lo que le había hecho su hijo más joven, y dijo: ¡**Maldito sea Canaán!** ¡**Siervo de siervos será a sus hermanos!**» (Gn. 9:23-25).

La mujer cusita con la cual se casó Moisés era negra. Por causa de ella que era negra o de otra raza, María y Aarón criticaron a Moisés: «María y Aarón hablaron contra Moisés a causa de la mujer cusita que había tomado; porque él había tomado mujer cusita» (Num. 12:1). La Nueva Versión Internacional lee «egipcia». La Traducción En Lenguaje Actual lee: «etíope».

La reina de Saba que visitó al rey Salomón era negra. A la cual conecta la tradición con los judíos negros que reclaman descender de ella, y que hay muchos en el Estado de Israel. Según la tradición ella tuvo con Salomón un hijo llamado Menelik.

La sulamita del Cantar de los Cantares era negra. A quién Salomón le dedica este poema amoroso y sapiencial, fue negra: «¡Mujeres de Jerusalén! Yo soy morena, sí, como las tiendas de Quedar. Y soy también hermosa, como las cortinas de Salomón. No se fijen en mi piel morena, pues el sol la requemó. Mis hermanos se enojaron contra mí, y me obligaron a cuidar sus viñas, ¡y así mi propia viña descuidé!» (Ct. 1:5-6, TLA). La versión King James traduce: 'I am black' ('Soy negra').

El etíope eunuco funcionario de Candace era negro. Al cual el diácono Felipe lo evangelizó y luego lo bautizó, fue negro: «Entonces él se levantó y fue. Y sucedió que un etíope, eunuco, funcionario de Candace, reina de los etíopes, el cual estaba sobre todos sus tesoros, y había venido a Jerusalén para adorar» (Hch. 8:27). Una tradición antigua lo conecta con la Iglesia Ortodoxa Etíope. Otra tradición enseña que los apóstoles Bartolomé y Mateo hicieron trabajo misionero en Etiopía durante tres meses.

Eusebio de Cesarea escribió:

«Sin embargo, la predicación de la salvación iba avanzando satisfactoriamente y a diario. Entonces una orden llevó fuera de Etiopía a un funcionario de la reina. (Este país todavía hoy, siguiendo una costumbre ancestral, es gobernado por una mujer). Éste fue el primer gentil que participó en los misterios de la Palabra de Dios (habiéndosele aparecido Felipe) y las primicias de los creyentes en toda la tierra; además, según sostiene un documento, una vez vuelto a la tierra patria, también fue el primero en anunciar el conocimiento del Dios del Universo y la presencia vivificadora entre los hombres de nuestro Salvador. De este modo se cumplía, gracias a él, la profecía que dice: «Etiopía se apresurará a extender sus manos hacia Dios» (*Historia Eclesiástica. Libro* II, 7).

El tercer líder nombrado en Antioquía era Lucio de Cirene. Procedía de la región de Cirene. Lucio (griego «Loúkios») debe ser de la comisión que llegó para evangelizar primero en Antioquía (Hch. 11:20). Cirene fue una ciudad griega de África del Norte; ahora es Libia. Se menciona en varios pasajes bíblicos. En **Cirene** vivía una fuerte comunidad judía-helenista y hubo muchos judeo-cristianos:

«... **y en las regiones de África más allá de Cirene**...» (Hch. 2:10).

«Entonces se levantaron unos de la sinagoga llamada de los libertos, **y de los de Cirene**, de Alejandría, de Cilicia y de Asia, disputando con Esteban» (Hch. 6:9).

«Pero había entre ellos unos varones de Chipre **y de Cirene**, los cuales, cuando entraron en Antioquía, hablaron también a los griegos, anunciando el evangelio del Señor Jesús» (Hch. 11:20).

Simón de Cirene con nombre homólogo a **Simón el Níger** podía ser judío. Se le describe como padre de Alejandro y Rufo, destacados miembros o líderes en la Iglesia de Jerusalén. Algunos intérpretes asocian a **Simón el Níger** con **Simón de Cirene** (Hch. 13:1). Se le ha identificado como negro, pero no se puede corroborar bíblicamente.

El relato bíblico comparte: «Al salir encontraron a un hombre de Cirene que se llamaba Simón, y **lo obligaron a llevar la cruz**» (Mt. 27:32). «Y obligaron a uno que pasaba, **Simón de Cirene**, **padre de Alejandro y de Rufo**, que **venía del campo**, a que le llevase la cruz» (Mc. 15:21).

Simón de Cirene no tomó la cruz voluntariamente, fue obligado a tomarla. Pero eso le trajo bendición y lo sumó a la historia de la pasión. Muchos han sido obligados a tomar la cruz de Cristo. Simón de Cirene no cargó la cruz por mucho tiempo, el Señor la retomó en algún momento, pero aquel «que pasaba» la cargó. ¡Un gran privilegio que luego lo entendió así!

El famoso predicador Charles H. Spurgeon predicando mencionó a Simón de Cirene:

«No sabemos de qué color pudiera haber sido el rostro de Simón, **pero muy probablemente era negro**. Simón era africano; provenía de Cirene.

Ay, pobres africanos, ustedes han sido obligados a llevar la cruz aun hasta ahora. Salve, **despreciados hijos del sol**, ustedes siguen inmediatamente al Rey en la marcha de la aflicción. No estamos seguros de que Simón fuera un discípulo de Cristo; pudiera haberse tratado de un amigable espectador; sin embargo, uno pensaría que, de ser posible, los judíos seleccionarían naturalmente a un discípulo. Recién llegado del campo, sin saber qué estaba sucediendo, se unió a la turba y le hicieron llevar la cruz» (Sermón predicado el domingo primero de marzo de 1863. Tabernáculo Metropolitano, Newington, Londres).

A todos aquellos que tienen el espíritu de ayudar a otros, se les conoce como Cirineos. Y esa descripción se toma de la ayuda que Simón de Cirene dio a nuestro Señor Jesucristo, ayudándole a cargar el travesaño. Cuando el sentenciado a muerte de cruz cargaba su travesaño, y por el cansancio o estado que presentaba, y quizá por no llegar vivo hasta el patíbulo, algún soldado le aplicó la requisa romana a cualquiera que viera entre los que observaban.

Algo que Simón de Cirene nunca pudo olvidar, sería el rostro ensangrentado de Jesús de Nazaret, y su cuerpo agotado, cansado, abatido, pero con un corazón dispuesto a cargar su propia cruz.

¿Y cuántos Cirineos necesitamos en la familia, en el trabajo y en las congregaciones? Cirineos que ayuden a otros a cargar la cruz de las pruebas, la cruz de las desventajas sociales, la cruz del rechazo y la cruz de la humillación.

El Dr. Martin Luther King, declaró: «Para ser cristianos, debemos aceptar esta cruz, con todas las dificultades que comporta, con su contenido angustioso y trágico, y llevarla hasta que la tengamos marcada en la carne y nos redima de aquella excelentísima forma que sólo se da con el sufrimiento» (*La Fuerza de Amar*, página 29).

Muy probablemente Pablo se refiera al segundo hijo de Simón de Cirene, en su despedida a los lectores romanos: «Saludad a **Rufo**, escogido en el Señor, y a su madre y mía» (Rom. 16:13). De ser este Rufo el hijo de Simón de Cirene, su madre y esposa, llegaron a ser como una madre para Pablo de Tarso. ¡Cuántas madres necesitamos todos aquellos y aquellas que hemos sido llamados a tomar el yugo de arar en los campos del Maestro de la Galilea!

Lucio de Cirene pudo haber tenido una relación familiar con **Simón de Cirene**. Lo importante es que el evangelio llegó a los cirineos. Y llega a los negros, a los blancos, a los amarillos, a los rojos, y a los mulatos. ¡Su poder transforma las razas! ¡Su poder llega a las etnias! ¡Su poder alcanza a todos los pecadores sean quienes sean, hagan lo que hagan y digan lo que digan!

El cuarto líder nombrado en Antioquía era Manaén «el que se había criado junto con Herodes el tetrarca». La Traducción en Lenguaje Actual declara: «... Menahem había crecido con el rey Herodes Antipas...». La Nueva Traducción Viviente rinde: «... Manaén (compañero de infancia del rey Herodes Antipas)...».

Manaén de «**Menahem**» en hebreo significa el «**consolador**». El evangelio de Jesucristo había afectado positivamente a un miembro de la misma casa de Herodes el tetrarca, gobernante sobre una cuarta parte del reino de su padre Herodes El Grande. Conocido también como Antipas. ¡Qué bueno hubiera sido que Herodes también hubiera abrazado la fe cristiana para que fuera un hermano de crianza espiritual de Manahem! La traducción literal del griego «súntrophos» lee: «hermano de leche».

Sobre Manaén dice el Comentario Bíblico de Matthew Henry: «Procedía, pues, de la aristocracia de Galilea, pero abandonó toda esperanza de promoción temporal para seguir a Cristo. Es preferible ser compañero de sufrimientos de un santo antes que ser compañero de persecución de un tetrarca».

El evangelio es para todos, sin distinción de raza, clase, cultura o creencia religiosa. El mismo llega para superar los distintivos sociales. El evangelio tiene efectos transculturales y efectos intraculturales, pero muchas veces tiene efectos contraculturales. No solo aceptamos otra cultura, también la abrazamos, pero no dejamos que una cultura del mundo leude la levadura del evangelio de Jesucristo.

El quinto líder nombrado en Antioquía era Saulo, quién cierra el listado. El último del listado se presenta de manera simple como «Saulo». Todavía no era reconocido como un apóstol. Pero en ese «quinto líder» había encerrado un apóstol, un misionero a los gentiles. Ese día llegaría para ver emerger de Saulo de Tarso a Pablo de Tarso, el gigante de la gracia cristiana y al primer teólogo del cristianismo.

Para llegar a ser primero se debe ser último. Muchos quieren ser el líder sin ser el sub-líder. Se debe comenzar desde abajo. En el ministerio no se saltan cercas. Se toman turnos y se espera por la promoción. No te adelantes al tiempo divino para tu vida, espera tu momento. Mientras tanto, sirve ahí, en ese lugar y con esa posición donde el Espíritu Santo te ha ubicado, y de ahí te promoverá en su momento para otra asignación del reino. Tu misión ya tiene nombre asignado y ya tiene fecha asignada. Tu bendición ya viene de camino y está tabulada. ¡Con paciencia espera ese «kairos» de Jesucristo para tu vida!

Notemos cómo en la mención de estos líderes se combinan las diferencias humanas, las razas representadas y las profesiones. La Iglesia de Jesucristo es siempre una mezcla de personalidades, de clases sociales, de niveles educativos, de dones y talentos. La Iglesia de Jesucristo es una familia. «¡Familia!», decía el salsero puertorriqueño Cheo Feliciano al saludar a la gente. Nosotros también decimos: «¡Mi gente, somos una familia!».

2. El llamado en Antioquía

«Ministrando éstos al Señor, y ayunando, dijo el Espíritu Santo: Apartadme a Bernabé y a Saulo para la obra a que los he llamado» (Hch. 13:2).

El servicio. «Ministrando éstos al Señor...». Es decir, que ellos estaban trabajando para el Señor Jesucristo. El Señor Jesucristo llamará a su obra a aquellos que estén activos en la misma. Si deseas un llamado a las misiones, debes comenzar en la misión local de tu congregación. ¡Allí hay mucho trabajo! Y no se necesitan títulos para realizarlo. Solo hace falta un corazón agradecido a Jesucristo y siempre disponible para trabajar en la viña. Hay mucho trabajo en el campo del mundo y se necesitan obreros.

Los títulos o posiciones son para servir y no para ser servidos. La enfermedad milenaria produce orgullo, arrogancia, espíritu de superioridad. Cuando alguien afirma demasiado un título es porque se siente vacío de auto-identidad. Los títulos o posiciones llenan a muchos, pero el que es verdaderamente llamado llena los títulos o posiciones con la entrega y el servicio desinteresado y altruista. Auscúltate en Cristo, para que la gente vea a Cristo en tu vida y ministerio. Para llenarnos más del Espíritu Santo, tenemos que vaciarnos más de nosotros mismos.

La humillación. «... y ayunando...». Aquel «equipo de los cinco» en Antioquía practicaban la abstinencia, «y ayunando». ¡Una verdadera «sinergia» espiritual! No solo Jesús ayunó, los apóstoles ayunaron y los líderes y congregantes ayunaban. El ayuno ayuda espiritualmente a quien lo practica como ejercicio espiritual, porque lleva a un nivel de comunión con la presencia divina. Pero debemos cuidarnos de los ayunos negativos, con fines egoístas, buscando beneficios personales y no espirituales:

El ayuno negativo de David. «Entonces David se levantó de la tierra, y se lavó y se ungió, y cambió sus ropas, y entró a la casa de Jehová, y adoró. Después vino a su casa, y pidió, y le pusieron pan, y comió. Y le dijeron sus siervos: ¿Qué es esto que has hecho? **Por el niño, viviendo aún, ayunabas y llorabas;** y muerto él, te levantaste y comiste pan. Y él respondió: **Viviendo aún el niño,**

yo ayunaba y lloraba, diciendo: ¿Quién sabe si Dios tendrá compasión de mí, y vivirá el niño? **Mas ahora que ha muerto, ¿para qué he de ayunar?** ¿Podré yo hacerle volver? Yo voy a él, mas él no volverá a mí» (2 Sam. 12:20-23).

El ayuno negativo de Nabot. «Acab se fue a su casa deprimido y malhumorado porque Nabot, el jezrelita, le había dicho: 'No puedo cederle a Su Majestad lo que heredé de mis antepasados'. De modo que se acostó de cara a la pared, **y no quiso comer**» (1 R. 21:4, NVI).

El ayuno negativo de Jezabel. «Entonces ella escribió cartas en nombre de Acab, y las selló con su anillo, y las envió a los ancianos y a los principales que moraban en la ciudad con Nabot. Y las cartas que escribió decían así: **Proclamad ayuno,** y poned a Nabot delante del pueblo; y poned a dos hombres perversos delante de él, que atestigüen contra él y digan: Tú has blasfemado a Dios y al rey. Y entonces sacadlo, y apedreadlo para que muera» (1 R. 21:8-10).

El ayuno negativo de los líderes de Israel. «¿Por qué, dicen, **ayunamos, y no hiciste caso**; humillamos nuestras almas, y no te diste por entendido? He aquí que **en el día de vuestro ayuno buscáis vuestro propio gusto,** y oprimís a todos vuestros trabajadores. **He aquí que para contiendas y debates ayunáis** y para herir con el puño inicuamente; **no ayunéis como hoy,** para que vuestra voz sea oída en lo alto. **¿Es tal el ayuno que yo escogí,** que de día aflija el hombre su alma, que incline su cabeza como junco, y haga cama de cilicio y de ceniza? **¿Llamaréis esto ayuno,** y día agradable a Jehová?» (Is. 58:3-5).

¿Deseas ser usado en grandes cosas por nuestro Señor Jesucristo? Ora y ayuna. ¿Quieres que el Espíritu Santo derrame su poder sobre ti? Ora y ayuna. ¿Sientes emprender algo grande para la obra del Padre? Ora y ayuna. ¿Te sientes sin fuerzas espirituales? Ora y ayuna. ¿Buscas más unción del Espíritu Santo en tu vida? Ora y ayuna. ¿Deseas una mayor manifestación de la gloria de Dios en tu ministerio? Ora y ayuna. ¿Necesitas más poder para echar fuera demonios? Ora y ayuna. ¿Quieres ser un hombre o mujer de reino? Ora y ayuna. ¿Deseas impactar a tu generación? Ora y ayuna.

La elección. «... **dijo el Espíritu Santo: Apartadme a Bernabé y a Saulo para la obra a la cual los he llamado**». ¿Cómo o por quién habló el Espíritu Santo? Él habló por alguno de aquellos «profetas y maestros» dirigentes. De los cuales es posible que entre ellos mismos unos ejercieran el oficio de «profetas» y otros lo ejercieran de «maestros». Y muy probablemente, algunos como Bernabé y Saulo eran «profetas y maestros».

Los dones de oficio deben trabajar en equipo y en colaboración. Las congregaciones tipo Antioquía funcionan en equipos ministeriales. Las unciones ministeriales se deben mezclar. Un ministerio o un don fortalecen al otro. Cada cual tiene algo que hacer o para contribuir en el Cuerpo de Jesucristo:

«Él fue quien les dio a unos la capacidad de ser apóstoles; a otros, la de ser profetas; a otros, la de ser evangelistas; y a otros, la de ser pastores y maestros. Hizo esto para que todos los que formamos la iglesia, que es su cuerpo, estemos capacitados para servir y dar instrucción a los creyentes. Así seremos un grupo muy unido y llegaremos a tener todo lo que nos falta; seremos perfectos, como lo es Cristo, por conocer al Hijo de Dios y por confiar en él. Ya no seremos como niños, que ahora piensan una cosa y más tarde piensan otra, y que fácilmente son engañados por las falsas enseñanzas de gente astuta, que recurre a toda clase de trampas. Al contrario, el amor debe hacernos decir siempre la verdad, para que en todo lo que hagamos nos parezcamos cada vez más a Cristo, que es quien gobierna la iglesia. Cristo es quien va uniendo a cada miembro de la iglesia, según sus funciones, y quien hace que cada uno trabaje en armonía, para que la iglesia vaya creciendo y cobrando más fuerza por causa del amor» (Ef. 4:11-16, TLA).

El que llama a la obra o al ministerio es el Espíritu Santo. Muchos se llaman a sí mismos a la obra. Otros son puestos en la obra por cualquiera. La realidad es que para el trabajo espiritual de la obra, se debe ser llamado directamente por parte de nuestro Señor Jesucristo.

El llamado requiere y demanda una gran responsabilidad. Tiene que ser verdaderamente Jesucristo quien nos ponga en la obra, y no el hombre. Si el Espíritu Santo te pone tendrás mucho éxito y bendiciones. Si te ponen por amiguismo (promover amigos a posiciones de mando, aunque no estén capacitados) o favoritismo, tendrás función sin unción, posición sin aprobación.

De entre cinco, solo dos, Saulo y Bernabé, fueron llamados a las misiones, es decir, a salir fuera de la congregación de Antioquía. Muchos son llamados para ir afuera, pero la gran mayoría son llamados para quedarse adentro. Lamentablemente, muchos llamados para ir afuera de la congregación a trabajar, se quedan adentro. Y muchos llamados para quedarse dentro de la congregación, trabajando en la misma para que crezca y fortalezca, se van para afuera. Ese llamado hacia afuera es un llamado para alcanzar la familia, los vecinos, los compañeros de escuela y los compañeros de trabajo.

3. La ordenación en Antioquía

«Entonces, habiendo ayunado y orado, les impusieron las manos y los despidieron» (Hch. 13:3).

La acción. «Entonces, habiendo ayunado y orado...». Antes de ser llamados Bernabé y Saulo, ellos y los otros estaban ayunando en el servicio espiritual al Señor Jesucristo. Parece que estaban buscando la revelación de quién iría a las misiones y cuándo irían.

Una vez que el Espíritu Santo confirmó como separados y consagrados a Bernabé y Saulo, los dirigentes y la Iglesia de Antioquía se mantuvieron en oración y ayuno. La oración, el ayuno y la ministración de la Palabra, es el «Combo Especial del Cielo».

La imposición. «... les impusieron las manos...» (griego «epetekan autois tas cheiras»). Se conoce en griego «cheirotonia – χειροτονία», «imposición de manos». Notemos que no los ungieron con aceite como diáconos, sino que «les impusieron las manos». En el Nuevo Testamento no se ungió a nadie para el ministerio con aceite, solo se habla de imposición de manos por una alta jerarquía espiritual de ancianos. La verdadera unción debe estar por dentro, y es la unción del Espíritu Santo.

«Agradó la propuesta a toda la multitud; y eligieron a Esteban, varón lleno de fe y del Espíritu Santo, a Felipe, a Prócoro, a Nicanor, a Timón, a Parmenas, y a Nicolás, prosélito de Antioquía; a los cuales presentaron ante los apóstoles, quienes, orando, **les impusieron las manos**» (Hch. 6:5-6).

«Por lo cual te aconsejo que avives el fuego del don de Dios que está en ti por **la imposición de mis manos**» (2 Tim. 1:6).

«**No impongas con ligereza las manos a ninguno**, ni participes en pecados ajenos. Consérvate puro» (1 Tim. 5:22).

«¿Está alguno enfermo entre vosotros? Llame a los ancianos de la iglesia, y oren por él, **ungiéndole con aceite en el nombre del Señor**. Y la oración de fe salvará al enfermo, y el Señor lo levantará, y si hubiere cometido pecados, le serán perdonados» (St. 5:14-15).

En el Reglamento del Concilio General de las Asambleas en Estados Unidos de América, se lee: «Todos los cultos de ordenación, con imposición de manos, se efectuarán bajo los auspicios de los concilios de distrito». Note que no se dice «ungiéndole con aceite».

Desde luego la ordenación al ministerio vertiendo aceite tres veces con la fórmula trinitaria sobre la persona ordenada, aunque no es sustentada bíblicamente, aporta mucho a la religiosidad de este ceremonial. Muchos concilios pentecostales lo practican de esta manera. Soy institucional-constitucional, y respeto la práctica de una cultura religiosa.

La despedida. «... y los despidieron». Esto habla de un proceso, que quizá en esta simple declaración, no se puede describir. Pero muy posiblemente, hubo unos encargos ministeriales, una despedida formal, y un convivio por parte de toda la comunidad de fe. Uno debe salir de una iglesia local a las misiones bajo bendición de la misma.

La iglesia de Antioquía formalmente se estableció como la segunda congregación dirigente después de la iglesia de Jerusalén. Cada una con una misión específica, una para servir a los gentiles y la otra para servir a los judeocristianos. La iglesia de Jerusalén envió a Bernabé a Antioquía y este se asoció con Saulo o Pablo. La iglesia de Antioquía luego envió a Bernabé y a Pablo al mundo gentil.

El pastor pare pastores, el misionero pare misioneros, el evangelista pare evangelistas, el maestro pare maestros, el apóstol pare apóstoles... La congregación pare congregaciones. La obra de Jesucristo debe continuar adelante con hombres y mujeres dispuestos a ir donde el Espíritu Santo por medio de los dirigentes de la institución o congregación los envíe.

¡La iglesia de visión se multiplica en visión! ¡La iglesia de fe se multiplica en fe! ¡La iglesia misionera se multiplica en misiones! ¡La iglesia celular se multiplica en células! ¡La iglesia de enseñanza se multiplica en maestros! ¡La iglesia de evangelismo se transforma en evangelistas! Lo que localmente es una congregación, se refleja fuera de sus paredes.

Conclusión

El modelo de la Iglesia de Antioquía debe ser estudiado con mucho cuidado, y de esa manera poder aplicar sus principios en la misionología de la iglesia actual.

010
La autoridad de Pablo

Hechos 13:12, RVR1960

«Entonces el procónsul, viendo lo que había sucedido,
creyó, maravillado de la doctrina del Señor».

Introducción

Con este mensaje se inicia el primer viaje misionero del apóstol Pablo de Tarso, y de su primera demostración de autoridad y poder apostólico.

1. La obediencia de Pablo

«Ellos, entonces, enviados por el Espíritu Santo, descendieron a Seleucia, y de allí navegaron a Chipre» (Hch. 13:4).

La llegada. Pablo y Bernabé llegaron hasta Salamina en Chipre. Una persona se puede enviar a sí misma al campo misionero, otras personas pueden enviar a uno al campo misionero, pero debe ser el Espíritu Santo quien en realidad nos envíe al campo misionero. Y allí, Pablo y Bernabé, como judíos, visitaron las sinagogas para predicar «la palabra de Dios». Su misión era predicar ante los judíos al Mesías Jesús por la «la palabra de Dios» que es el instrumento de la tarea misional.

El ayudante. Es de notarse la mención: «... Tenían a Juan de ayudante» (Hch. 13:5). ¿Cuándo y cómo Juan se integró al equipo de este dúo apostólico? Es algo desconocido. Pero en este primer viaje misionero de Bernabé y Pablo de Tarso, Juan Marcos se sumó al equipo misionero en el puerto de Seleucia o en la ciudad de Salamina, como un ayudante (griego «huperéten»).

Juan Marcos era un joven lleno de deseos, impulsado por muchos sueños, con energías para trabajar. Pero como muchos jóvenes, le faltaba la madurez que se alcanza mediante las lecciones prácticas que ofrece el texto de la vida. Los jóvenes deben estudiar en dos universidades. La primera universidad es la académica, donde se pueden graduar como Bachiller (4 años), Máster (2 años) o Doctorado (2 dos años). La segunda universidad es la de la vida, la práctica y toma toda una vida de experiencias y nunca se graduará.

Pero es importante que los adultos de experiencia sean como el buey viejo al cual se enyuga un buey joven, para que los segundos vayan tomando la disciplina del trabajo. A los jóvenes se les debe involucrar como ayudantes. Estos desean ser tomados en cuenta, y desean tener la oportunidad de hacer algo y demostrar algo. ¡Dales la oportunidad!

Una vez más vemos el corazón noble de Bernabé. Él siempre aparece en el libro de los Hechos, trayendo algo o trayendo a alguien:

Bernabé vendió una propiedad y dio el dinero a los apóstoles: «Entonces José, a quien los apóstoles pusieron por sobrenombre Bernabé (que traducido es, Hijo de consolación), levita, natural de Chipre, como tenía una heredad, **la vendió y trajo el precio y lo puso a los pies de los apóstoles**» (Hch. 4:36-37).

Bernabé trajo a Saulo a los apóstoles en Jerusalén: «Entonces Bernabé, **tomándole, lo trajo a los apóstoles**, y les contó cómo Saulo había visto en el camino al Señor, el cual le había hablado, y cómo en Damasco había hablado valerosamente en el nombre de Jesús» (Hch. 9:27).

Bernabé trajo a su sobrino Juan Marcos: «Y llegados a Salamina, anunciaban la palabra de Dios en las sinagogas de los judíos. **Tenían también a Juan de ayudante**» (Hch. 13:5).

En lo poco que se conoce a Bernabé se presenta un retrato amplio de su misión de apoyo a los demás. Las congregaciones necesitan a muchos creyentes con el corazón y la disposición de Bernabé. Estos son 'llaves' y 'puentes' en el ministerio. Son conectadores con otros. Son 'Faros' que abren brechas.

2. El encuentro de Pablo

«Y habiendo atravesado toda la isla hasta Pafos, hallaron a cierto mago, falso profeta, judío, llamado Barjesús» (Hch. 13:6).

El mago. Allí en Pafos, estaba un mago de nombre Barjesús (griego «Bariesous» o «Hijo de Jesús»). Interesante, un judío, que no solo era un 'mago', era un 'falso profeta'. Era alguien que pretendía que Dios hablaba por intermedio de él. Muchos falsos profetas piensan que son instrumentos de Dios, cuando en realidad son falsos instrumentos.

Ezequiel 22:28 nos dice: «Los profetas todo lo blanquean mediante visiones falsas y predicciones mentirosas. Alegan que lo ha dicho el Señor omnipotente, cuando en realidad el Señor no les ha dicho nada» (NVI).

La Traducción En Lenguaje Actual aclara este pasaje bíblico: «Tus profetas creen que pueden engañarme. Aseguran hablar de parte mía y repetir mis propias palabras, pero eso es mentira. Lo único cierto es que yo nunca les he hablado» (TLA).

El procónsul. Se añade a la descripción de este mago: «que estaba con el procónsul Sergio Paulo, varón prudente. Éste, llamando a Bernabé y a Saulo, deseaba oír la palabra de Dios» (Hch. 13:7).

A Sergio Paulo se le describe como 'prudente'. Es decir, cauteloso, analizador, sabio. Se necesitan personas con el espíritu de prudencia, que es una virtud espiritual. Pero muchos creyentes lo que manifiestan es un espíritu de imprudencia.

Sergio Paulo, cuyo segundo nombre significa 'pequeño', era tocayo de nombre del apóstol Pablo, cuyo nombre en griego es Παῦλος-Paûlos y en latín es Paulus. El femenino es Paula. El primero era un 'procónsul' romano. Era un oficial de gobierno del Imperio Romano. Este se interesó en «la palabra de Dios» que proclamaban Bernabé y Saulo.

«Pero les resistía Elimas, el mago (pues así se traduce su nombre), procurando apartar de la fe al procónsul» (Hch. 13:8). El nombre de este falso profeta, que tenía un sincretismo religioso, era en griego Elimas y significa 'mago' (RV1960), 'hechicero' (NVI) y 'brujo' (TLA). La Biblia Peshita en vez de Barjesús lee Barshuma que significa «hijo afligido». Según El Comentario Bíblico Matthew Henry: «La versión siríaca lo llama Bar-shoma, que significa 'hijo del orgullo, o de la hinchazón'». Y se ajusta perfectamente con su espíritu de orgullo religioso.

Este brujo hizo resistencia a los apóstoles Bernabé y Saulo. Trató de «apartar de la fe al procónsul». Esto indica que la «palabra de Dios» sembrada en su corazón había germinado. El enemigo quería arrebatar esa semilla de fe. Siempre habrá agentes de Satanás, que buscarán apartar a los nuevos creyentes de la fe cristiana. Por eso es muy importante darle calor y amistad a los nuevos convertidos. No se les puede dejar solos. Necesitan apoyo y supervisión espiritual.

3. La autoridad de Pablo

«Entonces Saulo, que también es Pablo, lleno del Espíritu Santo, fijando en él los ojos…» (Hch. 13:9).

La investidura. A partir de Hechos 13:9 es donde por primera vez se le llama a Saulo con el nombre de Pablo. Quizá el nombre de Pablo del procónsul haya influenciado a Saulo para comenzar a utilizar su nombre de Pablo. Quizá Lucas, el redactor de la historia de los Hechos de los Apóstoles, haya visto oportuno el que Saulo usara su nombre Pablo con aquel gentil. Ya que antes Saulo había ministrado más entre judíos, ahora su ministerio estaría enfocado hacia el pueblo gentil.

Saulo (nombre hebreo), Paulos (nombre romano) o Pablo estaba «**lleno del Espíritu Santo**», y miró directamente a Elimas Barjesús (significa «hijo de Jesús»). Pablo, el verdadero Hijo de Jesús, confrontó al otro Hijo de Jesús. El Espíritu Santo miró a través de los ojos de Pablo de Tarso. Es de notarse que en este punto, y de ahora en adelante, una autoridad y una investidura especial estarían sobre el liderazgo de Pablo.

Pablo de Tarso dijo: «¡Oh, lleno de todo engaño y de toda maldad, hijo del diablo, enemigo de toda justicia! ¿No cesarás de trastornar los caminos rectos del Señor?» (Hch, 13:10).

El engaño y la maldad de este «hijo del diablo» (en griego se lee: «huios ek diabolos»), que se oponía a «toda justicia», fue confrontada por aquel apóstol de Jesucristo. Elimas Barjesús trastornaba «los caminos rectos del Señor». A esos trastornadores del evangelio, de la gracia y de la fe, se les debe confrontar con una palabra de poder y de autoridad espiritual.

Elimas estaba «**lleno de todo engaño y de toda maldad**». Pablo de Tarso estaba «lleno del Espíritu Santo». Para llenarnos de Dios tenemos que vaciarnos del pecado. Al vaciarnos más de nosotros mismos, nos podemos llenar más de la gracia divina. Con cuánta autoridad Pablo de Tarso confrontó a Elimas Barjesús. Muchos se comprometen en sus creencias y principios con los Elimas de nuestra sociedad.

La autoridad. «Ahora, pues, he aquí la mano del Señor está contra ti, y serás ciego, y no verás el sol por algún tiempo. E inmediatamente cayeron sobre él oscuridad y tinieblas; y andando alrededor, buscaba quien le condujese de la mano» (Hch, 13:11).

Pablo de Tarso le declaró un juicio de ceguera a Elimas Barjesús. Parece ser que el Apóstol, aún a catorce años de distancia, no podía borrar de su mente que Jesús de Nazaret lo había dejado ciego por algunos días camino a Damasco. Por eso le pronunció a este brujo profeta: «Y serás ciego, y no verás el sol por algún tiempo». Al igual que a Saulo, sobre este opositor del mensaje de Jesús, vino «oscuridad y tinieblas», y a tientas buscaba ayuda humana. Así se dio cuenta que el Gran Poder de Dios era mayor que su poder del ocultismo.

Esta primera demostración del poder de Jesucristo que había emergido, manifestándose en Pablo de Tarso, termina con una nota triunfadora: «Entonces el procónsul, viendo lo que había sucedido, creyó, maravillado de la doctrina del Señor» (Hch, 13:12). Para el creyente los milagros y las liberaciones, le confirman el poder de Dios, pero para los no conversos y recién convertidos, los milagros y las liberaciones le demuestran el poder de Dios. A unos es porque han creído y a otros es para que crean.

Para su vida, aquella señal fue una demostración del poder divino. Y aceptó «la doctrina del Señor», es decir, se hizo cristiano. Una vez más el evangelio de Jesucristo había triunfado. Mas que creer en el milagro, él «creyó, maravillado de la doctrina del Señor».

Conclusión

Pablo de Tarso se había ganado oficialmente, como misionero en Pafos, en la isla de Chipre, al procónsul, como la primera alma convertida allí por su ministerio. El misionero en él había nacido.

011
La predicación de Pablo

Hechos 13:16, RVR1960

«Entonces Pablo, levantándose, hecha la señal de silencio con la mano, dijo: Varones israelitas, y los que teméis a Dios, oíd».

Introducción

Aquí veremos a Pablo con Bernabé en la continuación de su primer viaje misionero. Le acompañaron Juan Marcos y Lucas como historiador.

1. La separación de Juan

«Habiendo zarpado de Pafos, Pablo y sus compañeros arribaron a Perge de Panfilia; pero Juan, apartándose de ellos, volvió a Jerusalén» (Hch. 13:13).

La compañía. De Pafos, el apóstol Pablo viajó con el nuevo equipo misionero de Bernabé y Juan Marcos, con destino a Perge de Panfilia. El primer viaje misionero de Pablo y Bernabé con Juan Marcos fue de corta duración. Después de zarpar del puerto de Pafos en Chipre, los misioneros viajaron a Perge de Panfilia.

Allí el joven misionero Juan Marcos por las razones que fuera, se separó de ellos. Juan Marcos decidió no continuar formando parte de aquel equipo misionero y retornó a Jerusalén.

¿Qué llevó a Juan Marcos a separarse de las misiones? (1) Quizá perdió el interés por las misiones. Las misiones pueden apasionar o afiebrar a muchos, pero los obstáculos y las pruebas los pueden frustrar. (2) Quizá desertó de la misión por razones muy personales. (3) Quizá descubrió en la aventura de las misiones algo que lo desencantó. (4) Quizá estaba fuera del tiempo de su llamado.

La deserción. Muchos responden al ministerio, pero luego lo abandonan. Otros se unen a algún líder, y luego desertan. El mismo Señor Jesucristo dijo: «Son muchos los llamados, y pocos los escogidos». En esta etapa de su vida Juan Marcos no estaba preparado para continuar como misionero y por eso no continuó en esa asignación o misión. Pero el tiempo lo maduraría y prepararía mejor para volver a retomar su llamado.

Esos Juan Marcos que en el día hoy no son responsables, ni perseverantes en el trabajo de la viña del Señor Jesucristo, en el día de mañana pueden que maduren espiritualmente y emocionalmente. Muchos creyentes maduran espiritualmente y no emocionalmente y otros maduran emocionalmente y no espiritualmente, pero ambas cosas se necesitan para llegar a convertirse en piezas claves para la obra misionera y para el trabajo pastoral. Oremos por ellos y por ellas. El Espíritu Santo trabajará en ellos y ellas, si así se lo permiten, y llegarán a ser bendición en la viña del Señor Jesucristo. ¡El Espíritu Santo los quiere reclutar para su obra aquí en la tierra! El campo misionero los necesita.

A Juan Marcos, un inmaduro en su posición, un desertor del presente, Jesucristo se metió en su futuro. Pablo de Tarso lo reconoció doce años después: «**Marcos**, Aristarco, Demas y Lucas, mis colaboradores» (Fil. 1:24). «Aristarco, mi compañero de prisiones, os saluda, y **Marcos el sobrino de Bernabé**, acerca del cual habéis recibido mandamientos; si fuere a vosotros, recibidle» (Col. 4:10). Jesucristo se quiere meter en tu futuro, pero debes madurar espiritualmente y crecer ministerialmente.

«Sólo Lucas está conmigo. Toma a **Marcos** y tráele contigo, porque me es útil para el ministerio» (2 Tim. 4:11). El apóstol Pedro lo adoptó con paternidad espiritual: «La iglesia que está en Babilonia, elegida juntamente con vosotros, y **Marcos, mi hijo,** os saludan» (1 P. 5:13).

Juan Marcos dio a la iglesia el Evangelio de Marcos que es la narración del apóstol Pedro. Se dice que fue intérprete de Pedro y fundador de la Iglesia de Alejandría, una de las más influyentes del cristianismo.

2. La predicación de Pablo

«Entonces Pablo, levantándose, hecha la señal de silencio con la mano, dijo: Varones israelitas, y los que teméis a Dios, oíd» (Hch. 13:16).

El sábado. Desde Perge, Bernabé y Pablo se encaminaron a Antioquía de Pisidia, y el día del *Shabbat*, visitaron la sinagoga, y ocuparon su lugar (Hch. 13:14). Bernabé y Pablo de Tarso eran judeocristianos. Guardaban el «Shabbat» (día de reposo de la creación) y guardaban el «kuriakos» (día del Señor).

Se leyó la lectura correspondiente de la *Toráh* y de los profetas, y a los visitantes que eran Bernabé y Pablo, como era la costumbre, se les invitó a exponer alguna exhortación (Hch. 13:15). Pablo de Tarso se levantó, con la mano levantada a la usanza romana, hizo la señal de silencio y tomó la palabra (Hch. 13:16). Sobre él había una investidura de poder. ¡Cuántos se necesita de ministros que inviten al silencio! El mucho griterío cantando o predicando produce emoción, y somos seres emotivos y lo necesitamos, pero se puede confundir emoción con unción, se que ambas operan juntas. La unción en la Palabra produce revelación, iluminación y transformación.

El mensaje. La **introducción de la predicación de Pablo** fue: «Varones israelitas, y los que teméis a Dios, oíd» (Hch. 13:16).

El **primer énfasis de la predicación de Pablo** abarcó los siguientes temas: (1) La elección, exaltación y liberación del pueblo hebreo de Egipto (Hch. 13:17). (2) El éxodo de cuarenta años por el desierto, la destrucción de siete naciones cananeas, y la posesión de la tierra prometida (Hch. 13:18-19). (3) El gobierno de «cuatrocientos cincuenta años» de los jueces hasta el profeta Samuel (Hch. 13:20). (4) El reinado de «cuarenta años de Saúl, y el reinado de David hasta el Mesías Jesús como Salvador de Israel» (Hch. 13:21-23). (5) La manifestación de Juan el Bautista con su predicación y bautismo de arrepentimiento para Israel (Hch. 13:24). Y cómo Juan el Bautista negó ser el Mesías: «Mas cuando Juan terminaba su carrera, dijo: ¿Quién pensáis que soy? Yo no soy él, mas he aquí que viene tras mí uno de quien no soy digno de desatar el calzado de los pies» (Hch. 13:25).

El **segundo énfasis de la predicación de Pablo** se enfocó o abocó en una apología para demostrar que Jesús fue el Mesías profetizado, crucificado y resucitado (Hch. 13:26-41).

La **conclusión de la predicación de Pablo** declaró: «Porque así nos ha mandado el Señor, diciendo: Te he puesto para luz de los gentiles, a fin de que seas para la salvación hasta lo último de la tierra» (Hch. 13:47).

3. La invitación a Pablo

«Cuando salieron ellos de la sinagoga de los judíos, los gentiles les rogaron que el siguiente día de reposo les hablasen de estas cosas» (Hch. 13:42).

Los gentiles que escucharon en la sinagoga el mensaje paulino, lo invitaron para ministrarles ese mensaje mesiánico el próximo *Shabbat*. Esto demuestra que el evangelio es el mismo. Cualquiera podrá predicar el evangelio mejor que tú y que yo, pero no podrá predicar un mejor evangelio que el que se enseña en las Sagradas Escrituras. Predicadores hay muchos, pero el evangelio de Jesucristo es uno solo.

Esta anécdota ilustra muy bien lo dicho: James Spurgeon, el abuelo del famoso «Príncipe del Púlpito», Carlos H. Spurgeon, se encontraba una mañana predicando. Carlos llegó tarde a la capilla. El abuelo James paró inmediatamente su mensaje y declaró a los presentes: «Aquí viene mi nieto. Él puede predicar el evangelio mejor de lo que yo puedo, pero no puede predicar un evangelio mejor, ¿puedes tú, Carlos?».

El impacto del mensaje. «Y despedida la congregación, muchos de los judíos y de los prosélitos piadosos siguieron a Pablo y a Bernabé, quienes hablándoles, les persuadían a que perseverasen en la gracia de Dios» (Hch. 13:43).

La última mención de Bernabé y Pablo fue en Hechos 13:6-7: «Y habiendo atravesado toda la isla hasta Pafos, hallaron a cierto mago, falso profeta, judío, llamado Barjesús, que estaba con el procónsul Sergio Paulo, varón prudente. Éste, llamando a Bernabé y a Saulo, deseaba oír la palabra de Dios».

Por primera vez en el pasaje de Hechos 13:43 se revela que el orden de los nombres en los apóstoles Bernabé y Pablo, cambiaría, demostrando que la autoridad espiritual recaía sobre Pablo. Y en el ministerio debemos prepararnos para cuando Jesucristo cambia posiciones de autoridad, que en vez de estar uno bajo la autoridad del otro, ahora debemos estar bajo su autoridad. Se debe tener un alto nivel de madurez espiritual y humildad para aceptar esa transición.

«Y habiendo atravesado toda la isla hasta Pafos, hallaron a cierto mago, falso profeta, judío, llamado Barjesús, que estaba con el procónsul Sergio Paulo, varón prudente. Éste, llamando a **Bernabé y a Saulo**, deseaba oír la palabra de Dios» (Hch. 13:6-7).

«Entonces **Pablo y Bernabé**, hablando con denuedo, dijeron: A vosotros a la verdad era necesario que se os hablase primero la palabra de Dios, mas puesto que la desecháis, y no os juzgáis dignos de la vida eterna, he aquí, nos volvemos a los gentiles» (Hch. 13:46).

El Espíritu Santo hace cambios de posiciones y de turnos. En el ministerio en una temporada seremos los primeros, pero puede ser que en otra temporada seamos los segundos. Lo importante es servir al Señor Jesucristo en cada temporada y en el turno que nos sea asignado por el Espíritu Santo.

La gente no se quería ir. La proclamación de la palabra de Dios es un imán que atrae y mantiene a la gente. Judíos y prosélitos piadosos (que se convirtieron en judíos), seguían a Pablo y a Bernabé. El evangelio de la gracia los había convencido para convertirse. Eran seguidores, todavía no eran discípulos. La misión de la iglesia es que la gente de la comunidad llegue a ser seguidora; que los seguidores lleguen a ser congregantes; que los congregantes lleguen a ser miembros; que los miembros lleguen a ser discípulos; y que los discípulos lleguen a ser líderes.

«El siguiente día de reposo se juntó casi toda la ciudad para oír la palabra de Dios» (Hch. 13:44). Se congregaron porque fueron impactados por la ministración de la palabra acerca de Jesucristo. Nos congregamos para orar, adorar y oír la palabra de Dios. Por eso tenemos que tener «chercha» (procede de «church» término que se refiere a iglesia y para los dominicanos es representación de fiesta o reunión alegre). En cada culto vamos a tener «chercha».

Me gusta cómo rinde la Nueva Traducción Viviente: «A la semana siguiente, casi toda la ciudad fue a oírlos predicar la palabra del Señor». Este pasaje señala un «día de reposo» al siguiente «día de reposo», es decir, pasó una semana.

¡Nunca debemos dejar de congregarnos por una semana! Quien se aleja rutinariamente de la congregación por más de una semana, sin congregarse, no hablo de vacaciones, ni de ausencias por viajes o enfermedades, es un creyente que corre mucho peligro espiritual. ¡Es posible que en algún momento de su vida espiritual esa persona que no se congrega regularmente llegue a estar en un estado de cuidado intensivo espiritual! En inglés (**ICU**) significa **Intensive Care Unit** o (**UCI**) **Unidad de Cuidado Intensivo**. Tenemos a muchos creyentes que ahora mismo están en intensivo. Sin poder espiritual. Sin vista espiritual. Sin respiración espiritual. Se están muriendo espiritualmente.

El celo por el mensaje. «Pero viendo los judíos la muchedumbre, se llenaron de celos, y rebatían lo que Pablo decía, contradiciendo y blasfemando» (Hch. 13:45). Cuando otros religiosos ven el éxito de la evangelización, se llenan de celos.

El celo nace cuando alguien no maduro emocionalmente ve a otro o a otros prosperar o lograr lo que él o ella ha deseado, pero no lo ha logrado. El éxito y triunfo de otros puede provocar celos. Dios levantó a la Iglesia para provocar celos al pueblo judío.

Moisés dijo inspirado por Dios en Deuteronomio 32:21 lo siguiente: «Inventan un dios falso, para provocar mis celos; pero los celosos serán ustedes, pues los cambiaré por otro pueblo; los cambiaré por gente ignorante que ni a pueblo llega» (TLA).

Pablo de Tarso dijo inspirado por Dios en Romanos 10:19 lo siguiente: «Vuelvo entonces a preguntar: ¿Será que los israelitas no se han dado cuenta?

¡Claro que sí se han dado cuenta! Pues, en primer lugar, Dios dijo por medio de Moisés: 'Haré que los israelitas se pongan celosos de un pueblo sin importancia. Haré que se enojen con gente de poco entendimiento'» (TLA).

Dios muchas veces utilizará a otras personas para provocarnos celos. Para enseñarnos a apreciar lo que nos ha entregado. Para dejarnos ver las oportunidades que nos ha dado y que no hemos sabido aprovechar. Para que valoremos los privilegios que hemos tenido en la iglesia y los hemos tenido en muy poco. Para que nos demos cuenta que si le decimos a nuestro Señor Jesucristo 'no', otro le dirá 'sí'. La posición que tienes en poco, otro está orando para que el Señor algún día le dé esa posición.

Compromiso con el mensaje. «Pero Pablo y Bernabé les contestaron con mucha valentía: 'Nuestra primera obligación era darles el mensaje de Dios a ustedes los judíos. Pero como ustedes lo rechazan y no creen merecer la vida eterna, ahora les anunciaremos el mensaje a los que no son judíos. Porque así nos lo ordenó Dios: Yo te he puesto, Israel, para que seas luz de las naciones; para que anuncies mi salvación hasta el último rincón del mundo'» (Hch. 13:46-47, TLA).

Pablo con Bernabé cumplieron predicándoles la Buena Noticia a los judíos de Antioquía de Pisidia. Al rechazar éstos el mensaje de la salvación y a Jesús como el Mesías, los misioneros de Antioquía decidieron centrarse en ganarse a los gentiles para Jesucristo. Si alguien no te quiere escuchar predicando, déjalo y predícale a quien te quiera escuchar. No pierdas el tiempo predicando a oídos cerrados, predícale a oídos abiertos.

El resultado del mensaje. «Cuando los que no eran judíos oyeron eso, se pusieron muy contentos y decían que el mensaje de Dios era bueno. Y todos los que Dios había elegido para recibir la vida eterna creyeron en él. El mensaje de Dios se anunciaba por todos los lugares de aquella región» (Hch. 13:48-49, TLA).

El mensaje de salvación que es rechazado por algunos, es recibido como bueno por otros. Y por haber creído esa palabra, éstos se sumaron a la compañía de los escogidos para la vida eterna. Y en Antioquía de Pisidia, Pablo y Bernabé predicaban en todo lugar.

4. La reacción contra Pablo

«Pero los judíos instigaron a mujeres piadosas y distinguidas, y a los principales de la ciudad, y levantaron persecución contra Pablo y Bernabé, y los expulsaron de sus límites» (Hch. 13:50).

La instigación. Interesante es que de parte de los judíos se instigó «a mujeres piadosas y distinguidas, y a los principales de la ciudad», para levantarse en persecución contra Pablo y Bernabé, y estos fueron alejados de sus contornos.

Por vez primera el orden Bernabé y Pablo es cambiado por Pablo y Bernabé. El segundo se hizo primero, y el primero se hizo segundo. Más importante que la posición es la función. Y el que es fiel en el reino de Dios, será promovido por Dios. A muchos segundos el Espíritu Santo los promoverá a primeros. Se debe tener espíritu de humildad para aceptar ser un buen segundo en el plan de Dios.

El alejamiento. Hechos 13:51 declara: «Ellos entonces, sacudiendo contra ellos el polvo de sus pies, llegaron a Iconio». La Nueva Versión Internacional dice: «Ellos, por su parte, se sacudieron el polvo de los pies en señal de protesta contra la ciudad, y se fueron a Iconio».

El sacudir «**el polvo de los pies**» es un aforismo para indicar que cuando no quieren a un líder o a un creyente, este sacude sus pies y se va a otro sitio donde será apreciado y valorizado. Su próximo destino fue llegar hasta Iconio (quien esto escribe ha visitado varias veces Konia, ciudad de Anatolia, Turquía).

«Y los discípulos estaban llenos de gozo y del Espíritu Santo» (Hch. 13:52) Muchos se llenan de gozo y no del Espíritu Santo; otros se llenan del Espíritu Santo, pero no se llenan de gozo. Para un discípulo llenarse de gozo es vaciarse de la tristeza. Para llenarse del Espíritu Santo debe vaciarse de sí mismo.

Conclusión

El misionero va adónde le lleva el Espíritu Santo. Y se sacude los pies del polvo, cuando él o ella son rechazados como mensajeros y sus mensajes son también rechazados.

012
La recepción de Pablo

Hechos 14:4, RVR1960

«Y la gente de la ciudad estaba dividida: unos estaban
con los judíos, y otros con los apóstoles».

Introducción

Los apóstoles, Pablo y Bernabé, continuaron juntos realizando la labor misionera, esta vez en Iconio, una ciudad de gentiles y de judíos. Y el ministerio de este dúo misionero dividió a la ciudad entre los que creían en su mensaje y aquellos que rechazaban su mensaje.

1. La aceptación de Pablo

«Aconteció en Iconio que entraron juntos en la sinagoga de los judíos, y hablaron de tal manera que creyó una gran multitud de judíos, y asimismo de griegos» (Hch. 14:1).

El equipo. Pablo y Bernabé «... entraron juntos en la sinagoga de los judíos...» que estaba en Iconio de la provincia de Galacia, llamada ahora Konia, una ciudad de Anatolia, Turquía (la cual he visitado varias veces). La sinagoga era un lugar donde los apóstoles llegaban primero, y ahí comenzaban su labor misionera. La verdadera unidad es permanecer juntos. Pablo y Bernabé estaban juntos. El trabajo para el Señor Jesucristo en equipo es más productivo. A eso se le llama sinergia, y las hormigas son un gran ejemplo. Oremos siempre para que la unidad permanezca y prevalezca en nosotros.

Muchos judíos y griegos respondieron positivamente al mensaje de Pablo y Bernabé, que siempre era acerca de que Jesús fue el Mesías prometido, que murió, resucitó y ascendió al cielo y ahora también está entre nosotros. La muerte de Jesús no fue su final. Con la resurrección de Jesucristo se inició el cristianismo.

El rechazo. «Mas los judíos que no creían excitaron y corrompieron los ánimos de los gentiles contra los hermanos» (Hch. 14:2). «Sin embargo, algunos de los judíos rechazaron el mensaje de Dios y envenenaron la mente de los gentiles en contra de Pablo y Bernabé» (NTV). «Pero los judíos que no creyeron en Jesús hicieron que se enojaran los que no eran judíos, y los pusieron en contra de los seguidores de Jesús» (TLA).

Algunos judíos rechazaron ese mensaje acerca de que Jesús era el Mesías y movieron negativamente las emociones de los gentiles y los desanimaron contra Pablo y Bernabé. Se nos declara: «excitaron y corrompieron los ánimos», «envenenaron la mente» e «hicieron que se enojaran». El enemigo trata de influir en los ánimos de las personas, corrompiendo las mentes y provocando enojo. La mejor terapia contra el enojo está en algunos consejos del libro de Proverbios.

«El necio muestra enseguida su enojo, pero el prudente pasa por alto el insulto» (Prov. 12:16, NVI).

«La respuesta amable calma el enojo, pero la agresiva echa leña al fuego» (Prov. 15:1, NVI).

«Así como al batir la crema se obtiene mantequilla y al golpearse la nariz sale sangre, al provocar el enojo surgen peleas» (Prov. 30:33, NTV).

Siempre habrá oyentes que recibirán con fe el mensaje de la cruz de Jesucristo. Otros serán indiferentes a ese mensaje acerca de Jesucristo. Otros serán reacios a los mensajeros y al mensaje de la cruz de Jesucristo. Pero se debe predicar el mensaje de la cruz exhortando a los pecadores a que se conviertan. Siembra la semilla de la Palabra y deja que el Señor Jesucristo la haga germinar en aquel terreno que esté listo para esa semilla.

2. La perseverancia de Pablo

«Por tanto, se detuvieron allí mucho tiempo, hablando con denuedo, confiados en el Señor, el cual daba testimonio a la palabra de su gracia, concediendo que se hiciesen por las manos de éstos señales y prodigios» (Hch. 14:3).

El tiempo. «... se detuvieron allí un tiempo» (Hch. 14:3). El trabajo en la obra del Señor Jesucristo (misionero, pastoral como líderes y creyentes) requiere de tiempo para ver el fruto. Ese tiempo de espera, de estar en el «allí» de Dios, puede ser muy productivo para el ministerio desarrollado. Muchos quieren resultados rápidos y no siempre es así. ¡Debemos esperar y a esto se le llama perseverancia!

Se siembra pero toma tiempo la cosecha. Si tu siembra es mucha, también tu cosecha es mucha. Hay siembras que dan cosechas rápidas y otras siembras que dan cosechas lentas. Son muchos los que cuando ya se acerca el tiempo de la cosecha lo abandonan y dejan todo. Si sembraste, espera tu tiempo de cosecha. Si comenzaste algo, termínalo. Nunca dejes los proyectos a la mitad. Despiértate del sueño para verlo realizado.

«Recuerden lo siguiente: un agricultor que siembra solo unas cuantas semillas obtendrá una cosecha pequeña. Pero el que siembra abundantemente obtendrá una cosecha abundante. Cada uno debe decidir en su corazón cuánto dar; y no den de mala gana ni bajo presión, «porque Dios ama a la persona que da con alegría». Y Dios proveerá con generosidad todo lo que necesiten. Entonces siempre tendrán todo lo necesario y habrá bastante y de sobra para compartir con otros» (2 Cor. 9:6-8, NTV).

La predicación. «... hablando con denuedo» (Hch. 14:3). No dejaron de comunicar ese mensaje mesiánico. Ellos hablaban con valentía y osadía. Lo hicieron con ganas y pasión. ¡Prediquemos y dejemos el resultado al Espíritu Santo! Cuando prediquemos que Jesucristo retornará, creamos como si llegara hoy mismo. Si predicamos que Jesucristo sana, debemos creer que quiere sanar hoy. Si predicamos sobre el poder del Espíritu Santo, actuemos creyendo que ese poder lo tenemos ya. Lo que predicamos sucederá. Lo que se oye y se ve espiritualmente desde un púlpito en eso se pueden transformar los creyentes. Vemos este ejemplo con las varas y los rebaños de Jacob (Gn. 30:37-43):

«Luego Jacob tomó algunas ramas verdes de álamo, de almendro y de plátano oriental, y las peló quitándoles tiras de la corteza, de modo que quedaran con rayas blancas. Después puso esas ramas peladas en los bebederos donde los rebaños iban a tomar agua, porque era allí donde se apareaban; y cuando se apareaban frente a las ramas peladas con rayas blancas, tenían crías rayadas, manchadas y moteadas» (Gn. 30:37-39, NTV).

«Jacob separaba esos corderos del rebaño de Labán. En la época de celo, los ponía frente a los animales de Labán que fueran rayados o negros. Así es como él aumentaba su propio rebaño en lugar de incrementar el de Labán» (Gn. 30:40, NTV).

«Cada vez que las hembras más fuertes estaban listas para aparearse, Jacob ponía las ramas peladas en los bebederos frente a ellas. Entonces se apareaban frente a las ramas, pero no lo hacía con las hembras más débiles, de modo que los animales más débiles pertenecían a Labán y los más fuertes, a Jacob. Como resultado, Jacob se hizo muy rico, con grandes rebaños de ovejas y cabras, siervas y siervos, y muchos camellos y burros» (Gn. 30:41-43, NTV).

La confianza. «… confiados en el Señor» (Hch. 14:3). Ellos sabían en «quién» habían creído y en «quién» querían que otros creyeran. Su confianza no estaba en ellos mismos, sino que estaban «confiados en el Señor». ¡No confíes en tus fuerzas, no confíes en tus habilidades, no confíes mucho en tu experiencia, confía siempre en Jesucristo! Hagamos nuestra parte, el Señor Jesucristo hará la suya. Hagamos lo que nos toca a nosotros y el Espíritu Santo hará lo que le toca a Él.

La ayuda. «… el cual daba testimonio a la palabra de su gracia, concediendo que se hiciesen por las manos de ellos señales y prodigios» (Hch. 14:3). La palabra de gracia que predicaban, era respaldada con el testimonio de Dios y se confirmaba con acciones sobrenaturales.

El mensaje de la gracia, el favor inmerecido de Jesucristo para el ser humano, debe ser comunicado. Pero tampoco se debe abusar con un mensaje de gracia que sea elástico, barato, acomodaticio. Debemos predicar todo el consejo de Dios encerrado en la Biblia. Y cuando se proclama el mismo, las «señales y prodigios» seguirán esa «palabra» declarada. Hoy, muchos quieren ver manifestadas las señales primero y segundo la gracia. La gracia debe manifestarse primero y las señales en segundo lugar. Aunque el Espíritu Santo hará como Él quiera.

3. La salida de Pablo

«… habiéndolo sabido, huyeron a Listra y Derbe, ciudades de Licaonia, y a toda la región circunvecina» (Hch. 14:6).

La división. «Y la gente de la ciudad estaba dividida: unos estaban con los judíos, y otros con los apóstoles» (Hch. 14:4). Aquella ministración de los apóstoles Pablo y Bernabé, con «señales y prodigios» dividió aquella ciudad: «… unos estaban con los judíos, y otros con los apóstoles» (Hch. 14:4).

El mensaje de la cruz es divisor, era un escándalo, era un tropiezo para muchos judíos y no judíos que rechazaban la palabra de Dios:

«Pero yo, hermanos, si todavía predico la circuncisión, ¿por qué soy aún perseguido? En tal caso, el **escándalo de la cruz** ha sido quitado» (Gal. 5:11, NBLH).

«Este precioso valor es, pues, para ustedes los que creen, pero para los que no creen: 'LA PIEDRA QUE DESECHARON LOS CONSTRUCTORES, ESA, EN PIEDRA ANGULAR SE HA CONVERTIDO' y, 'PIEDRA DE TROPIEZO Y **ROCA DE ESCANDALO**'. Pues ellos tropiezan porque son desobedientes a la palabra, y para ello estaban también destinados» (1 P. 2:7-8, NBLH).

El mensaje de la cruz divide familias, divide ciudades y divide naciones. Unos estarán a favor de la cruz y otros estarán en contra de la cruz. La cruz es un escándalo. Pero también es un símbolo de redención y de perdón para la humanidad. Los que escuchan el evangelio nadarán en contra de la corriente del mundo o nadarán con la corriente del mundo.

Charles H. Spurgeon predicando el sermón del «Escándalo de la Cruz» un domingo del año 1856, y que luego se leyó el domingo 30 de octubre de 1898, dijo: «No es una espada y, sin embargo, ha traído guerra al mundo; no es un incendio y, sin embargo, ha consumido muchas antiguas instituciones, y ha quemado mucho de lo que los hombres consideraron que duraría por siempre; es el Evangelio de paz y, sin embargo, ha separado a los amigos más íntimos, y ha generado las disensiones y las confusiones más horrendas por todas partes. Aunque en sí mismo es todo benignidad, parecería como si el estandarte de la paloma fuese el estandarte de la batalla, y como si alzar la pacífica cruz hubiese sido la señal dada para la guerra, como la cruz ígnea de rojo sangre, que antiguamente ondeaba a lo largo de Escocia, para convocar a los clanes a la batalla».

Jesús señaló a sus discípulos que un día enviaría fuego sobre el mundo. Que tendría un bautismo de sufrimiento. Y muchos de sus seguidores también tendrían un bautismo de sufrimiento. Y declaró que Él era un símbolo de división para la humanidad y las familias.

«Yo he venido para encender con fuego el mundo, ¡y quisiera que ya estuviera en llamas! Me espera un terrible bautismo de sufrimiento, y estoy bajo una carga pesada hasta que se lleve a cabo. ¿Piensan que vine a traer paz a la tierra? No, ¡vine a causar división entre las personas! De ahora en adelante, las familias estarán divididas, tres a mi favor y dos en mi contra, o dos a favor y tres en contra» (Lc. 12:49-52, NTV).

«No crean que he venido a traer paz a la tierra. No vine a traer paz, sino espada. Porque he venido a poner en conflicto al hombre contra su padre, a la hija contra su madre, a la nuera contra su suegra; los enemigos de cada cual serán los de su propia familia» (Mt. 10:34-36, NVI).

Jesús dejó saber a sus discípulos y seguidores que por creer en Él, las familias enfrentarían divisiones, unos se pondrían contra otros. El que se convertía afrontaba el rechazo por parte de la familia.

«Habrá divisiones, el padre estará contra el hijo y el hijo contra el padre; la madre contra la hija y la hija contra la madre; la suegra contra la nuera, y la nuera contra la suegra» (Lc. 12:53, NTV).

Volviendo al relato de Hechos, muchos judíos se unieron a los gentiles incrédulos en contra de Pablo y de Bernabé para «afrentarlos y apedrearlos» (Hch. 14:5). Cada cual busca su contraparte. Un endemoniado gadareno buscó a otro endemoniado gadareno. Un ciego como Bartimeo buscó a otro ciego de Jericó. Un leproso busca a nueve leprosos más. Un Poncio Pilato y un Herodes Antipas, se buscaron por causa de Jesús de Nazaret. Un demonio busca a un diablo. Un anticristo busca a un Falso Profeta. Un disgustado busca a otro disgustado. Un chismoso busca otro chismoso. Un divisor busca a otro divisor. Un enemigo de la cruz se asocia a otro enemigo de la cruz.

La revelación. Me gusta esta declaración: «... habiéndolo sabido...» (Hch. 14:6). El Espíritu Santo revela las cosas sin «carne ni sangre» (Mt. 16:17), pero también las revela con «carne y sangre». Es decir, hay cosas para los siervos de Jesucristo que las revela Dios y otras cosas se revelan por el ser humano.

Aquella reacción colectiva con malas intenciones hacia este dúo misionero de apóstoles, movió a estos a huir hasta Listra y Derbe, a Licaonia y a sus alrededores, predicando el evangelio (Hch. 14:7). El evangelio se propagó por la persecución y por la sangre derramada de los mártires. Hoy disfrutamos de un evangelio, de una libertad religiosa, por el precio que con sus vidas pagaron miles de mártires a lo largo de las páginas de la historia. Somos privilegiados de tener este tesoro espiritual en vasijas de barro.

«Cuando Dios nos dio la buena noticia, puso, por así decirlo, **un tesoro en una frágil vasija de barro**. Así, cuando anunciamos la buena noticia, la gente sabe que el poder de ese mensaje viene de Dios y no de nosotros, que **somos tan frágiles como el barro**. Por eso, aunque pasamos por muchas dificultades, no nos desanimamos. Tenemos preocupaciones, pero no perdemos la calma. La gente nos persigue, pero Dios no nos abandona. Nos hacen caer, pero no nos destruyen» (2 Cor. 4:7-9, TLA).

«A dondequiera que vamos, todos pueden ver que **sufrimos lo mismo que Cristo**, y que por obedecerlo estamos siempre en peligro de muerte. Pero también pueden ver, por medio de nosotros, que Jesús tiene poder para dar vida a los muertos. Y así, mientras que nosotros vamos muriendo, ustedes van cobrando nueva vida» (2 Cor. 4:10-12, TLA).

Nadie ni nada detenía la misión de los apóstoles Pablo de Tarso y Bernabé de Chipre. Ellos llevaban la Buena Noticia acerca de Jesucristo. Cuando nos los querían en un lugar se iban a otro, eran rechazados aquí y se iban para allá.

Conclusión

Cuando nos rechazan en un lugar donde hemos sido enviados a predicar, es tiempo de movernos a otro lugar para continuar predicando a Jesucristo.

013
El apedreamiento de Pablo

Hechos 14:19, RVR1960

«Entonces vinieron unos judíos de Antioquía y de Iconio, que persuadieron a la multitud, y habiendo apedreado a Pablo, le arrastraron fuera de la ciudad, pensando que estaba muerto».

Introducción

El llamado a las misiones conlleva muchos peligros. Hoy día se habla de muchos congresos, mansiones y carros lujosos; la aureola de la prosperidad económica es el glamur de una élite ministerial. Aunque, hay muchos que realizan este ministerio, y viven la vida de un ministro comprometido con Jesús y su reino. El verdadero ministerio es sinónimo de sufrimiento y rechazo.

1. El milagro hecho a través de Pablo

«Y cierto hombre de Listra estaba sentado, imposibilitado de los pies, cojo de nacimiento, que jamás había andado» (Hch. 14:8).

Se introduce este relato con «y cierto hombre de Listra». No era nadie importante, ni reconocido, era uno más del montón. Pero con esos desconocidos y desconocidas muchas veces Jesucristo se glorifica. Este milagro del incapacitado de Listra, fue clásico en el ministerio de Pablo. Lucas como médico siempre fue preciso en dar un diagnóstico completo de los pacientes (léase su evangelio de Lucas).

La recepción. «Éste oyó hablar a Pablo, el cual, fijando en él sus ojos, y viendo que tenía fe para ser sanado, dijo con gran voz: Levántate derecho sobre tus pies. Y él saltó, y anduvo» (Hch. 14:9-10).

Se declara, «viendo que tenía fe para ser sanado». El mensaje de Pablo atrajo la atención de aquella pobre criatura, de aquel ser humano necesitado, al cual Pablo le clavó los ojos y discernió que tenía fe. La fe se ve en los ojos de la persona y en la atención que la persona presta al mensaje predicado. Aquel hombre creyó en un milagro y recibió un milagro.

Los siervos y siervas de Jesucristo que se mueven en la dimensión de lo sobrenatural siempre verán milagros sobrenaturales; habla de fe y verás milagros de fe; habla de sanación y verás sanación.

La orden. El Apóstol de Tarso le dio una orden de fe, le ordenó levantarse derecho sobre sus pies. Muchos se dedican a declarar milagros para que en los pies planos se hagan curvaturas, para que las piernas y brazos cortos se alarguen, y para que se rellenen muelas, con necesidad o sin necesidad, con plata y oro. ¡Dios puede hacer esto y más que esto! Para Jesucristo cualquier milagro es fácil. Pero hay necesidad de milagros mayores y más auténticos. De ver en acción el verdadero poder milagroso de Jesucristo. ¡Estamos jugando mucho con la iglesia! ¡Playing church! Pablo se dedicó a hacer milagros fuera de serie. Aquel hombre «saltó, y anduvo».

La iglesia de Jesucristo no está en la tierra para entretenerse con milagros, sino para ser una agencia de milagros. Necesitamos volver a lo real y regresar a lo auténtico de la fe cristiana. La verdadera apología que significa «defensa verbal» es respuesta y es explicación, es defender la fe y la doctrina cristiana ante aquel que lo demande y ante aquellos que duden de lo que creemos como iglesia.

El apóstol Pedro definió la apología así: «Santificad a Dios el Señor en vuestros corazones, y estad siempre preparados para presentar defensa con mansedumbre y reverencia ante todo el que os demande razón de la esperanza que hay en vosotros» (1 P. 3:15).

La Traducción En Lenguaje Actual rinde este pasaje: «Honren a Cristo como Señor, y estén siempre dispuestos a explicarle a la gente por qué ustedes confían en Cristo y en sus promesas».

Apología no es criticar las tradiciones de la Iglesia, ni criticar a los predicadores, ni tratar de cambiar lo que la Iglesia ha creído durante casi dos mil años. La crítica no se puede confundir con la apología.

Alfonso Ropero Berzosa en el *Gran Diccionario Enciclopédico de la Biblia*, cita: «Sometidos a la calumnia y a la persecución, los cristianos de los primeros siglos estuvieron vivamente interesados en responder a sus impugnadores, al tiempo que pretendían convencer incluso a sus perseguidores para que vieran la verdad de la fe y la abrazaran. Fue la edad dorada de los apologistas, los primeros sistematizadores del pensamiento y la teología cristiana. Los más conocidos son Arístides, Justino, Tertuliano, Panteno, Clemente de Alejandría y Orígenes, que dieron a la apología rango de género literario y teológico» (*Gran Diccionario Enciclopédico de la Biblia*, Editorial CLIE, Barcelona 2013).

2. El título dado a Pablo

«Y a Bernabé llamaban Júpiter, y a Pablo, Mercurio, porque éste era el que llevaba la palabra» (Hch. 14:12).

«Al ver lo que Pablo hizo, los allí presentes comenzaron a gritar en el idioma licaonio: '¡Los dioses han tomado forma humana, y han venido a visitarnos!'» (Hch. 14:11, TLA).

La gente de Licaonia, rendían culto a Júpiter y a Mercurio, dioses mitológicos que han dado nombres a dos planetas llamados Júpiter y Mercurio, como otros nombres de dioses griegos han sido dados a planetas.

La confusión. Aquel pueblo de Licaonia vieron el milagro de este «cojo de nacimiento», como un descenso humano o una encarnación de los dioses y confundieron a los apóstoles con ellos: «Y a Bernabé llamaban Júpiter, y a Pablo, Mercurio, porque éste era el que llevaba la palabra» (Hch. 14:12). La Nueva Traducción Viviente dice: «Decidieron que Bernabé era el dios griego Zeus y que Pablo era Hermes por ser el orador principal».

Zeus y Júpiter son el mismo dios. Para los griegos es Zeus y fue renombrado como Júpiter por los romanos. Se dice que Roma con las armas conquistó a Grecia y que Grecia con la cultura conquistó a Roma. Zeus o Júpiter según la mitología era padre del semi-dios Hércules o Heracles. Igualmente el dios Hermes de los griegos fue latinizado por los romanos como Mercurio.

«Y el sacerdote de Júpiter, cuyo templo estaba frente a la ciudad, trajo toros y guirnaldas delante de las puertas, y juntamente con la muchedumbre quería ofrecer sacrificios» (Hch. 14:13). Aquel sacerdote quería ofrecerle sacrificios de toros para adorar a Pablo y a Bernabé. Y la multitud le hizo grupo.

La realización. «Cuando lo oyeron los apóstoles Bernabé y Pablo, rasgaron sus ropas, y se lanzaron entre la multitud, dando voces» (Hch. 14:14). Notemos que aquí, Lucas, el historiador, afirma declarando **los apóstoles Bernabé y Pablo**. La palabra apóstol, más que un título, aquí implicaba que eran «mensajeros». Ambos, rompieron sus vestiduras, práctica realizada de duelo por un ser querido o alguien apreciado, como expresión de repudio a la pleitesía humana. Ellos no aceptaron ser divinizados, eran hombres y así lo demostraron. Y posteriormente compartieron un corto mensaje donde exponían:

La humanidad: «... Nosotros también somos hombres semejantes a vosotros...» (Hch. 14:15). '¡Oigan! ¿Por qué hacen esto? Nosotros no somos dioses, somos simples hombres, como ustedes...'» (TLA). Ellos, como apóstoles, no buscaban adulaciones, pleitesía, ni exaltaciones, solo que Jesucristo fuera revelado a través de ellos. Los hombres y mujeres de Dios admiten siempre su humanidad.

La invitación: «... que os anunciamos que de estas vanidades os convirtáis al Dios vivo que hizo el cielo y la tierra, el mar y todo lo que en ellos hay...» (Hch. 14:15). La Traducción En Lenguaje Actual dice: «... Por favor, ya no hagan estas tonterías, sino pídanle perdón a Dios. Él es quien hizo el cielo, la tierra, el mar y todo lo que hay en ellos».

Era un mensaje a romper con las vanidades de la idolatría de esos dioses mitológicos, para así convertirse «al Dios vivo» y creador de todo. Con la proclamación del evangelio se busca convencer a la gente para que crean, y que todos se conviertan al Dios vivo. Al mundo se le debe testificar que Dios es el Creador y que Jesucristo es el Salvador, aunque muchos lo rechacen. La verdadera teología parte de la revelación que viene de Dios, lleva al conocimiento acerca de Dios, y termina en una relación con Dios.

El mensaje. «En las edades pasadas él ha dejado a todas las gentes andar en sus propios caminos; si bien no se dejó a sí mismo sin testimonio, haciendo bien, dándonos lluvias del cielo y tiempos fructíferos, llenando de sustento y de alegría nuestros corazones» (Hch. 14:16-17).

La Traducción En Lenguaje Actual lee: «Y aunque en otro tiempo permitió que todos hicieran lo que quisieran, siempre ha mostrado quién es él, pues busca el bien de todos. Él hace que llueva y que las plantas den a tiempo sus frutos, para que todos tengan qué comer y estén siempre alegres».

Pablo y Bernabé hablaron de la presencia de Dios en la historia y de su providencia divina para con los seres humanos. Dios, mediante sus actos providenciales, se ha revelado en eventos y actos de la historia humana.

Dios le dio libre albedrío a los seres humanos para que estos decidan hacer lo que quieran hacer. La soberanía enseña que Dios hace como quiere, donde quiere, porque quiere, con quien quiere y cuando quiere, porque Él es Dios. El libre albedrío implica que el ser humano hace lo que quiere, como quiere, porque quiere, donde quiere, cuando quiere porque es humano. Él da «lluvias del cielo y tiempos fructíferos» para traer cosechas de alegría y abundancia al corazón humano.

Este discurso impidió que se «les ofreciese sacrificio» (Hch. 14:18). Nunca permitamos a nadie que nos ubique en un pedestal en el que, como instrumentos del Espíritu Santo, no nos corresponda estar. La idolatría es adorar a algo o a alguien que no es el Dios verdadero.

Nadie nos debe impresionar por su cofre de dones, por su unción, por su carisma, por su verbosidad, por su posición, por su intelectualidad. Debemos ser impresionados por Aquel que los llamó y escogió para que estos fueran sus mandaderos o mensajeros. Hace más de 48 años dejé de impresionarme por los ungidos de Dios, los profetas de fuego, los apóstoles de la revelación, los querubines de cuatro caras y los serafines de seis alas. Es más, a mi me impresionan aquellos y aquellas que no buscan impresionarme, que en su humildad Cristo se engrandece en ellos y en ellas. ¡Ellos y ellas, nosotros, todos tenemos pies y manos de barros y corazones de papel!

3. El apedreamiento de Pablo

«Entonces vinieron unos judíos de Antioquía y de Iconio, que persuadieron a la multitud, y habiendo apedreado a Pablo, le arrastraron fuera de la ciudad, pensando que estaba muerto» (Hch. 14:19).

La persecución. Desde Antioquía e Iconio llegaron los enemigos de Pablo de Tarso, que influenciaron a la multitud, y apedrearon a Pablo, y dándolo por muerto lo sacaron arrastrándolo de la ciudad (Hch. 14:19).

Este apedreamiento Pablo lo menciona en su testimonio como apóstol del sufrimiento al decir «una vez apedreado», pero le invito a que lea el resto en 2 Corintios 11:24-27, en la Traducción Actual:

«Cinco veces las autoridades judías me han dado treinta y nueve azotes con un látigo. Tres veces las autoridades romanas me han golpeado con varas. Una vez me tiraron piedras. En tres ocasiones se hundió el barco en que yo viajaba. Una vez pasé una noche y un día en alta mar, hasta que me rescataron. He viajado mucho. He cruzado ríos arriesgando mi vida, he estado a punto de ser asaltado, me he visto en peligro entre la gente de mi pueblo y entre los extranjeros, en la ciudad y en el campo, en el mar y entre falsos hermanos de la iglesia. He trabajado mucho, y he tenido dificultades. Muchas noches las he pasado sin dormir. He sufrido hambre y sed, y por falta de ropa he pasado frío».

De la adulación llevaron a Pablo a la degradación. Cuando el ser humano sube mucho a una persona, puede también bajar mucho a esa persona. ¡Siempre desconfía de la adulación! El Dr. José A. Caraballo, mi mentor, un día me marcó con estas palabras: «Kittim, cuídate mucho de aquellos que te suben al altar con flores, porque luego serán los mismos que te bajarán del altar a pedradas».

Me gusta esta expresión «... pensando que estaba muerto» (RV, 1960). «... dándolo por muerto"(BHTI). «... creyendo que lo habían matado» (DHH). No lo mataron, pero creyeron que sí lo mataron. Y así hay muchos enemigos de la fe, que creen que han matado unciones, han matado ministerios, han matado llamados, han matado soñadores, han matado visionarios, pero se sorprenderán cuando reciban la noticia de que estos y estas se han levantado del suelo y que ya andan.

«Pero rodeándole los discípulos, se levantó y entró en la ciudad; y al día siguiente salió con Bernabé para Derbe» (Hch. 14:20). Tal parece que «los discípulos» oraron por él y lo protegieron; Jesucristo hizo un milagro de protección, tomaron a Pablo y este se «se levantó» para regresar nuevamente a la ciudad de Listra. Allí continuó recuperándose y al otro día con Bernabé se fue a Derbe que era su próximo destino.

Me llama la atención que se diga «rodeándole los discípulos», otro grupo de las muchas personas anónimas en la vida de Pablo de Tarso. Son muchos los anónimos que Jesucristo pone en nuestro camino para apoyarnos. Aquellos discípulos eran segundos y terceros que como anillo humano estaban protegiendo a Pablo de Tarso. Más que seguidores nuestros, se necesitan discípulos de Jesucristo.

La continuación. En Derbe ganaron muchas almas. Más que dar tratados, nosotros debemos ser los tratados, que los no-conversos puedan leer en nuestras acciones y comportamiento. De allí, los apóstoles regresaron «a Listra, a Iconio y a Antioquía» (Hch. 14:21). Volvieron a los mismos lugares. Ese retorno era para animar a los discípulos a perseverar en la fe. El mensaje era: «Es necesario que a través de muchas tribulaciones entremos en el reino de Dios» (Hch. 14:22). Ellos verían las «tribulaciones» (RV, 1960), «aflicciones» (DHH), «dificultades» (NVI), como un medio para entrar al cielo. Y así lo veremos nosotros los creyentes ante las pruebas espirituales.

«Y constituyeron ancianos en cada iglesia, y habiendo orado con ayunos, los encomendaron al Señor en quien habían creído» (Hch. 14:23). La Traducción En Lenguaje Actual en vez de «ancianos» rinde «líderes». Pablo de Tarso nunca dejó a los discípulos sin supervisión, por eso establecía ancianos o personas maduras espiritualmente como ayudantes de la pastoral. Estos fueron constituidos después de orar y ayunar por la dirección del Espíritu Santo. Y los asignaban poniéndolos en las manos del Señor Jesucristo. Los Ancianos Gobernantes ayudan a pastorear las congregaciones, deben ser respetados como se respeta a los pastores.

Se están poniendo líderes sin mucha oración, sin ningún ayuno. La iglesia debe volver a depender del Señor Jesucristo para elegir y promover a aquellos que Él desea. El tiempo, la lealtad, la fidelidad, la humildad, la consagración y el compromiso deben ser tomados en cuenta para cualquier nombramiento espiritual.

La promoción a puestos de personas inmaduras y que no son verdaderamente espirituales, traerá sus malas consecuencias con el tiempo. Promover a un rebelde es abrirle la puerta a un infiel y divisor. Un rebelde a la cabeza, vuelve rebelde a un cuerpo. Antes de promover o nombrar a una persona para algún cargo o posición en la congregación, dos criterios son muy importantes:

Primer criterio, se deben descubrir los dones que esta persona posee o ha recibido por el Espíritu Santo, y así se sabrá en que área del ministerio o servicio podrá funcionar o se le necesitará (1 Cor. 12:4-11; Ef. 4:11-16; Rom. 12:4-8). El don ubica en el ministerio.

Segundo criterio, se debe descubrir la cosecha del fruto del Espíritu Santo en su vida, así se sabrá qué carácter y temperamento tiene esa persona al ser tratada. El fruto revela su nivel de madurez espiritual.

«En cambio, el fruto que el Espíritu Santo produce en nuestra vida es: amor, alegría, paz, paciencia, gentileza, bondad, fidelidad, humildad y control propio. ¡No existen leyes contra esas cosas!» (Gal. 5:22-23, NTV).

«En cambio, el Espíritu de Dios nos hace amar a los demás, estar siempre alegres y vivir en paz con todos. Nos hace ser pacientes y amables, y tratar bien a los demás, tener confianza en Dios, ser humildes, y saber controlar nuestros malos deseos. No hay ley que esté en contra de todo esto» (TLA).

Conclusión

El que es llamado al apostolado de las misiones y al servicio de la obra del Señor Jesucristo, es un soldado de infantería que apunta con su fusil al corazón de las personas y le dispara balas de amor y de perdón a sus enemigos. Marcha siempre como un soldado de un ejército de amor.

014
El regreso de Pablo

Hechos 14:26, RVR1960

«De allí navegaron a Antioquía, desde donde habían sido encomendados
a la gracia de Dios para la obra que habían cumplido».

Introducción

Pablo de Tarso y Bernabé el Chipriota son un ejemplo como líderes, pues supieron retornar a su Iglesia Madre de Antioquía. Regresaron a su casa espiritual. Todo ministerio debe tener una cobertura institucional.

1. La travesía de Pablo

«Pasando luego por Pisidia, vinieron a Panfilia. Y habiendo predicado la palabra en Perge, descendieron a Atalia» (Hch. 14:24-25).

El viaje. El regreso de Pablo y Bernabé fue cruzando por la región de Pisidia a la región de Panfilia donde predicaron en Perge y Atalia, y de ahí se encaminaron rumbo a Antioquía de Siria.

En Perge ellos predicaron «la palabra». Donde el Espíritu Santo los dirigía a predicar, Pablo y Bernabé lo hacían. Aprovechaban la escala que hacían. ¿En cuántos lugares de conexiones o escalas en nuestros viajes podríamos ministrar a alguna vida necesitada de Dios? Muchas de esas paradas, demoras, retrasos, esperas, largos viajes, pueden ser oportunidades para evangelizar algunas almas enfermas espiritualmente o hambrientas de la presencia de Jesucristo.

El arribo. «De allí navegaron a Antioquía, desde donde habían sido encomendados a la gracia de Dios para la obra que habían cumplido» (Hch. 14:26). Luego llegaron a Antioquía, la Iglesia Madre. Todo apóstol, profeta, evangelista, pastor y maestro, debe tener alguna Antioquía donde retornar. Uno nunca debe someterse a un ministerio errante y sin cobertura. Apóstoles y profetas fueron ministerios de fundación e iniciación; evangelistas con pastores-maestros, fueron ministerios de continuación y formación (Ef. 4:11).

Cuando uno tiene ministerio genuino, regresa al lugar del cual fue enviado al ministerio. Los ministerios itinerantes del misionero, del evangelista y del cantante, deben tener una casa misionera o una casa de membresía, para retornar. No se puede andar al garete o a lo libre. En inglés se dice «Home Church». Muchos ministerios no tienen casa espiritual. No diezman a una autoridad superior. No se sujetan a una cobertura seria ministerial. Y si reclaman alguna cobertura es postiza y sin compromiso o sujeción.

Y eso incluye a muchos ministerios y creyentes en EE.UU. que se esconden y refugian en las congregaciones americanas. Allí llegan cuando desean y hacen lo que quieren. No se involucran en nada. Es más, muchos ni han estado muy cerca de esos pastores. Más que participantes son visitantes. Pero luego, muchas de estas personas quieren estar ministrando en congregaciones hispanas o latinas, porque allí donde van no se les da la oportunidad.

2. El informe de Pablo

«Y habiendo llegado, y reunido a la iglesia, refirieron cuán grandes cosas había hecho Dios con ellos, y cómo había abierto la puerta de la fe a los gentiles» (Hch. 14:27).

El reporte. Allí, en Antioquía, hubo una reunión de la iglesia, a la cual los apóstoles Pablo y Bernabé, dieron un reporte de este su primer viaje misionero. Dieron testimonio de «cuán grandes cosas había hecho Dios con ellos» y como se abrió la puerta de las misiones por los gentiles.

Todo ministro debe reportar su trabajo a su institución y cobertura espiritual. Allí debe dar cuentas de todo lo que ha hecho, y de la misión que ha cumplido. Los apóstoles relataron o testificaron: **«Cuán grandes cosas había hecho Dios con ellos»** (Hch. 14:27). Lo que Dios hizo por ellos era más importante como testimonio, que lo que ellos hicieron por Dios.

Al principio de nuestra conversión nuestro testimonio es un 90% acerca de lo que éramos e hicimos en el mundo, y un 10% acerca de lo que Jesucristo había hecho en nosotros. Al madurar en nuestra relación con nuestro Señor

Jesucristo, entonces el testimonio cambia a un 90 % acerca de lo que Jesucristo ha hecho en nuestras vidas y un 10% de lo que hicimos nosotros. Lo que ha hecho Dios con y por nosotros, es más importante que lo que hemos hecho nosotros. No somos grandes cristianos por haber sido grandes pecadores. Somos grandes cristianos por haber sido grandemente perdonados.

El llamado. Hay muchos que se han hecho ministros ellos mismos. En inglés se les llama «Self Ordained Ministers», que quiere decir ordenados fuera de alguna organización institucional. No han sido formados debidamente en lo bíblico y en lo teológico, y no responden correctamente a ninguna autoridad del ministerio. Muchos y muchas buscan atajos para subir la cuesta del ministerio. La falta de formación y de preparación para servir desde el púlpito y desde la oficina ministerial se echa de ver en el desempeño de algunos ministerios.

3. La estancia de Pablo

«Y se quedaron allí mucho tiempo con los discípulos» (Hch. 14:28).

Al regresar a su «Home Church» (Casa-Iglesia), Pablo y Bernabé, se establecieron en la misma por un tiempo indefinido. Cuando no se está haciendo obra misionera, predicando, evangelizando o cantando, se debe estar en la «casa espiritual». Todo el que tiene el privilegio de ministrar la Palabra de Dios, tiene la responsabilidad de congregarse en su «Casa-Iglesia».

Bajo una autoridad. El problema más serio de muchos ministerios es que están en autoridad sin estar bajo autoridad; predican de la oración y no asisten a la reunión de oración; manifiestan poder en una reunión, pero el resto de la semana no tienen ese poder en sus vidas personales; hablan de unción desde un púlpito, pero luego se comportan sin esa unción; predican sobre la familia, pero son un mal ejemplo con su propia familia; enseñan prosperidad y testifican de milagros financieros, pero no son diezmadores habituales (algunos hasta se diezman a ellos mismos o a su propio ministerio).

Dentro de un redil. Muchas ovejas-líderes no han sabido hacer vida de redil. No son parte de los ministerios locales. No se envuelven en ninguna actividad. No colaboran desprendidamente. Son ovejas que no se dejan pastorear. No son congregantes habituales. No asisten regularmente a las actividades especiales. Pero lo irónico es que en las manos de estas ovejas-líderes, se pone el destino de muchas almas y el futuro de muchas ovejas, sean amigos o sean familiares.

Pastor, no entregues a cualquiera sin compromiso y responsabilidad de congregarse en el redil, el cuidado y alimentación del rebaño bajo tu cobertura. Quien no cuida bien su vida espiritual, no puede ayudar a la vida espiritual de las ovejas que pastorea.

Cuidado con esos predicadores itinerantes que andan buscando oportunidades y solicitando púlpitos, cuyo interés está más abocado a las ofrendas que recibirán, que a una ministración espiritual. Predicar para ellos es buscársela económicamente. Empleando testimonios gastados, inflamados, fantasiosos, que los repiten dondequiera, jugando con las emociones y la espiritualidad sincera de muchos de sus oyentes. ¡Son más contadores de cuentos espirituales, que proclamadores del evangelio de Jesucristo!

Conclusión

El misionero, el evangelista y todo el que dirige algún ministerio, debe rendir reportes de su trabajo ministerial. Y toda oveja-líder debe responder ante alguien sobre él o sobre ella. Quien no informa a nadie es porque esconde algo.

015
La defensa de Pablo

Hechos 15:2, RVR1960

«Como Pablo y Bernabé tuviesen una discusión y contienda no pequeña con ellos, se dispuso que subiesen Pablo y Bernabé a Jerusalén, y algunos otros de ellos, a los apóstoles y a los ancianos, para tratar esta cuestión».

Introducción

Según Hechos 15:1-41 desde el inicio de la iglesia cristiana, se enfrentaron diferencias dogmáticas en asuntos de religión, pero la iglesia supo discutir los conflictos, negociar una postura favorable y buscar una solución bilateral. Pero esto era a nivel institucional y no individual. Los problemas dogmáticos de la iglesia en general, los resuelve la organización.

1. El legalismo de los fariseos

«Entonces algunos que venían de Judea enseñaban a los hermanos: Si no os circuncidáis conforme al rito de Moisés, no podéis ser salvos» (Hch. 15:1).

Judeocristianos procedentes de Judea, les decían a los gentiles de Antioquía que tenían que circuncidarse para obtener la salvación. Lo que buscaban era proselitar a los gentiles para que primero se hicieran judíos y luego cristianos. El legalismo pone las obras como medio de salvación. La salvación aunque es gratuita, costó un alto precio, inalcanzable para el pecador arrepentido.

Como creyentes, como congregación, como familia, como matrimonio, debemos estar siempre preparados, aunque todo marche viento en popa, ante alguna tormenta o viento contrario que se levante para traernos problemas. La

Iglesia de Antioquía estaba muy tranquila, desarrollando una agenda misionera para ganar a gentiles para Jesucristo. Pero allí llegó un grupo de Jerusalén para crear problemas.

El legalismo. «Pablo y Bernabé no estaban de acuerdo con eso, y discutieron con ellos. Por esa razón, los de la iglesia de Antioquía les pidieron a Pablo y a Bernabé que fueran a Jerusalén, y que trataran de resolver ese problema con los apóstoles y los líderes de la iglesia en esa ciudad. Pablo y Bernabé se pusieron en camino, y algunos otros seguidores los acompañaron» (Hch. 15:2, TLA).

Pablo y Bernabé, no compartían el aplicar a los gentiles la práctica religiosa de la circuncisión, que era rutinaria para los judíos, pero una carga para los gentiles. Y argumentaron con ellos. Y se dispuso que Pablo y Bernabé subieran a Jerusalén para tener una reunión con la alta jerarquía apostólica y el gobierno de los ancianos.

La Iglesia de Antioquía los ayudó en su comparecencia, y tomaron la ruta «por Fenicia y Samaria». Mientras viajaban dieron testimonio de «la conversión de los gentiles; y causaban gran gozo a todos los hermanos». Las conversiones alegran las congregaciones. Y la presencia de los siervos de Dios trae gozo en los que son ministrados.

«En su camino a Jerusalén pasaron por las regiones de Fenicia y Samaria. Allí les contaron a los cristianos judíos que mucha gente no judía había decidido seguir a Dios. Al oír esta noticia, los cristianos judíos se alegraron mucho» (Hch. 15:3, TLA).

La comparecencia. «Y llegados a Jerusalén, fueron recibidos por la iglesia, los apóstoles y los ancianos, y refirieron todas las cosas que Dios había hecho con ellos» (Hch. 15:4).

Tan pronto el dúo misionero fue recibido por la Iglesia de Jerusalén y el liderazgo institucional, dieron testimonio de la obra de Dios entre los gentiles. Informaron del trabajo espiritual que habían realizado.

«Pero algunos de la secta de los fariseos, que habían creído, se levantaron diciendo: Es necesario circuncidarlos, y mandarles que guarden la ley de Moisés» (Hch. 15:5).

La oposición continuó en contra del trabajo entre los gentiles por parte de «algunos de la secta de los fariseos». Aquellos fariseos ahora judeo-cristianos, trataban de imponer una cultura religiosa sobre los nuevos conversos. La obra de Jesucristo por medio de la Iglesia siempre enfrentará oposición. La Iglesia tiene un mensaje de no conformismo frente al conformismo del mundo; de ser radical frente al liberalismo del mundo; de vivir una vida santa frente a la falta de valores morales del mundo.

2. El testimonio de Pedro

«Y después de mucha discusión, Pedro se levantó y les dijo: Varones hermanos, vosotros sabéis cómo ya hace algún tiempo Dios escogió que los gentiles oyesen por mi boca la palabra del evangelio y creyesen» (Hch. 15:7).

El turno de Pedro. Simón Pedro tomó su turno, ya que la discusión fue acalorada, y recordó a todos que él fue el instrumento para llegar primero a los gentiles y predicarle el evangelio (Hch. 15:7). Él señaló que los gentiles también recibieron el mismo Espíritu Santo, al igual que ellos, porque sus corazones fueron limpios por la fe (Hch. 15:9).

Pedro no pudo olvidarse de su experiencia en la casa de Cornelio el centurión, en Cesarea Marítima (Hech. 10), cuando este y su familia se convirtieron a Jesucristo y por vez primera el Espíritu Santo descendió sobre los gentiles. Y Pedro ahora con un interrogante exhortó a los que procedían de la secta de los fariseos, a no imponer el yugo del legalismo difícil de llevar ellos y sus antecesores (Hch. 15:10). Todos los extremos son malos, sean de derecha o sean de izquierda.

La inclusión de Pedro. «Antes creemos que por la gracia del Señor Jesús seremos salvos, de igual modo que ellos» (Hch. 15:11).

Para Simón Pedro, la salvación para judíos y gentiles era un asunto de gracia divina, no un asunto de la ley. La salvación del ser humano fue una iniciativa divina, conferida por el Señor Jesús. Nada ni nadie fuera de Jesús, podía salvar a unos y a otros. Pedro afirmaba: «Antes creemos que por la gracia del Señor Jesús seremos salvos, de igual modo que ellos». La salvación es presente para el que ha creído, pero es futura para el que persevera y esto habla de la «la perseverancia de los santos».

Ambos grupos, judíos y gentiles tenían la misma necesidad de salvación. Jesús en su muerte vicaria murió por los pecados de la humanidad, por el pecado de cada ser humano y por todos nuestros pecados. Llevó nuestras iniquidades y por nosotros se hizo pecado, sin conocer el pecado y sin haber pecado nunca.

Pablo de Tarso expresó en Efesios 2:8-10, que la «Sola Gratia» se recibe por la «Sola Fide», y así lo vemos en dos versiones bíblicas:

«Porque por su gracia ustedes han sido salvados mediante la fe; esto no procede de ustedes, sino que es el regalo de Dios, no por obras, para que nadie se jacte. Porque somos hechura de Dios, creados en Cristo Jesús para buenas obras, las cuales Dios dispuso de antemano a fin de que las pongamos en práctica» (NVI).

«Ustedes han sido salvados porque aceptaron el amor de Dios. Ninguno de ustedes se ganó la salvación, sino que Dios se la regaló. La salvación de ustedes no es el resultado de sus propios esfuerzos. Por eso nadie puede sentirse orgulloso» (TLA).

3. El testimonio de Pablo y Bernabé

«Entonces toda la multitud calló, y oyeron a Bernabé y a Pablo, que contaban cuán grandes señales y maravillas había hecho Dios por medio de ellos entre los gentiles» (Hch. 15:12).

Es de notarse que nuevamente se regresa al orden Bernabé y Pablo, ya que el primero fue el misionero enviado por la Iglesia de Jerusalén para desarrollar la obra en Antioquía. El testimonio de los apóstoles Pablo y Bernabé, fue el mismo del principio. Hablaron de «señales y maravillas» por parte de Dios con los gentiles. Lo que Jesucristo hace en las personas, es más importante que quiénes son las personas. El mundo necesita ver y estar consciente de las «señales y maravillas» de Jesucristo. Cuando los argumentos no son suficientes, la experiencia es más que suficiente. Lo que Cristo ha hecho espiritualmente en tu vida es un testimonio mayor que el conocimiento teológico que puedas tener acerca de Cristo.

Luego Santiago asumió la palabra y dijo: «Y cuando ellos callaron, Jacobo respondió diciendo: Varones hermanos, oídme. Simón ha contado cómo Dios visitó por primera vez a los gentiles, para tomar de ellos un pueblo para su nombre» (Hch. 15:13-14). Notemos que Jacobo alude a Simón por su nombre hebreo. Y sostiene el testimonio de Simón Pedro en favor de los gentiles. Luego corroboró que esto estaba de acuerdo con lo que escribieron los profetas (Hch. 15:15-18). Aquí se nos enseña que toda posición doctrinal o dogmática debe estar apoyada por la Biblia.

El Rvdo. Víctor Morales, a quién conocí hace más de 50 años, cuando no tenía a Jesucristo en su vida, y que durante 47 años es un milagro de la gracia de Jesucristo, dice: «Ciertamente no hay nada que tú y yo podamos hacer para ser salvos. Nada que hagamos, sino lo que somos en Él. Sin embargo, para que otros puedan ver lo que hemos recibido, tenemos que mostrarlo. Para ello es bien importante nuestro testimonio, que hace visible nuestro cambio interior».

Muchas veces los prejuicios, hacen que muchos rechacen la gracia, la misericordia y el amor de Jesucristo para con otros seres humanos. La expiación exigía de Dios, por un lado su amor hacia el ser humano, por otro lado exigía su juicio hacia el ser humano. ¡Solo en Jesucristo se podían cumplir esos requisitos!

Dios no estaba obligado a salvarnos. Él no salvó a los ángeles caídos. Pero por amor a nosotros, el Padre celestial decidió que su Hijo ayudado por el Espíritu Santo, viviese una vida de obediencia completa y una vida de sufrimiento completo desde que nació. El solo hecho de que Dios vistiese el uniforme humano era ya un sufrimiento. Mediante su muerte vicaria, Jesús fue nuestro substituto, llevando sobre Él nuestro pecado, siendo Él sin pecado, y recibiendo sobre Él la ira del Padre.

A un mundo perdido, necesitado de perdón y reconciliación para la salvación, tenemos que verlo con los ojos del Espíritu Santo, oírlo con los oídos de Jesús y compadecernos con el corazón del Padre. Dejar de ser nosotros para que Dios sea en nosotros. Cada creyente debemos transformarnos en un tratado de la gracia y la fe en Jesucristo, para que el pecador nos lea y busque la salvación que ya nosotros encontramos en el Amado.

4. El dictamen de Santiago

«Por lo cual yo juzgo que no se inquiete a los gentiles que se convierten a Dios» (Hch. 15:19).

Después de callar la multitud, Jacobo o Santiago «El Justo», hermano de Jesús de Nazaret por parte de madre, asumió su postura presidencial.

Él había escuchado todos los argumentos a favor y en contra, los testimonios entre los gentiles, Jacob entonces dictó que dejaran quietos a los gentiles (Hch. 15:19). Pero que se les enviara una misiva o carta señalándoles algunas prohibiciones: «Basta que se les escriba que se aparten de las contaminaciones de los ídolos, de fornicación, de no comer carne de animales estrangulados o ahogados, ni tampoco de sangre» (Hch. 15:20).

«Hay que recordar que, desde hace mucho tiempo, en esos mismos pueblos y ciudades se ha estado enseñando y predicando la ley de Moisés. Esto pasa cada sábado en nuestras sinagogas» (Hch. 15:21, TLA).

5. La decisión de Jerusalén

«Entonces pareció bien a los apóstoles y a los ancianos, con toda la iglesia, elegir de entre ellos varones y enviarlos a Antioquía con Pablo y Bernabé: a

Judas, que tenía por sobrenombre Barsabás, y a Silas, varones principales entre los hermanos» (Hch. 15:22).

La Iglesia de Jerusalén envió a dos delegados hasta la Iglesia de Antioquía: A Barsabás («Hijo del Padre»), y a Silas (contracción de Silvano que significa «del bosque» como Silva significa «selva»). El nombre Silas solo se emplea en el libro de Hechos, pero en 1 Pedro y en las epístolas de Pablo es llamado «Silvano». En el libro de los Hechos, Silas posteriormente sería un asociado o compañero de misiones de Pablo de Tarso (Hch. 15:22).

El comunicado. La carta que se envió a los creyentes de Antioquía tenía varios elementos:

(1) Los **remitentes:** «Los apóstoles y los ancianos y los hermanos...» (Hch. 15:23).

(2) Los **destinarios:** «... a los hermanos de entre los gentiles que están en Antioquía, en Siria y en Cilicia, salud» (Hch. 15:23).

(3) El **cuerpo** de la carta se presenta en Hechos 15:24-29.

La carta en su totalidad se lee en Hechos 15:23-29, y la Traducción En Lenguaje Actual, expresa el sentir y la dogmática de aquel primer Concilio de la Iglesia en Jerusalén:

«Nosotros, los apóstoles y líderes de la iglesia en Jerusalén, les enviamos un cariñoso saludo a todos ustedes, los que viven en las regiones de Antioquía, Siria y Cilicia, y que no son judíos pero creen en Jesús. Hemos sabido que algunos de aquí han ido a verlos, sin nuestro permiso, y los han confundido con sus enseñanzas. Por eso hemos decidido enviarles a algunos de nuestra iglesia. Ellos acompañarán a nuestros queridos compañeros Bernabé y Pablo, los cuales han puesto su vida en peligro por ser obedientes a nuestro Señor Jesucristo. También les enviamos a Judas y a Silas. Ellos personalmente les explicarán el acuerdo a que hemos llegado».

«Al Espíritu Santo y a nosotros nos ha parecido bien no obligarlos a obedecer más que las siguientes reglas, que no podemos dejar de cumplir: No coman carne de animales que hayan sido sacrificados en honor a los ídolos; no coman sangre ni carne de animales que todavía tengan sangre adentro, y eviten las relaciones sexuales que la ley de Moisés prohíbe. Si cumplen con esto, harán muy bien. Reciban nuestro cariñoso saludo».

La carta refleja como algunos de la Iglesia de Jerusalén habían llegado a la Iglesia de Antioquía sin haber sido autorizados y fueron ellos los perturbadores de los creyentes, enfatizando la circuncisión y el guardar la ley (Hch. 15:24).

A Pablo y Bernabé, se les describe como «hombres que han expuesto su vida por el nombre de nuestro Señor Jesucristo» (Hch. 15:26). A estos les acompañaban Judas y Silas como delegados de Jerusalén (Hch. 15:27). Hoy disfrutamos de un evangelio que se sembró con lágrimas y sufrimientos.

La recepción. Cuando se entregó y se leyó la carta, los miembros de la Iglesia de Antioquía «se regocijaron por la consolación» (Hch. 15:31).

La Traducción En Lenguaje Actual rinde: «Cuando la carta se leyó, todos en la iglesia se pusieron muy alegres, pues lo que decía los tranquilizaba». La Nueva Traducción Viviente: «Y hubo mucha alegría en toda la iglesia ese día cuando leyeron este mensaje alentador». ¡Cuántos mensajes y sermones como esa carta se necesitan en nuestras comunidades de fe! Mensajes que traigan consolación y provoquen regocijo.

«Y Judas y Silas, como ellos también eran profetas, consolaron y confirmaron a los hermanos con abundancia de palabras» (Hch. 15:32). Judas y Silas eran «profetas» o predicadores de la Palabra, y ministraron la Palabra a la hermana Iglesia de Antioquía. Su mensaje trajo consuelo y confirmación.

Allí se quedaron Judas y Silas como delegados o representantes de la Iglesia de Jerusalén, y al cumplir el tiempo de su asignación retornarían a la Iglesia Madre de Jerusalén (Hch. 15:33). Pero Silas, decidió integrarse y continuar con el ministerio ahí (Hch. 15:34). Un nuevo misionero, Silas, se unió a la labor apostólica de Pablo y Bernabé.

«Y Pablo y Bernabé continuaron en Antioquía, enseñando la palabra del Señor y anunciando el evangelio con otros muchos» (Hch. 15:35). La tarea de anunciar el evangelio o evangelizar, no es de unos cuantos o de los que tienen ciertos ministerios, es labor y responsabilidad de todos los creyentes. La asignación de la Gran Comisión del Cristo Pascual es para toda la Iglesia, para todos los creyentes, es para ti y es para mí. El mundo necesita conocer a Jesucristo y nosotros que ya lo conocemos se lo debemos presentar.

Mateo 28:19 declara: «Ustedes vayan y hagan más discípulos míos en todos los países de la tierra. Bautícenlos en el nombre del Padre, del Hijo y del Espíritu Santo» (TLA). El 'id' y 'predicad' (RV, 1960) es un imperativo individual y colectivo. El dúo misionero de Pablo de Tarso y Bernabé el Chipriota, continuaría por ahora trabajando junto, pero eventualmente entre ellos habría una ruptura de esa unidad, pero la obra del Señor Jesucristo continuaría hacía adelante como lo ha sido hasta nuestros días.

Conclusión

La Iglesia de Antioquía y la Iglesia de Jerusalén, dos Iglesias Madres, dos modelos congregacionales, lograron superar la crisis con la diferencia dogmática, convocando un Concilio en Jerusalén. A pesar de las diferencias dogmáticas lograron una reconciliación doctrinal. Entendiendo la misión de cada una, y que no eran dos iglesias, sino que eran una sola iglesia.

016
La separación de Pablo

Hechos 15:39, RVR1960

«Y hubo tal desacuerdo entre ellos, que se separaron el uno del otro; Bernabé, tomando a Marcos, navegó a Chipre».

Introducción

En la vida muchos que han trabajado o ministrado juntos, luego por cosas o situaciones insignificantes se separan. Los que andaban por el mismo camino, luego se separan del camino, y cada cual toma su propio camino.

1. La petición de Bernabé

«Y Bernabé quería que llevasen consigo a Juan, el que tenía por sobrenombre Marcos» (Hch. 15:37).

Pablo y Bernabé estuvieron un tiempo en Antioquía, pero pronto Pablo sintió la pasión misionera. No era misionero de quedarse en un mismo lugar, sino de continuar en otros lugares el trabajo misionero.

El deseo. «Después de algunos días, Pablo dijo a Bernabé: Volvamos a visitar a los hermanos en todas las ciudades en que hemos anunciado la palabra del Señor, para ver cómo están» (Hch. 15:36).

Aquel que ha sido llamado a las misiones, no se puede quedar mucho tiempo inactivo, la euforia y la aventura misionera lo llamará. Ese sentido de urgencia, de querer hacer, de desarrollar una misión es evidencia de un llamado comprometido con el campo misionero.

Pablo de Tarso plantó congregaciones, pero no las dejó abandonadas. Las visitaba para darles calor paternal, y afirmarlas en la fe cristiana. La palabra «obispo» se lee en griego «episkopos», es decir, un supervisor, uno que ve. Se traduce obispo, superintendente o supervisor.

La consolidación. Muchas congregaciones ganan almas para Jesucristo, pero no tienen un programa de seguimiento y de consolidación. La primera semana de la conversión es muy delicada, y los primeros seis meses de la conversión son vitales para cualquier recién convertido. De esos primeros seis meses puede depender la nueva vida del recién convertido. ¡Se ganan muchas almas, pero también se pierden muchas almas! Muchos se convierten el domingo a las 12:00 p.m. y a la 1:00 p.m. ya están descarriados. Entran por una puerta giratoria y salen por la misma puerta.

«Y Bernabé quería que llevasen consigo a Juan, el que tenía por sobrenombre Marcos» (Hch. 15:37). El nombre Marcos significa «gran martillo». Bernabé pidió a Pablo que llevaran con ellos nuevamente a Juan Marcos, quien había abandonado la tarea misionera en el primer viaje misionero. Juan era su nombre hebreo y Marcos su nombre romano.

La madre de Juan Marcos se cree que era viuda y se llamaba María, la cual estuvo muy conectada con el apóstol Pedro: «Y habiendo considerado esto, llegó a casa de María, la madre de Juan, el que tenía por sobrenombre Marcos, donde muchos estaban reunidos orando» (Hch. 12:12). Era judío, a su nombre semítico se le une el nombre latino de Marcus ('gran martillo') y en griego Markos. Allí en su casa estaba la primera «Domus Ecclesiae» y por lo tanto tenía que ser una casa de gran tamaño, por el gran número de discípulos congregados.

En Marcos 14:51-52 se lee: «Pero cierto joven le seguía, cubierto el cuerpo con una sábana; y le prendieron; mas él, dejando la sábana, huyó desnudo». Este episodio aparece narrado solo en el evangelio de Marcos. Esto ha dado lugar a que algunos intérpretes sugieran que Marcos hace referencia a sí mismo. Pero es posible que Simón Pedro, quien dictó el evangelio a Juan Marcos, supiera quién era este joven y quiso dejarlo anónimo. Por otro lado, era posible que el Apóstol le hablara a Juan Marcos de este joven desconocido.

Bernabé muchas veces aparece con un espíritu de consolador, de intercesor, de ayudador, de reconciliador. Era la persona que podía ver lo mejor en lo peor de las personas. Esa clase de individuos que creían que a una persona se le tenía que dar siempre una nueva oportunidad.

Oremos para que el Espíritu Santo nos ayude a tener una visión y una radiografía espiritual de aquellos que se ven sin presente, pero sí tienen mucho futuro. Doy gracias al Señor Jesucristo por la diaconisa Lidia, por el síndico

Severo Bodón, ambos líderes de la Iglesia de Filadelfia de las Asambleas de Dios en Brooklyn, New York, que vieron en mi presente un futuro, y me dieron oportunidades para ejercitar los dones que el Espíritu Santo había puesto en mi vida. Ahora, muchos Juan Marcos no sirven de mucho, pero mañana esos Juan Marcos servirán para mucho.

2. La objeción de Pablo

«Pero a Pablo no le parecía bien llevar consigo al que se había apartado de ellos desde Panfilia, y no había ido con ellos a la obra» (Hch. 15:38).

La opinión. La opinión de Pablo de Tarso era muy diferente a la de Bernabé. Si antes Juan Marcos no funcionó en las misiones y desertó de las mismas, ahora no se le debía tener en cuenta. Se dice que «a Pablo no le parecía bien llevar consigo al que se había apartado...». Muchas cosas que no le parecen bien a uno, a otros parecen bien.

La decisión. Juan Marcos **«se había apartado de ellos desde Panfilia»**. Fuera por la razón que fuera, Juan Marcos no estaba preparado para los retos y la inseguridad misionera. Era joven y veía la vida desde otra perspectiva humana.

Juan Marcos **«no había querido ir con ellos a la obra»**. Aquí Lucas el historiador de los Hechos, afirma que el joven misionero no quiso acompañar a los misioneros a la obra.

La Traducción En Lenguaje Actual rinde: «Pero Pablo no estuvo de acuerdo. Y es que hacía algún tiempo, Juan Marcos los había abandonado en la región de Panfilia, pues no quiso seguir trabajando con ellos» (Hch. 15:38).

3. La separación de Pablo y Bernabé

«Y hubo tal desacuerdo entre ellos, que se separaron el uno del otro; Bernabé, tomando a Marcos, navegó a Chipre» (Hch. 15:39).

El desacuerdo. La Nueva Versión Internacional cita: «Se produjo entre ellos un conflicto tan serio...». La Traducción En Lenguaje Actual rinde: «Pablo y Bernabé no pudieron ponerse de acuerdo...».

Entre estos dos paladines de la fe, estos dos campeones de las misiones, estos dos amigos, estos dos defensores de los gentiles, estos dos amigos de la fe, surgió un problema por causa de Juan Marcos, quien estaba conectado familiarmente con el apóstol Bernabé.

Ni Pablo ni Bernabé pudieron superar esa crisis entre ellos por causa de un tercero. Podían resolver problemas con otros, pero sus problemas personales no los podían resolver. Lo mismo ocurre a muchos líderes en el ministerio y en las congregaciones.

Muchas veces los vínculos familiares afectan al hacer y al tomar decisiones justas. Se dice: «La sangre pesa más que el agua». Y eso es muy cierto al no saber alguien como separar un sentimiento consanguíneo de una decisión espiritual.

La separación. Para ellos había una sola alternativa, separarse el uno del otro. Cada uno iría por su camino. Bernabé se fue a continuar con la obra en su tierra natal de Chipre (Hch. 15:39). Pablo de Tarso pasó por Siria y por su provincia natal de Cilicia (Hch. 15:41). Un hecho muy triste entre dos grandes hombres de Dios.

Después de Hechos 15:39, Bernabé, que se fue con su sobrino Juan Marcos, desaparece de la narración de Lucas. Esa separación ocurriría entre los años 49 y 50 y, pasarían unos 10 años antes de que se volvieran a reencontrar Pablo y Juan Marcos entre los años 59-61. Pablo sin Bernabé siguió siendo Pablo. Bernabé sin Pablo se esfumó, se apagó, fue olvidado en la historia del libro de los Hechos y en el registro de las Epístolas Paulinas. Hay ministerios a los cuales somos conectados que nos proyectan, al desconectarnos de ellos nos desconectamos de muchas cosas y nos podemos apagar.

Las separaciones son siempre dolorosas y hasta costosas, así pregúntele a alguien que haya experimentado alguna clase de separación en su vida. Romper una buena relación, separarse de la pareja, apartarse de una amistad sincera, alejarse de una institución amada, cambiar de congregación donde hemos estado muchos años, es algo que puede producir sufrimiento y soledad.

¡Cuántos equipos ministeriales de misioneros, de pastores, de evangelistas, de cantantes y de músicos, igualmente se separan por trivialidades, cosas insignificantes! Jesucristo los llamó a trabajar juntos, pero ellos se revuelcan. No tienen la sabiduría para tratar sus diferencias entre sí, para ponerse de acuerdo en las afinidades en Cristo. Lo que un águila hace por instinto, un hijo de Dios lo hace con sabiduría.

El divorcio congregacional con ovejas desertando de la congregación, el divorcio ministerial con ministros desertando de las congregaciones, el divorcio conciliar con pastores desertando de los concilios, está altamente practicado entre ovejas y pastores, asistentes y líderes, colaboradores y dirigentes. ¡Honra la institución donde fuiste formado y llamado! ¡Sé institucional y sé constitucional!

Es triste haber crecido, madurado y compartido con colaboradores, pero en algún momento dado las discrepancias, la falta de sincronizar ideas, el no compartir la misma visión, rechazo a la autoridad establecida y choques de carácter pueden conducir a una ruptura espiritual. Qué triste es ver a pastores que una vez profesaron amar a un concilio, ser fieles, ser leales, que por inmadurez emocional y espiritual, por falta de humildad, separarse de la institución y separarse de la confraternidad de años.

4. La substitución por Silas

«Y Pablo, escogiendo a Silas, salió encomendado por los hermanos a la gracia del Señor» (Hch. 15:40).

El delegado. Silas fue como delegado enviado por la Iglesia de Antioquía, después de haber resuelto allá el problema del legalismo y la circuncisión. Pero al llegar a Antioquía se quedó. Pablo de Tarso entonces lo escogió para ser su compañero de misiones. De ahora en adelante se hablaría de Pablo y de Silas. Un nuevo capítulo en las misiones comenzaba a escribirse.

Nadie es imprescindible en la viña del Señor Jesucristo. Se retira un Bernabé, pero llega un Silas. Se va alguien, pero llega otro. La obra no depende de uno, depende del Espíritu Santo. Servir a Jesucristo es un privilegio, si no le queremos servir a Él, otro vendrá y le servirá.

El viaje. «Y pasó por Siria y Cilicia, confirmando a las iglesias» (Hch. 15:41). Pablo de Tarso siempre que pudo regresó a muchos de los campos de las misiones para apoyar espiritualmente a esas congregaciones. Mantenía un ministerio de supervisión y consolidación. El trabajo misionero no se detuvo porque alguien se detuviera. Pablo fue llamado a las misiones, y él cumplía con su responsabilidad.

La Iglesia de Jesucristo no se caerá porque alguien se vaya. En los años de la década de 1970, se entonaba el cántico «La Iglesia Sigue Caminando»:

> En la lucha y en la prueba,
> la iglesia sigue caminando.
> En la lucha y en la prueba,
> la iglesia sigue caminando.
> Solo se detiene para predicar.
>
> ¡Oh gloria, aleluya!
> La iglesia sigue caminando.
> ¡Oh gloria, aleluya!
> La iglesia sigue caminando.
> Solo se detiene para predicar.

> Por los montes y los valles,
> la iglesia sigue caminando.
> Par los montes y los valles,
> la iglesia sigue caminando.
> solo se detiene para predicar.

Ahora Pablo de Tarso, regresaba a Siria y Cilicia, con su ayudante Silas. Su llamado misionero no dependía de nadie, sino del Señor Jesucristo. El que estemos conscientes de ese llamado, determinará nuestra asignación.

Conclusión

Debemos aprender a superar las diferencias. La separación de un ministerio debe ser la última opción a tomar. Pero si ocurre, tenemos que continuar hacia adelante y como decimos en Puerto Rico: «¡Echemos pa'lante!».

017
El ayudante de Pablo

Hechos 16:1, RVR1960

«Después llegó a Derbe y a Listra; y he aquí, había allí cierto discípulo llamado Timoteo, hijo de una mujer judía creyente, pero de padre griego».

Introducción

Pablo de Tarso continuaba en su tarea de reclutar ayudantes para realizar las misiones. La obra del Señor Jesucristo nunca se quedará sin obreros, la viña siempre tendrá sembradores, labradores y cosechadores. ¡Unos obreros se van, pero otros llegan! La obra de Jesucristo necesita a hombres y mujeres para ser realizada, pero no se caerá por la ausencia de ellos, Jesucristo mismo la sostiene.

1. El encuentro con Timoteo

«Después llegó a Derbe y a Listra; y he aquí, había allí cierto discípulo llamado Timoteo, hijo de una mujer judía creyente, pero de padre griego» (Hch. 16:1).

Me gusta como presenta este pasaje la Traducción En Lenguaje Actual: «Pablo siguió su viaje y llegó a los pueblos de Derbe y de Listra. Allí vivía un joven llamado Timoteo, que era seguidor de Jesús. La madre de Timoteo era una judía cristiana, y su padre era griego». Reina-Valera dice: «... y he aquí, había allí cierto discípulo llamado Timoteo...». Y eso da la impresión de ser Timoteo, un cualquiera quizá desconocido por Pablo de Tarso. Pero la TLA afirma: «... Allí vivía un joven llamado Timoteo, que era seguidor de Jesús...». Y eso aclara el sentido textual.

El discípulo. Pablo con Silas visitaron «Derbe y Listra», y allí encontraron al joven Timoteo que ya era «discípulo». Esto implica que el mensaje de la salvación en Cristo Jesús ya había llegado a la familia de Timoteo, y que este era fruto de un trabajo previo. Es muy probable que Timoteo haya sido un verdadero hijo en la fe de Pablo de Tarso. El apóstol lo llamó «mi hijo amado y fiel en el Señor» (1 Cor. 4:17) y con firmeza declaró de Timoteo, «verdadero hijo en la fe» (1 Ti. 1:2). Luego lo llamó «amado hijo» (2 Ti. 1:2).

Debemos entender que la paternidad espiritual es conferida a verdaderos hijos espirituales que se les ama y son fieles. Hijos espirituales que han sido evangelizados por medio de un padre espiritual. Pero tenemos también a hijos espirituales que son adoptados. Se dejan aceptar como hijos adoptivos espirituales. No fueron engendrados espiritualmente por un ministerio (pastor, evangelista o misionero), pero ese ministerio los ha adoptado dándoles calor y ofreciéndoles la paternidad. Y bajo el mismo han sido formados. Solo el tiempo y las pruebas determinarán quienes son los verdaderos hijos espirituales.

Muchos y muchas, buscan paternidad o maternidad espiritual por los beneficios del padre espiritual o la madre espiritual. No buscan esa cobertura de paternidad o maternidad por el compromiso, la responsabilidad, la guía y la disposición de ser enseñados o corregidos.

El hijo. Timoteo, cuyo nombre griego significa «que honra a Dios» era mestizo, hijo de una «judía creyente» y de un «padre griego». Por sus venas corría sangre judía y sangre gentil. Hasta el día de hoy, entre los judíos se es judío por la madre y no tanto por el padre. El hombre siembra la semilla, pero la madre cultiva la semilla.

2. El testimonio de Timoteo

«Y daban buen testimonio de él los hermanos que estaban en Listra y en Iconio» (Hch. 16:2).

«Y daban buen testimonio de él...». Timoteo era un discípulo que gozaba de un «buen testimonio». No es dar un buen testimonio, es vivir un buen testimonio, es ser un buen testimonio. Es que se dé de uno «un buen testimonio». Ese «buen testimonio» es la referencia que otro puede dar de nuestro carácter y de nuestro trabajo. En el futuro, el apóstol Pablo diría de él: «Os saludan Timoteo mi colaborador, y Lucio, Jasón y Sosípater, mis parientes» (Rom. 16:21).

Interesante el ministerio de Pablo de Tarso que había impactado a un sobrino del cual ya se habló, y que impactó a estos dos parientes, Jasón y Sosípater.

Tu influencia como cristiano debe tocar espiritualmente a la familia. ¡Transfórmate en un evangelista de tu casa, que incluye a la familia y amigos!

«Cuando Jesús estaba subiendo a la barca, el hombre que ahora estaba sano le rogó que lo dejara ir con él. Pero Jesús le dijo: –Vuelve a tu casa y cuéntales a tu familia y a tus amigos todo lo que Dios ha hecho por ti, y lo bueno que ha sido contigo» (Mc. 5:18-19, TLA).

«... los hermanos que estaban en Listra y en Iconio». En esas dos ciudades Timoteo se había dado a conocer. Él era natural de Listra. El mayor testimonio es el que otros dan acerca de uno. Debemos ser postes de alumbrado en nuestras ciudades. De muchos se puede dar testimonio «hasta hoy», pero de mañana uno no sabe.

Su madre Eunice (en griego Eunike significa «buena victoria») y su abuela Loida (en griego es Lois y se desconoce su significado) fueron convertidas por el ministerio de Pablo de Tarso.

«Tu abuela Loida y tu madre Eunice confiaron sinceramente en Dios; y cuando me acuerdo de ti, me siento seguro de que también tú tienes esa misma confianza» (2 Tim. 1:5, TLA).

De la niñez de Timoteo dijo Pablo: «Recuerda que desde niño has leído la Biblia, y que sus enseñanzas pueden hacerte sabio, para que aprendas a confiar más en Jesucristo y así seas salvo» (2 Tim. 3:15, TLA).

3. La circuncisión de Timoteo

«Quiso Pablo que éste fuese con él, y tomándole, le circuncidó por causa de los judíos que había en aquellos lugares, porque todos sabían que su padre era griego» (Hch. 16:3).

«Quiso Pablo que éste fuese con él...». Pablo vio en Timoteo a un hijo espiritual, a alguien que en el futuro le podría ayudar mucho en el ministerio. El buey joven debe enyugarse al buey viejo para aprender a dar bien los pasos, para poder arar con efectividad.

«... y tomándole, le circuncidó por causa de los judíos que había en aquellos lugares...». Pablo de Tarso no quería problemas futuros con la comunidad judía, y Timoteo era judío por parte de madre y gentil por parte de padre. Eso a Pablo le daba ventajas con Timoteo.

Timoteo al circuncidarse se hacía verdadero «hijo del pacto de Abraham», según la creencia judía. Entre los judíos la circuncisión les daba licencia para entrar a las sinagogas y participar de las fiestas judías prescriptas. Las tradiciones religiosas y la cultura deben ser respetadas, siempre y cuando estas no vayan en contra del evangelio de Jesucristo.

Los que son llamados al ministerio y al liderazgo, antes de ejercerlo deben circuncidarse de muchas cosas como los gustos propios, la propia cultura, una dogmática personal y muchos criterios absolutos. Se necesita tolerancia y flexibilidad en el servicio a otros. En inglés se emplean los términos «narrow minded» (mente estrecha), «closed minded» (de mente cerrada), «one track minded» (la mente enfocada en una sola dirección). En la vida nos encontraremos con muchas personas que son así. Debemos estar abiertos de mente y con mentes de doble vía.

«... porque todos sabían que su padre era griego». La gente sabe quién es uno, lo que hace uno, lo que uno sabe, de qué familia es uno. Es más, en muchas áreas de nuestra vida que nosotros desconocemos, la gente nos conoce a nosotros mejor que lo que nosotros nos conocemos. ¡Nos conocen! Por eso no podemos engañar a nadie. Vivimos en una casa de cristal y estamos en un globo de helio. Hay ventanas en nuestras vidas que nunca podemos cerrar y siempre están abiertas.

«Y al pasar por las ciudades, les entregaban las ordenanzas que habían acordado los apóstoles y los ancianos que estaban en Jerusalén, para que las guardasen» (Hch. 16:4).

Pablo de Tarso con un equipo ya armado, visitó las ciudades donde ya se habían establecido obras, y les entregaba los acuerdos tomados por la Iglesia de Jerusalén. La institución debe ser preservada y respetada. Y eso se logra con «Estatutos y Reglamentos».

Conclusión

Timoteo llegaría a transformarse en el hijo que Pablo nunca tuvo. A éste le daría paternidad espiritual y le escribió dos epístolas pastorales que llevan su nombre: 1 y 2 de Timoteo.

018
La visión de Pablo

Hechos 16:9, RVR1960

«Y se le mostró a Pablo una visión de noche: un varón macedonio estaba en pie, rogándole y diciendo: Pasa a Macedonia y ayúdanos».

Introducción

Este pasaje de Hechos 16:6-10 es uno de los clásicos para entender que no es donde el misionero desee llegar, donde el evangelista desee evangelizar, donde el pastor desee pastorear, donde el maestro desee enseñar, donde el profeta desee profetizar, sino donde el Espíritu Santo los quiere ministrando. El Espíritu Santo quiere usarnos para ensanchar el reino de Dios en la tierra.

1. La prohibición a Pablo

«Y atravesando Frigia y la provincia de Galacia, les fue prohibido por el Espíritu Santo hablar la palabra en Asia» (Hch. 16:6).

La prohibición. A Pablo y a sus acompañantes (Lucas, Silas y Timoteo), en esta ocasión, les fue prohibido por el Espíritu Santo hablar en Frigia (era una gran parte de la península de Anatolia) y Galacia (provincia central) del Asia Menor. Por eso se dice: «Y atravesando Frigia y la provincia de Galacia».

Para cada uno de nosotros, el Espíritu Santo tiene una dirección donde nos quiere llevar, y allí nos usará para ensanchar el reino de Dios en la tierra. Jesucristo tiene una asignación, un trabajo y una comisión especial para ti y para mí. No es donde uno quiera estar sirviendo, sino donde el Espíritu Santo quiere que uno esté sirviendo. No es lo que uno quiere hacer en el ministerio, sino lo que el Señor Jesucristo quiere que hagamos en el ministerio.

Son muchas las cosas que nos son prohibidas por el Espíritu Santo. No es lo que queremos según nuestra voluntad, sino lo que el Espíritu Santo quiere para nosotros según su voluntad. No es donde quiero llegar o me quiero quedar, sino donde el Espíritu Santo desea que estemos.

En 1 Samuel 3:10 dice la Biblia: «Y vino Jehová y se paró, y llamó como las otras veces: ¡Samuel, Samuel! Entonces Samuel dijo: Habla, porque tu siervo oye». Así oró Samuel, pero son muchos los que oran: «Oye, Jehová, que tu siervo habla».

Jesús en sus tres oraciones o rezos en la noche del arresto en Getsemaní oró: «Yendo un poco adelante, se postró sobre su rostro, orando y diciendo: **Padre mío, si es posible, pase de mí esta copa; pero no sea como yo quiero, sino como quieres tú**. Vino luego a sus discípulos, y los halló durmiendo, y dijo a Pedro: ¿Así que no habéis podido velar conmigo una hora? Velad y orad, para que no entréis en tentación; el espíritu a la verdad está dispuesto, pero la carne es débil. Otra vez fue, y oró por segunda vez, diciendo: **Padre mío, si no puede pasar de mí esta copa sin que yo la beba, hágase tu voluntad**. Vino otra vez y los halló durmiendo, porque los ojos de ellos estaban cargados de sueño. Y dejándolos, se fue de nuevo, **y oró por tercera vez, diciendo las mismas palabras**» (Mt. 26:39-44).

Fue como Hijo una oración de aceptación de la voluntad del Padre, demostrando su misión mesiánica de obediencia: (1) «Pero no sea como yo quiero, sino como quieres tú» (Mt.26:39). (2) «Hágase tu voluntad» (Mt. 26:42). (3) «Y oró por tercera vez, diciendo las mismas palabras» (Mt. 26:44).

Así oró Jesús de Nazaret, pero algunos prefieren orar: «Señor mío, sé que es posible que tú alejes esta copa de mí, pero no sea hecho como tú quieres, sino como quiero yo». La soberanía divina ha sido disminuida por muchos que bajo un 'decreto' y 'declaro', quieren dar órdenes a Dios.

Las misiones tienen la gran responsabilidad de que las congregaciones ensanchen el reino de Dios. Pero no son optativas. La fe en Dios es optativa en cuanto a la adhesión personal. No es lo que la congregación decide que son las misiones, sino el programa de misiones que Jesucristo tiene ya establecido para esta. La Gran Comisión es la Gran Asignación dada por el Cristo Pascual a los discípulos y a la Iglesia.

¿Cómo el Espíritu Santo les prohibió «hablar la palabra en Asia»? No se sabe. ¿Qué les prohibió el Espíritu Santo hablar? Hablar la palabra. El Espíritu Santo utiliza medios para prohibirnos hacer algo.

La aplicación. Cuando se nos cierran las puertas, cuando no avanzamos hacia ningún lugar, cuando la pasión para hacer algo se nos va del corazón, cuando los obstáculos iniciales pueden indicarnos que no es el lugar correcto para realizar un trabajo correcto, entonces debemos orar para que el Espíritu Santo nos ayude a entender cómo y dónde podemos ensanchar el reino de Dios en la tierra.

Habrá muchos lugares que solo los atravesaremos, iremos de pasada, no serán nuestro centro operacional. Esos lugares de pasada se pueden confundir con el lugar de permanencia y no son donde el Espíritu Santo quiere que ensanchemos el reino de Dios.

2. El intento de Pablo

«Y cuando llegaron a Misia, intentaron ir a Bitinia, pero el Espíritu no se lo permitió» (Hch. 16:7).

El intento. Desde «Misia, intentaron ir a Bitinia». Por segunda vez el Espíritu Santo no dejó a Pablo de Tarso hacer obra misionera donde él quería. Una y otra vez nos pueden prohibir ir a donde queremos o hacer lo que queremos.

Misia era un lugar transitorio, un puente de paso, Macedonia era el destino próximo, luego en su momento el apóstol iría a Asia Menor. Hay lugares donde no se nos autoriza por el Espíritu Santo proclamar el reino de Dios en la tierra. Y si no somos nosotros los que no lo hacemos, no te preocupes, el Espíritu Santo tiene a otro que lo hará. Debemos ser sensitivos a la voz del Espíritu Santo, el Agente Misionero para la Iglesia.

Bitinia, representa todo aquello que deseamos hacer y alcanzar, pero que Jesucristo no ha programado para nosotros. ¡No es el norte de Dios para nuestras vidas! ¡Si la voluntad de Jesucristo es que vayamos al sur, ese será el sur de Dios para nosotros!

Pablo de Tarso tuvo su Bitinia. Abraham tuvo su Harán. Moisés tuvo su Cades Barnea. Todos tenemos algún lugar que no es la voluntad de Dios para nuestras vidas. En mi libro titulado Abraham, el Padre de la Fe, declaro lo siguiente:

El intentar hacer algo para Dios, o intentar hacer algo para las misiones, es siempre bueno, aunque luego nos sea prohibido por el Espíritu Santo. La persona más fracasada es aquella que nunca intenta hacer nada. Póngase en las manos del Espíritu Santo, y déjese usar para que ese reino de Dios en la tierra se siga ensanchando.

El guiador. No es dónde queremos ir, o deseamos trabajar, sino donde nos quiere el Espíritu Santo. Por eso debemos ser sensibles a la voluntad del Espíritu Santo. Y al sincronizarnos con el programa del Espíritu Santo para nuestras vidas, veremos el ensanchamiento del reino de Dios sea en tu congregación o en tu organización o dondequiera.

El Espíritu Santo habla a los corazones misioneros y a las congregaciones misioneras. Oremos por una iglesia misionera que apoye las misiones y que haga las misiones, no donde esta quiera, sino donde el Espíritu Santo quiere que se ensanche el reino de Dios.

El problema es estar desubicados, confusos, desorientados del propósito de Jesucristo. Tenemos que dejar que el Espíritu Santo nos ubique y nos meta allí donde nos necesita y nos quiere emplear. ¡Conéctate al propósito divino! ¡Regresa al diseño original de Jesucristo para tu vida! ¡Ubícate en el plan de Dios para tu vida!

«Y pasando junto a Misia, descendieron a Troas» (Hch. 16:8). Troas fue fundada por Antígono, uno de los generales de Alejandro el Grande cerca de la antigua Troya. Quien esto escribe, ha tenido la oportunidad de visitar las ruinas de Troya y de ver una réplica moderna del legendario Caballo de Troya.

3. La visión de Pablo

«Y se le mostró a Pablo una visión de noche: un varón macedonio estaba en pie, rogándole y diciendo: Pasa a Macedonia y ayúdanos» (Hch. 16:9).

La visión de Pablo. «... una visión...». Se necesita una visión de ensanchamiento del reino de Dios en la tierra. ¡Esa es una visión misionera! Es ver a un mundo con necesidad de Jesucristo. Es ver a gente cambiada y transformada por el poder sobrenatural de Jesucristo. Pero somos responsables de ensanchar el reino de Dios por medio de las misiones.

En el año 2014 nuestra organización a la cual pertenezco, propuso la **Visión 50/20** (50 nuevas congregaciones plantadas para el 2020 en algunas de nuestras Regiones). La visión misionera siempre ha tenido un aumento óptico de **20/20**, y esta visión se basa en Hechos 20/20, donde leemos:

«Nunca he dejado de anunciarles a ustedes todas las cosas que les ayudarían a vivir mejor, ni de enseñarles en las calles y en sus casas» (Hch. 20:20, TLA).

«Nunca me eché para atrás a la hora de decirles lo que necesitaban oír, ya fuera en público o en sus casas» (Hch. 20:20, NTV).

El medio de la visión de Pablo. «... un varón macedonio estaba en pie, rogándole...». Para Pablo ver a aquel varón «makedón» era como ver a alguien que no está descansado, que estaba en pie. Tenemos que llegar a aquellos que están en pie, esperando que se les ministre el aliciente del evangelio de Jesucristo.

La crisis que se vive en nuestro mundo, sea nacional o internacional, exige de voluntarios para la entrega de la Gran Noticia, embajadores de las Buenas Nuevas, que cumplan con la Gran Comisión. Los políticos han vendido los principios y valores judeocristianos. Pero la Iglesia de Jesucristo marcha firme y adelante contra las huestes de la maldad (Himnario de Gloria: Himno 85).

Los macedonios tenían una cultura elevada por encima de sus vecinos territoriales. Era gente culta, de letras, amantes de la filosofía, apasionados con el arte y la música, y receptores de una rica historia militar. Pero tenían su necesidad espiritual.

El evangelio de Jesucristo es para todos, los de abajo, los de arriba y los del medio, porque es para todos. El evangelio de Jesucristo alcanza a los de la derecha, los del centro y a los de la izquierda, porque es apolítico (aunque hay partidos políticos más afines con las enseñanzas del evangelio). El evangelio de Jesucristo es inclusivo y es exclusivo. Y a través del Espíritu Santo la Iglesia se puede ensanchar ante el reto misional y congregacional. Debemos bogar mar adentro. En latín se dice: *Duc in altum* (rema mar adentro).

Esta misión de evangelizar y hacer misiones la deben cumplir los «bien llenos» del Espíritu Santo, los «medio llenos» del Espíritu Santo y los «casi llenos» del Espíritu Santo. Aunque la realidad es que el Espíritu Santo se da sin medidas para todos. Y tanto los evangélicos pentecostales como los evangélicos no pentecostales han recibido el Espíritu Santo. ¡No hay excusas para realizar la Gran Comisión!

El Salmo 67 es conocido como el «Salmo de la Gran Comisión del Antiguo Testamento», por este pasaje bíblico: «Para que sea conocido en la tierra tu camino, en todas las naciones tu salvación» (Sal. 67:2). «Así todas las naciones del mundo conocerán tus enseñanzas y tu poder para salvar» (TLA). La Gran Comisión se le dio a Israel, pero como pueblo no la cumplió.

Jesús le dio la Gran Comisión a sus discípulos y estos la cumplieron: «Por tanto, id, y haced discípulos a todas las naciones, bautizándolos en el nombre del Padre, y del Hijo, y del Espíritu Santo; enseñándoles que guarden todas las cosas que os he mandado; y he aquí que yo estoy con vosotros todos los días, hasta el fin del mundo. Amén» (Mt. 28:19-20). «Ustedes vayan y hagan más discípulos míos en todos los países de la tierra. Bautícenlos en el nombre del Padre, del Hijo y del Espíritu Santo. Enséñenles a obedecer todo lo que yo les he enseñado. Yo estaré siempre con ustedes, hasta el fin del mundo» (TLA).

Las misiones te necesitan. Jesucristo te quiere usar. Si no lo hacemos nosotros. Alguien lo hará:

1. Si no la cumplimos nosotros, **¿quién la cumplirá?**
2. Si no vamos nosotros al campo misionero, **¿quién irá?**
3. Si no somos nosotros, **¿quién será?**
4. Si no es ahora, **¿cuándo será?**
5. Si no ofrendamos para las misiones, **¿quién ofrendará?**

La orden en la visión de Pablo. «... pasa a Macedonia...». Allí, en visión nocturna, Pablo de Tarso vio a «un varón macedonio» puesto en pie, el cual le invitó diciéndole: «Pasa a Macedonia y ayúdanos». Podía haber sido una mujer macedonia, un joven macedonio, un niño macedonio, un anciano macedonio. Lo importante no es a quién vio en visión Pablo de Tarso, sino el significado misionero de lo que vio. Era una invitación a cumplir con la obra misionera con la ayuda del Espíritu Santo.

El llamado misionero es a pasar de nuestro entorno a otro contorno. Es salir de nuestro patio cultural, para pasar al patio de otra cultura. Es dejar nuestro 'aquí' para pasar al 'allá' de almas en necesidad. Eso es todo, 'pasa'. No es que otros pasen, sino que nosotros pasemos. La oración misionera sin compromiso es: «**¡Envía misioneros!**». La oración misionera con compromiso es: «**¡Envíanos a nosotros como misioneros!**».

La ayuda en la visión de Pablo. «... Pasa a Macedonia y ayúdanos». Es una invitación para ayudar a alguien. No podemos ayudar a todos, pero a uno que ayudemos cuenta. Es pasar del 'aquí' de nuestro egoísmo al 'allá' de nuestra entrega. Es pasar de la pasividad contemplativa a la actividad relativa, de estar sentados religiosamente a estar levantados socialmente, de mirar las cosas para realizar las cosas.

Las misiones necesitan mucha ayuda. Seres humanos que quieran ayudar con sus servicios humanos, con alguna ayuda social, ayudar donde se les necesita. Las misiones necesitan ayudantes. David Wilkerson fue un ayudante que quiso alcanzar a las pandillas, drogadictos y alcohólicos con el Ministerio de Teen Challenge. La Madre Teresa de Calcuta fue una ayudante de la humanidad. Ella nos enseñó que el verdadero amor es una entrega al prójimo dondequiera que éste esté. «¡No es ayudar a todo el mundo, es ayudar a una sola persona!», decía ella.

Pablo de Tarso entendió por esa visión que su próximo destino misionero era Macedonia, no era en ese momento Asia Menor o Bitinia. El misionero irá donde el Espíritu Santo lo necesite. Debes servir en la Iglesia donde eres necesario y en lo que sea necesario. Los miembros del Cuerpo de Jesucristo no se critican, ni se envidian, sino que se ayudan mutuamente.

El testimonio del Dr. Lucas. «Cuando vi la visión, enseguida procuramos partir para Macedonia, dando por cierto que Dios nos llamaba para que les anunciásemos el evangelio» (Hch. 16:10).

La afirmación de Lucas. «... dando por cierto que Dios nos llamaba para que les anunciásemos el evangelio». Cuando Dios llama a un hombre o a una mujer de Dios, llama también a aquellos que están cerca de los mismos. ¡Los llama para ser sus ayudantes! Esto demuestra que Pablo de Tarso entendía que Macedonia era su destino, y que Dios lo llamaba para que allí proclamara el evangelio acerca de Jesús de Nazaret. ¡Y para allá se fue! Él sabía que con la ayuda del Espíritu Santo ensancharía el reino de Dios. ¿Lo entendemos nosotros?

Conclusión

A Pablo de Tarso se le reveló el propósito en Macedonia, pero lejos estaba del proceso que le esperaba para llegar a ese propósito. Sin proceso no hay propósito. Sin historia, no hay gloria. Sin visión, no hay misión.

019
La oración con Pablo

Hechos 16:13, RVR1960

«Y un día de reposo salimos fuera de la puerta, junto al río, donde solía hacerse la oración, y sentándonos, hablamos a las mujeres que se habían reunido».

Introducción

Pablo de Tarso siempre buscó la oportunidad donde comenzar o iniciar el trabajo misionero. Esta vez la misión fue junto a un río donde estaban reunidas un grupo de mujeres en oración.

1. El lugar de la oración

«Y un día de reposo salimos fuera de la puerta, junto al río, donde solía hacerse la oración, y sentándonos, hablamos a las mujeres que se habían reunido» (Hch. 16:13).

El día. «Y un día de reposo salimos fuera de la puerta...». Pablo de Tarso guardaba el sábado como el séptimo día de la semana, y le recordaba el Antiguo Pacto o la Antigua Alianza. De igual manera guardaba el domingo como el primer día de la semana, y le recordaba el Nuevo Pacto o la Nueva Alianza. El «día de reposo» o «Shabbat» era dedicado a la oración.

Se nos dice, «... salimos fuera de la puerta...». Tenemos que salir «fuera de la puerta» y sentarnos o levantarnos para hablar de Jesucristo a alguna alma sedienta de su palabra. Las misiones se hacen fuera de la puerta, hablando espiritualmente. En inglés **«in reach»** es hacia adentro (predicación y enseñanza);

«**outreach**» es hacia afuera (evangelización y misiones); y «**up reach**» es hacia arriba (oración, adoración y alabanza).

El lugar. «... junto al río, donde solía hacerse la oración; y sentándonos...». Allí junto al río Gangites, un grupo de mujeres se reunían e hicieron de aquel lugar una sinagoga de mujeres donde se reunían en oración. He visitado la iglesia que se tiene cerca del río y hemos orado. En el suelo de dicha iglesia se tienen mosaicos con los viajes misioneros del apóstol. Pablo y Silas aprovecharon esa oportunidad para hablarles a estas mujeres del mensaje acerca del Mesías Jesús.

En cualquier lugar podemos orar y a cualquier hora podemos orar. Se dice «donde solía hacerse la oración». La oración debe ser habitual. Debemos orar sin cesar. ¿Cómo se desarrolla el hábito de la oración? Orando. ¿Qué es la oración? Una simple conversación con el Padre o con el Hijo Jesucristo o con el Espíritu Santo.

El receptor. «... hablamos a las mujeres que se habían reunido». Una buena reunión de oración debe estar acompañada por alguna reflexión o meditación de la Palabra. Ambas prácticas acercan la presencia del Espíritu Santo: «y donde se reúnen dos o tres en el nombre de Jesucristo», este se hace presente.

2. La mujer de la oración

«Entonces una mujer llamada Lidia, vendedora de púrpura, de la ciudad de Tiatira, que adoraba a Dios, estaba oyendo, y el Señor abrió el corazón de ésta para que estuviese atenta a lo que Pablo decía» (Hch. 16:14).

Las ruinas de Tiatira, a cuya comunidad se le envió una de las siete cartas apocalípticas (Apoc. 2:18-29), adornan el centro de la moderna ciudad de Akhisar (quien escribe esto ha estado ahí varias veces).

En esa comunidad de fe había una mujer profetisa a la que se conoce como «esa mujer Jezabel» (Apoc. 2:20), es decir, que aquella profetisa de Tiatira tenía el «espíritu de Jezabel», que es el espíritu de la seducción religiosa, del control espiritual a los líderes, del dominio congregacional.

Su oficio. «Entonces una mujer llamada Lidia...». La visión del «varón macedonio» (Hch. 16:9) se transformó en una mujer llamada Lidia. Su nombre significa «tierra de Lido». Ella era una mujer comerciante, tenía su empresa, pero era una mujer que amaba a Dios y era de oración. Empresarios del reino pueden bendecir mucho a la Iglesia.

El trabajo no nos debe separar de la oración. Cuando se ora podemos enfrentar mejor las cargas y luchas del trabajo. Orar es el negocio de la Iglesia. La oración es una llave que abre la puerta de las bendiciones.

Su actitud. «... que adoraba a Dios...». A pesar de su mucho trabajo, era una adoradora. Es una indicación de que Lidia era una prosélita del gentilismo al judaísmo. Debemos sacar siempre tiempo para Dios. En cualquier lugar podemos tener nuestro aposento de oración y comunión con el Espíritu Santo.

Juan 4:23-24 es rendido en la Traducción En Lenguaje Actual: «Dios es espíritu, y los que lo adoran, para que lo adoren como se debe, tienen que ser guiados por el Espíritu. Se acerca el tiempo en que los que adoran a Dios Padre lo harán como se debe, guiados por el Espíritu, porque así es como el Padre quiere ser adorado. ¡Y ese tiempo ya ha llegado!» (TLA).

Su atención. «... estaba oyendo...». Esto indica que Lidia prestaba atención al mensaje que le predicaban o enseñaban. La predicación y la enseñanza bíblica se deben oír. El corazón de Lidia estaba en el cielo, pero sus oídos estaban en la Palabra de Dios. Dice la Escritura: «Así que la fe viene por oír, es decir, por oír la Buena Noticia acerca de Cristo» (Rom. 10:17, NTV).

Su disposición. «... y el Señor abrió el corazón de ella para que estuviese atenta a lo que Pablo decía». Aquel corazón no lo abrió Pablo, lo abrió el Señor Jesucristo. Con Lidia estaba tratando directamente el Espíritu de Jesucristo. Si el corazón no se abre a lo que Dios dice en su Palabra, es simplemente discurso lo escuchado. El único libro que se lee y que el autor siempre está presente es la Biblia. Y esta Biblioteca Sagrada se debe leer con oración.

La gracia del Señor Jesucristo estaba alcanzando a aquella comerciante de púrpura. Muchos empresarios de macro o micro empresas necesitan ser alcanzados por el evangelio. Debemos orar para que sea el Espíritu Santo el que abra el corazón de un alma para que esta reciba el evangelio. Si el Señor Jesucristo no abre el corazón, todo lo que se diga entrará por un oído y saldrá por el otro.

3. La casa de la oración

«Y cuando fue bautizada, su familia, nos rogó: Si habéis juzgado que yo sea fiel al Señor, entrad en mi casa, y posad. Y nos obligó a quedarnos» (Hch. 16:15).

El bautismo. «Y cuando fue bautizada, su familia...». El bautismo era y es la gran afirmación del nuevo convertido. ¡El que cree, se bautiza! Muchas comunidades de fe se han llenado de muchos congregantes, a los cuales no les han enseñado mucho sobre el bautismo cristiano. En Filipos se conmemora este evento con un templo y un baptisterio en el río, el cual he podido visitar.

Esa expresión «y su familia», hablan no solo de miembros consanguíneos, sino también de esclavos y socios, quizá de alguna cooperativa de trabajo. En Filipos se organizaban esos grupos de trabajo. Todo el que está bajo nuestro techo o dentro de nuestra empresa es nuestra familia.

El ruego. «... nos rogó diciendo: si habéis juzgado que yo sea fiel al Señor, entrad en mi casa...». Con humildad de espíritu, Lidia invitó a los apóstoles a ser sus invitados. Les dejó saber que ella era «fiel al Señor». Manifestó un espíritu de hospitalidad. ¿Cuánto se necesita en nuestros días ese don de hospitalidad?

En Hebreos 13:2 leemos: «No se olviden de brindar hospitalidad a los desconocidos, porque algunos que lo han hecho, ¡han hospedado ángeles sin darse cuenta!» (NTV). El contexto para este pasaje puede haberse inspirado en Génesis 18:1-8, donde tres ángeles visitaron a Abraham y a Sara en Mamré y uno de ellos que era el Señor, habló con ellos. Luego le reveló que vendría el juicio sobre Sodoma (Gen. 18:9-33). En Génesis 19:1-3 a Lot se le presentaron dos ángeles a los que él invitó a quedarse a pasar la noche en su casa.

«Al caer la tarde, dos de los ángeles llegaron a Sodoma. Lot estaba sentado a la entrada de la ciudad, y en cuanto los vio se levantó para saludarlos. Sin levantar la vista, se inclinó ante ellos en señal de respeto, y les dijo: —Señores, estoy para servirles. Yo les ruego que vengan a mi casa. Allí podrán bañarse y pasar la noche, mañana podrán seguir su camino. Sin embargo, ellos le dijeron: —Se lo agradecemos, pero vamos a pasar la noche en la calle. Lot siguió insistiendo hasta que los ángeles aceptaron quedarse en su casa. Una vez allí, Lot hizo pan y les dio de cenar, y los ángeles comieron» (Gn. 19:1-3, TLA).

Este pasaje nos habla de ángeles que hospedó Lot. Pero aquí se habla de ángeles sin alas, de mensajeros del evangelio. Y cuando tú y yo hospedamos a un siervo y sierva de Dios, estamos abriendo las puertas de nuestro hogar a ángeles de Dios.

La obligación. «... Y nos obligó a quedarnos». Pablo y su equipo de misioneros fueron ángeles obligados a hospedarse en la casa de Lidia. El peligro de aquella época exigía ser hospitalarios con los que iban de camino. Estas palabras «y nos obligó a quedarnos», habla de la insistencia que había en esta mujer por servir a los siervos de Dios. Al siervo o sierva de Dios, se le insiste para servirle, se le insiste para atenderlo, y se le insiste para ayudarlo. El cristianismo es una religión de servicio. Uno es bendecido cuando se siente obligado para servir y ser servido. Bendecimos cuando obligamos a otros para nosotros servirles.

Conclusión

Lidia fue la primera convertida del Asia Menor. Aquel «varón macedonio» que en visión se le reveló a Pablo de Tarso representaba a ella y a otros. Pero ese «varón macedonio» representa a cuatro círculos importantes en tu vida, a los cuales debes llegar. El primer círculo es tu familia, el segundo círculo son tus amigos, el tercer círculo son tus vecinos y el cuarto círculo son los desconocidos que se te acercan o tú te acercas a ellos.

020
La liberación por Pablo

Hechos 16:18, RVR1960

«Y esto lo hacía durante muchos días, mas desagradando a Pablo, éste se volvió y dijo al espíritu: Te mando en el nombre de Jesucristo, que salgas de ella. Y salió en aquella misma hora».

Introducción

El realizar alguna buena acción, puede traer malas consecuencias. Pablo y Silas ayudando fueron desayudados.

1. La posesión de la esclava

«Aconteció que mientras íbamos a la oración, nos salió al encuentro una muchacha que tenía espíritu de adivinación, la cual daba gran ganancia a sus amos adivinando» (Hch. 16:16).

Lo verdadero. Una vez más vemos a Pablo de Tarso y a Silas camino a la oración. El secreto de la victoria de un creyente está en el poder de la oración. Orar es el gran negocio de todo creyente.

En su camino les salió al encuentro una muchacha adivinadora, que era fuente de ingresos económicos para sus amos. Ellos vivían de esta esclava joven que estaba poseída por un espíritu «python» o de bruja.

Lo falso. Muchos viven del ocultismo, de la lectura de barajas, de la adivinación, de la predicción del futuro. Detrás de todas esas prácticas se esconden los demonios, que son los inspiradores y los incitadores de estos dones satánicos. Los llamados «comic books», revistas ilustradas, paquines o paquitos, son promotores del ocultismo, la infidelidad matrimonial y la demonología.

2. La liberación por Pablo

«Ésta, siguiendo a Pablo y a nosotros, daba voces, diciendo: Estos hombres son siervos del Dios Altísimo, quienes os anuncian el camino de salvación. Y esto lo hacía durante muchos días, mas desagradando a Pablo, éste se volvió y dijo al espíritu: Te mando en el nombre de Jesucristo, que salgas de ella. Y salió en aquella misma hora (Hch. 16:17-18).

El seguimiento. «Ésta, siguiendo a Pablo y a nosotros...». Se volvió una aparente seguidora de Pablo y de Silas, los seguía a ellos, pero no seguía a Cristo. No era una verdadera discípula. No tenía un corazón transformado. Actuaba religiosamente sin relación con Jesucristo.

La promoción. «... Estos hombres son siervos del Dios Altísimo, quienes os anuncian el camino de salvación». La Nueva Versión Internacional rinde: «Estos hombres son siervos del Dios Altísimo y han venido para decirles cómo ser salvos». La Traducción En Lenguaje Actual lee: «¡Estos hombres trabajan para el Dios Altísimo, y han venido a decirles que Dios puede salvarlos!».

Lo que ella anunciaba tenía mucha verdad. Pero observemos esa expresión, «os anuncian el camino de salvación», en el griego original: «kataggellousin umin odon soterias». Literalmente: «os anuncian un camino de salvación», no el camino de salvación.

Pablo discernió en ella un espíritu de adulación, un espíritu contrario. Debemos discernir a esos espíritus contrarios que emplean la Palabra y dicen algunas verdades. El espíritu de la adulación debe ser refrenado, el espíritu de gente que dicen cosas muy buenas de uno, con el fin de sacar algún provecho.

Tengamos mucho cuidado con el espíritu de la adulación. La adulación se define: «alabanza exagerada y generalmente interesada que se hace a una persona para conseguir un favor o ganar su voluntad».

A la gente creedle solamente la mitad de lo que dicen acerca de usted. No se deje dopar por las píldoras de la exageración que muchos y muchas le dan con un vaso de agua para que usted se las tome.

La repetición. «Y esto lo hacía durante muchos días, mas desagradando a Pablo...» (Hch. 16:18). Al principio no molestaba a nadie, pero luego aquel espíritu religioso, desagradó a Pablo. El griego literalmente expresa que Pablo «estaba totalmente cansado». Esta muchacha poseída «estorbaba» el trabajo del apóstol Pablo. Decía y repetía lo mismo. El demonio religioso no quería ser molestado ni quería salir de ella. Y qué mejor que jugar a mostrarse como una persona que apoyaba el trabajo de los misioneros.

La reprensión. «... Éste se volvió y dijo al espíritu: Te mando en el nombre de Jesucristo, que salgas de ella. Y salió en aquella misma hora» (Hch. 16:18).

Detrás de aquel mensaje de apoyo religioso, se escondía un demonio de adivinación. Pablo lo descubrió, y en el nombre poderoso de Jesucristo, le ordenó desalojarla. Y aquel demonio instantáneamente tuvo que salir de ella. ¡Fue libre del espíritu demoniaco que la poseía!

3. La reacción de sus amos

«Pero viendo sus amos que había salido la esperanza de su ganancia, prendieron a Pablo y a Silas, y los trajeron al foro, ante las autoridades» (Hch. 16:19).

A los amos no les gustó aquella liberación. «Pero viendo sus amos que había salido la esperanza de su ganancia...». Muchos no desean la liberación de aquello que los ata, pues les origina ganancias.

Aquellos que comprobaron que Jesús liberó al endemoniado gadareno, y la suerte que le tocó al hato de cerdos, le dijeron a Jesús de Nazaret que se fuera de allí: «Jesús les dijo: –Entren en ellos. Los demonios salieron de los dos hombres y entraron en los cerdos. Entonces todos los cerdos corrieron sin parar, hasta que cayeron en el lago, donde se ahogaron. Los hombres que cuidaban los cerdos huyeron al pueblo. Allí contaron lo que había pasado con los cerdos y con los dos hombres que habían tenido demonios. La gente del pueblo fue a ver a Jesús, y le rogaron que se marchara de aquella región» (Mt. 8:32-34, TLA).

Muchos adictos no quieren ser liberados del alcohol y las drogas, porque les produce placer y euforia. Les gusta estar bajos esos efectos. Nadie cambiará hasta que admita que debe cambiar y entonces el cambio ocurrirá.

Muchos no quieren liberación, porque disfrutan esa vida adictiva, promiscua, libertina, contra natura. Saben que está mal lo que hacen, pero no quieren salir de ese mal. Se sienten muy felices como están. Y se les debe respetar su decisión. Pero la Biblia se pronuncia moralmente contra la misma.

Muchos santeros, espiritistas, idólatras, saben que eso es malo, pero les conviene, y no buscan ser libres de eso. Allá ellos y ellas con su afro-religión

(Yemayá, Changó, Ochún, Babalú Ayé y Orula). Pero la Biblia se pronuncia teológicamente contra esas prácticas.

Los amos apresaron a Pablo y a Silas. «... prendieron a Pablo y a Silas, y los trajeron al foro, ante las autoridades». Ellos tomaron a Pablo y a Silas y los trajeron ante los magistrados para acusarlos: «y presentándolos a los magistrados, dijeron: Estos hombres, siendo judíos, alborotan nuestra ciudad, y enseñan costumbres que no nos es lícito recibir ni hacer, pues somos romanos» (Hch. 16:20-21).

A Pablo y a Silas los acusaron de alborotadores, y de ser enseñadores de otras costumbres que iban contra lo practicado por los romanos. No los acusaron de haber liberado a la muchacha poseída por aquel espíritu pitón. ¡Eso no les convenía a ellos!

«Y se agolpó el pueblo contra ellos; y los magistrados, rasgándoles las ropas, ordenaron azotarles con varas» (Hch. 16:22). El pueblo fue incitado contra ellos por aquella acusación. Los magistrados les rompieron las ropas, y dieron órdenes de azotarles con varas. Un castigo doloroso, abusivo, un maltrato humano. Pero por amor a Jesucristo y a las almas perdidas aquellos guerreros del evangelio, estaban dispuestos a sufrirlo.

Muchos se quejan del desprecio de los pecadores. Se molestan porque al hablarles de Cristo, estos se burlan y no les hacen caso. Se siente prejuiciados y marginados por aquellos que son enemigos de la cruz. Pero piensen en Pablo y en sus asistentes que fueron azotados con varas, pero tuvieron que aceptar su prueba por amor a la causa de Jesucristo.

Conclusión

Si a Pablo y a Silas, el Espíritu Santo les hubiera revelado ese proceso de ser azotados con varas, quizá se hubieran pensado el hacer lo que hicieron. Todo propósito de Jesucristo para nuestras vidas se logrará mediante un proceso.

021
El encarcelamiento de Pablo

Hechos 16:23, RVR1960

«Después de haberles azotado mucho, los echaron en la cárcel, mandando al carcelero que los guardase con seguridad».

Introducción

Pablo y Silas pudieron haberse deprimido, lamentarse, quejarse y haberse amargado en la cárcel, pero por el contrario se pusieron a orar y a cantar, y eso desató el poder de Dios. La alabanza y la oración transforman la atmósfera. Cuando los «mentirólogos» del mundo dicen que lloverá, los «meteorólogos» de Dios dicen que será un día soleado.

1. El aprisionamiento de Pablo

«Después de haberles azotado mucho, los echaron en la cárcel, mandando al carcelero que los guardase con seguridad» (Hch. 16:23).

El castigo. «Después de haberles azotado mucho, los echaron en la cárcel...» (Hch. 16:23). Pablo y Silas fueron azotados. Era el precio por predicar el evangelio. La fe y la libertad religiosa que disfrutamos hoy, costó ayer el sufrimiento a muchos creyentes y la sangre de muchos mártires.

He estado en la ciudad de Filipos en Grecia. Sobre la Filipos griega se levantó la Filipos romana. Y luego, en la época bizantina, al lado de la Filipo romana, próxima al ágora, se levantó la Filipo cristiana. Frente a ambas en las ruinas arqueológicas se pueden ver los restos de una cárcel romana, el lugar donde Pablo y Silas estuvieron presos.

El encargo. «... mandando al carcelero que los guardase con seguridad» (Hch. 16:23). Esto deja entender que a esos prisioneros se les tenía en protección de seguridad máxima. Timoteo, que andaba con ellos, se libró al no estar presente.

La seguridad. «... los metió en el calabozo de más adentro, y les aseguró los pies en el cepo». La Traducción En Lenguaje Actual lee: «El carcelero los puso en la parte más escondida de la prisión, y les sujetó los pies con unas piezas de madera grandes y pesadas» (Hch. 16:24).

Pablo y Silas estuvieron más presos que los mismos presos en la cárcel, se les metió en el calabozo más escondido de aquella prisión, sin luz ninguna y sin comida. Allí se les puso en el cepo de madera que les sujetaba los pies. Hoy se les muestra a los peregrinos la cárcel donde estuvieron Pablo y Silas en Filipos, como yo mismo pude ver.

Muchos creyentes han llegado hasta lo peor de lo peor; a lo más profundo de lo más profundo; al nivel más bajo del nivel. Hasta allí, donde no hay luz, y donde el cepo los oprime día y noche. Pero hasta allí llega el gran poder de Jesucristo. Y donde nadie ora y canta, allí un Pablo y un Silas, tienen vigilia y culto para el Dios que está en el cielo. Estaban presos en el cuerpo, pero libres en el espíritu.

2. El terremoto a favor de Pablo

«Entonces sobrevino de repente un gran terremoto, de tal manera que los cimientos de la cárcel se sacudían, y al instante se abrieron todas las puertas, y las cadenas de todos se soltaron» (Hch. 16:26).

La actitud. Pablo y Silas, asumieron una actitud espiritual. A 'medianoche', estos apóstoles estaban «orando y cantaban himnos a Dios, y los presos los oían» (Hch. 16:25). ¿Qué cantaban ellos? No lo sé, pero de seguro cantaban a Jesucristo. Esa noche, con esa vigilia, no dejaron dormir al resto de los presos.

El Dr. José Guillermo De La Rosa dice sobre la 'medianoche': «La mitad de la noche es la hora que separa el ayer del hoy, y el hoy del mañana. La medianoche espiritual es la hora del cambio. Espiritualmente hablando, la medianoche no solo se aplica a las 12 de la noche. Puede ser en cualquier momento del día, mes, o año. Es la hora donde las densas tinieblas comienzan a ceder. Puede ser la más oscura, donde el diablo desata su maldad en la vida y el destino de las personas, pero sabemos que el día ya asoma, ya viene el anhelado cambio. Todos debemos pasar por la experiencia de la medianoche. Y si oramos y alabamos, como lo hicieron Pablo y Silas, experimentaremos grandes victorias».

La respuesta. Aquellas oraciones y aquellos cánticos produjeron un poder de liberación. Por estar orando y cantando, se provocó un terremoto, que movió los cimientos de aquella prisión, se abrieron puertas y se soltaron cadenas. El poder sobrenatural de Dios se metió en aquella prisión.

Donde se hace oración y se alaba en adoración, se libera poder espiritual. Se abren puertas de aprisionamiento y se caen cadenas de ataduras. Alaba y ora donde quieras y cuando quieras.

3. El clamor de Pablo

«Mas Pablo clamó a gran voz, diciendo: No te hagas ningún mal, pues todos estamos aquí» (Hch. 16:28).

El efecto en el carcelero. «Despertando el carcelero, y viendo abiertas las puertas de la cárcel...» (Hch. 16:27). Aquel cuadro de puertas abiertas, estremeció emocionalmente a aquel carcelero.

El honor del carcelero. «... sacó la espada y se iba a matar, pensando que los presos habían huido» (Hch. 16:27). Dejar escapar a un prisionero, y en este caso a varios prisioneros, lo llenó de turbación y temor, por lo cual decidió que era su deber quitarse su propia vida.

Pero son muchos los que en nuestra sociedad actúan de igual manera. No sacan una espada como el carcelero para matarse, pero buscan un recipiente de pastillas para envenenarse, buscan una soga o sabana para ahorcarse, buscan una pistola para dispararla y atravesarse la sien, buscan una navaja para cortarse las venas de los brazos, buscan un plástico para asfixiarse, saltan desde un apartamento o se lanzan a las vías del tren.

Muchos y muchas ante los fracasos de la vida, por tener alguna decepción humana, por sentirse defraudados, por experimentar un vacío existencial, por estar deprimidos, por sentirse no queridos, optan por poner fin a su existencia humana.

Algunos, sufriendo de alguna enfermedad como la **ansiedad** (intensa excitación), o la extrema inseguridad (falta de confianza, firmeza y estabilidad), o la **esquizofrenia** (alteración de la personalidad, alucinaciones y pérdida del contacto con la realidad), comienzan a tener fuertes sentimientos negativos, así como pensamientos y tendencias suicidas que los enajenan por la desesperación.

La intervención al carcelero. «Mas Pablo clamó a gran voz, diciendo: No te hagas ningún mal, pues todos estamos aquí» (Hch, 16:28).

El mensaje de Pablo de Tarso fue directo. Le estaba diciendo que no se matara, ya que ningún preso se había escapado. Ese debe ser el mensaje que debemos dar a muchos: «No te hagas ningún mal».

Aquellos con tendencias suicidas deben ser fortalecidos en su propia auto-estima, ayudarles a tener un mejor sentido de apreciación por la vida. Ofrecer-les compañía positiva. Cubrirlos con la oración.

Pablo le recalcó: «... pues todos estamos aquí». Él y su asistente Silas, esta-ban incluidos en esa lista de confinados. Leemos: «Él entonces, pidiendo luz, se precipitó adentro, y temblando, se postró a los pies de Pablo y de Silas» (Hch. 16:29).

Las palabras de Pablo, y lo que él mismo confirmó, produjo un efecto tem-bloroso, provocando que este hombre encargado de los presos, ahora se rindiera espiritualmente ante aquellos dos apóstoles de Jesucristo. Aquellos con ten-dencias suicidas necesitan recuperar la confianza en sí mismos y la confianza en otros.

Después de haberlos sacado de aquel calabozo último, el carcelero preguntó: «¿Qué debo hacer para ser salvo?» (Hch. 16:30). «... Señores, ¿qué tengo que hacer para salvarme?» (TLA).

Él mismo, se hizo el llamado para la salvación. Son muchos los que están esperando que los ayuden a ser salvos, y otros esperan que les expliquen cómo ser salvos.

En inglés hay una anécdota sobre el plan de la salvación, cuando el mismo es presentado y la otra persona no lo entiende: «Young man, do you know the way called salvation?». «Joven, ¿conoce usted el camino llamado salvación? El joven respondió: «Sir, I am new here, I don't know that street». «Señor, soy nuevo por aquí, no conozco esa calle».

La conversión del carcelero. «Ellos dijeron: Cree en el Señor Jesucristo, y serás salvo, tú y tu casa» (Hch. 16:31). El mensaje fue directo, él tenía que acep-tar a Jesús como el Mesías para ser salvo, y por esa decisión, su familia creería también en Jesucristo.

Allí mismo, Pablo y Silas le predicaron a él y a todos en su casa, la cual debía estar dentro de las inmediaciones de aquella cárcel (Hch. 16:32). La salvación es para toda la familia, es para los buenos, los menos buenos y los nada de buenos.

El carcelero le limpio las heridas, y luego «se bautizó él con todos los suyos» (Hch. 16:33). Este pasaje se proclama como una promesa bíblica, pero muchos olvidan que más que una promesa era una realidad presente en la vida de aquel carcelero, su familia y su casa. Él creyó en Jesucristo, y su 'casa' y 'todos los suyos' siguieron su ejemplo. Nuevamente el bautismo en agua era la afirmación de esa conversión.

El carcelero se llevó a Pablo y a Silas a su casa, les dio de comer, «y se regocijó con toda su casa de haber creído en Dios» (Hch. 16:34). La salvación trae alegría a la familia. Todo cambia cuando Jesús llega a un hogar. Él trae paz, gozo y comunión.

4. El decreto para Pablo

«Cuando fue de día, los magistrados enviaron alguaciles a decir: Suelta a aquellos hombres» (Hch. 16:35).

La absolución. Los magistrados decidieron dejar libres a Pablo y a Silas. Pero Pablo les dejó saber que los habían azotado «sin sentencia judicial, siendo ciudadanos romanos» (Hch. 16:37). Ahora los querían sacar de manera encubierta, y Pablo mandó a decirles: «No, por cierto, sino que vengan ellos mismos a sacarnos» (Hch. 15:37).

Pablo de Tarso reconocía sus derechos romanos, sabía quién era él como romano. Los magistrados habían violado la ley, y él les hizo conscientes. Nunca te olvides de tus derechos legales conferidos por el sacrificio de Jesucristo.

En Filipos Pablo y Bernabé reclamaron su ciudadanía romana. «Pero Pablo les dijo a los guardias: 'Nosotros somos ciudadanos romanos. Los jueces ordenaron que nos golpearan delante de toda la gente de la ciudad, y nos pusieron en la cárcel, sin averiguar primero si éramos culpables o inocentes. ¿Y ahora quieren dejarnos ir sin que digamos nada, y sin que nadie se dé cuenta? ¡Pues no! No nos iremos; ¡que vengan ellos mismos a sacarnos!'. Los guardias fueron y les contaron todo eso a los jueces. **Al oír los jueces que Pablo y Silas eran ciudadanos romanos, se asustaron mucho.** Entonces fueron a disculparse con ellos, los sacaron de la cárcel y les pidieron que salieran de la ciudad» (Hch. 16:37-39, TLA).

En Jerusalén Pablo reclamó su ciudadanía romana. «El comandante llevó a Pablo adentro y ordenó que lo azotaran con látigos para hacerle confesar su delito. Quería averiguar por qué la multitud se había enfurecido. Cuando ataron a Pablo para azotarlo, Pablo le preguntó al oficial que estaba allí: –¿Es legal que azoten a un ciudadano romano que todavía no ha sido juzgado? Cuando el oficial oyó esto, fue al comandante y le preguntó: «¿Qué está haciendo? ¡Este

hombre es un ciudadano romano!». Entonces el comandante se acercó a Pablo y le preguntó: –Dime, **¿eres ciudadano romano?** –Sí, por supuesto que lo soy, respondió Pablo. –Yo también lo soy, dijo el comandante entre dientes, ¡y me costó mucho dinero! Pablo respondió: –**¡Pero yo soy ciudadano de nacimiento!** Los soldados que estaban a punto de interrogar a Pablo se retiraron velozmente cuando se enteraron de que era ciudadano romano, y el comandante quedó asustado porque había ordenado que lo amarraran y lo azotaran» (Hch. 22:24-29, NTV).

El apóstol no solo sabía que era ciudadano romano, conocía sus derechos constitucionales y privilegios como ciudadano. El mensaje de Pablo fue comunicado por los alguaciles a los mismos, «los cuales tuvieron miedo al oír que eran romanos» (Hch. 16:38).

El Departamento de Seguridad Nacional de los Estados Unidos de América, declara: «La ciudadanía es el hilo común que vincula a todos los estadounidenses. Somos una nación unida no por raza o religión, sino por los valores compartidos de libertad e igualdad». Luego ofrece un listado de derechos y responsabilidades:

- **Derechos de un ciudadano de los EE.UU.**
  - Libertad de religión.
  - Libertad de expresión.
  - Derecho de ser juzgado pública y expeditamente por un jurado imparcial del Estado.
  - Derecho a votar en las elecciones públicas.
  - Derecho a solicitar empleo federal.
  - Derecho a postularse como candidato al servicio público.

- **Responsabilidades de un ciudadano de los EE.UU.**
  - Apoyar y defender la Constitución.
  - Permanecer informado sobre las cuestiones que afectan a su comunidad.
  - Participar en el proceso democrático.
  - Respetar y obedecer las leyes federales, estatales y locales.
  - Respetar los derechos, creencias y opiniones de los demás.
  - Participar en su comunidad local.
  - Perseguir los ideales de la Constitución, que incluyen «la vida, la libertad y la búsqueda de la felicidad».
  - Pagar la renta, los impuestos federales, locales y estatales de manera honesta y siempre a tiempo.
  - Servir en un jurado cuando se le solicite.
  - Defender el país cuando se presente la necesidad.

Tú eres un ciudadano del reino de los cielos y debes también conocer tus derechos y responsabilidades como tal, tal y como se estipulan en la Biblia, la Constitución Espiritual de cada creyente.

Filipenses 3:20 declara que somos ciudadanos del cielo. «En cambio, nosotros **somos ciudadanos del cielo**, donde vive el Señor Jesucristo; y esperamos con mucho anhelo que él regrese como nuestro Salvador» (NTV).

1 Pedro 2:11 declara que somos residentes del mundo. «Queridos amigos, ya que **son 'extranjeros y residentes temporales'**, les advierto que se alejen de los deseos mundanos, que luchan contra el alma» (NTV).

El trato. Aquellos que maltrataron a Pablo y a Silas, que violaron sus derechos de ciudadanos romanos, ahora les tienen que pedir por favor que se vayan de la ciudad. «Y viniendo, les rogaron, y sacándolos, les pidieron que salieran de la ciudad» (Hch. 16:39). Estaban asustados por su mal proceder. Aquellos que han tenido un mal proceder contigo, un día tendrán que tratarte con mucho respeto.

«Entonces, saliendo de la cárcel, entraron en casa de Lidia, y habiendo visto a los hermanos, los consolaron, y se fueron» (Hch. 16:40). Ellos visitaron la «casa de Lidia» y «a los hermanos» a quienes «consolaron». Allí ya había una comunidad de fe establecida. Después de que Pablo y Silas cumplieron su misión, «se fueron». Procederían con la asignación del Espíritu Santo para sus vidas.

Conclusión

Aquellos que maltrataron a Pablo y a Silas al principio, al final los trataron bien. Cuando uno está en la voluntad del Señor Jesucristo, los enemigos serán avergonzados. A esa comunidad de fe, más tarde Pablo de Tarso le escribió la Epístola a los Filipenses.

022
La proclamación de Pablo

Hechos 17:2-3, RVR1960

«Y Pablo, como acostumbraba, fue a ellos, y por tres días de reposo discutió con ellos, declarando y exponiendo por medio de las Escrituras, que era necesario que el Cristo padeciese, y resucitase de los muertos; y que Jesús, a quien yo os anuncio, decía él, es el Cristo».

Introducción

Después de las vicisitudes en Filipos, vemos a Pablo de Tarso como un apasionado del evangelio, que junto a Silas y Timoteo, continuaba haciendo misiones, esta vez en Tesalónica. Hoy Tesalónica o Tesalonike es conocida como Salónica. Y podemos conocer el espíritu congregacional de esta comunidad de fe por medio de las Epístolas de 1 y 2 de Tesalonicenses.

1. La proclamación de Pablo

«Declarando y exponiendo por medio de las Escrituras, que era necesario que el Cristo padeciese, y resucitase de los muertos; y que Jesús, a quien yo os anuncio, decía él, es el Cristo" (Hch. 17:3).

El recorrido. «Pasando por Anfípolis y Apolonia, llegaron a Tesalónica, donde había una sinagoga de los judíos» (Hch. 17:1). Pablo de Tarso y Silas pasaron por las ciudades de Anfípolis y Apolonia, de ahí visitaron la sinagoga en Tesalónica (Hch. 17:1). Lo primero que Pablo hacía era ponerse en contacto con la sinagoga, aunque su misión era hacia los gentiles, buscaba alcanzar también a los judíos.

El relato dice: «Y Pablo, como acostumbraba, fue a ellos...» (Hch. 17:2). Los seres humanos somos costumbristas. Y las costumbres son el resultado de crear hábitos. Hay malos hábitos que llevan a malas costumbres. Hay buenos hábitos que llevan a buenas costumbres. Por ejemplo, leer la Biblia es un buen hábito que debemos tener; orar es un buen hábito que debemos practicar; ayunar es buen hábito que debemos cultivar; asistir regularmente al templo o santuario es un buen hábito que debemos trabajar; diezmar es un buen hábito que se debe desarrollar; cooperar y colaborar con hermanos y organizaciones cristianas es un hábito que se debe desarrollar. Al final el cultivar buenos hábitos producirá en nosotros costumbres muy buenas y beneficiosas como creyentes en congregaciones locales.

Allí en Tesalónica, Pablo de Tarso durante tres días de reposo, es decir, tres semanas, «discutió con ellos», es decir, con los judíos tesalonicenses (Hch. 17:2). Aquí no se habla de una discusión sin sentido, de «un yo gano y tú pierdes», «de un yo impongo y tú aceptas», sino de una discusión académica, de un razonar inteligente, de una apologética provechosa, de un hacer teología beneficioso.

Otras versiones bíblicas rinden: «Usó las Escrituras para razonar con la gente» (NTV). «Les leía la Biblia, y les probaba con ella» (TLA). El día de reposo, día de descanso laboral y espiritual, él como judeocristiano visitaba la sinagoga. Eso le brindaba la oportunidad de compartir el mensaje cristiano. Y también de ser ministrado y de tener compañerismo.

El mensaje. «...Basándose en las Escrituras, les explicaba y demostraba que era necesario que el Mesías padeciera y resucitara. Les decía: 'Este Jesús que les anuncio es el Mesías'» (Hch. 17:2-3, NVI). Su mensaje era acerca de la pasión y resurrección de Jesús de Nazaret, a quien presentó como el Mesías esperado de Israel (Hch. 17:3). Un mensaje simple, escritural, pero apasionado. En toda predicación cristiana, Jesucristo debe ser expuesto y señalado. Cuanto más se asome Jesucristo en el sermón que predicamos y menos nos asomemos nosotros como predicadores en el sermón, este será más Cristocéntrico.

«Algunos de los judíos se convencieron y se unieron a Pablo y a Silas, como también lo hicieron un buen número de mujeres prominentes y muchos griegos que adoraban a Dios» (Hch. 17:4, NVI).

Aquella ministración de Pablo fue positiva. Tuvo frutos de conversión. Hubo un gran número de convertidos al cristianismo. Los que no creen deben ser convencidos por la ministración de la exposición de las Sagradas Escrituras. Eso incluía judíos, mujeres reconocidas y griegos creyentes del verdadero Dios.

El evangelio de Jesucristo es inclusivo porque es para todos. Es intracultural porque se introduce hacia nuestra cultura de una cultura homóloga, la cual se enriquece con el evangelio. Es intercultural porque se transfiere de una cultura hacia otra cultura que es diferente. Es global porque es para todos, es para pobres y ricos, es para los que poseen mucha educación o carecen de ella. Es para los de bajo y es para los de arriba. Es para la derecha, la izquierda y el centro. Debe ser nuestra misión infiltrar ese mensaje del reino de Jesucristo en cada corazón humano con el cual tengamos contacto.

2. La persecución contra Pablo

«Entonces los judíos que no creían, teniendo celos, tomaron consigo a algunos ociosos, hombres malos, y juntando una turba, alborotaron la ciudad; y asaltando la casa de Jasón, procuraban sacarlos al pueblo» (Hch. 17:5).

La incitación. Aquellos judíos que no creyeron, motivados por los «celos» incitaron «a algunos ociosos, hombres malos» que se les unieron, creando un caos en la ciudad, «y asaltando la casa de Jasón, procuraban sacarlos al pueblo». Siempre habrá agitadores, incitadores, provocadores de conflictos, aquellos que promueven el desorden. Y esta clase de personas aparecen y se manifiestan en muchas congregaciones. Debemos prepararnos para ellos. Y saber cómo enfrentar los conflictos congregacionales.

La aprehensión. Al no encontrar a Pablo y a Silas, tomaron a Jasón y a otros creyentes «ante las autoridades de la ciudad». Es probable que Jasón (su nombre griego significa «que cura») tuviese una casa-culto. La Iglesia de Jesucristo tiene una misión de ser 'cura' para este mundo enfermo y de ser buen samaritano para una sociedad herida. La iglesia primitiva funcionaba en células hogareñas.

Algunos desean comenzar congregaciones con santuarios, sillas y un púlpito, pero sin gente. Si vas a comenzar una congregación comienza con el llamado del Espíritu Santo, la visión de plantar una obra y haciendo trabajo de evangelismo y discipulado en un hogar cuyos anfitriones te abran las puertas. Pero trabaja para el crecimiento de tu congregación local. Honra a una cobertura espiritual sobre ti. No necesitamos más congregaciones pequeñas para que nos llamen pastores, sino congregaciones crecidas y fuertes para cumplir más efectivamente con la Gran Comisión dada por el Cristo resucitado la cual se bosqueja en Mateo 28:19.

3. La perturbación por Pablo

«Pero no hallándolos, trajeron a Jasón y a algunos hermanos ante las autoridades de la ciudad, gritando: Estos que trastornan el mundo entero también han venido acá» (Hch. 17:6).

La acusación. Pablo y Silas de alguna manera se libraron de ser aprehendidos. La queja de aquel coro de revoltosos era: «... Estos que trastornan el mundo entero también han venido acá» (Hch. 17:6). Esa expresión «estos que trastornan el mundo entero», se rinde en otras versiones como: «Pablo y Silas también han causado problemas por todo el mundo» (NTV).

Algún trastorno debe ocurrir donde llegan los creyentes, donde llega un predicador, donde llega un evangelista, donde llega un misionero, donde llega un maestro o doctor de la Biblia, donde llega un hombre o mujer santos. Los predicadores y misioneros son los «trastornadores del mundo». Los que vienen para enderezar al mundo que está 'patas arriba'. El evangelio es explosivo y produce cambios.

La Iglesia de Jesucristo trastorna al mundo. Es una agencia de cambios morales, sociales, políticos y familiares. En la iglesia se levantan agentes de cambios que salen al mundo para producir cambios en la comunidad, en el trabajo, en las escuelas, en las prisiones. Donde se planta una congregación y se levanta un templo cambia la comunidad. La «Villa Miseria» se transforma en la «Villa Abundancia», el «Barrio Malo» se transforma en el «Barrio Bueno», La «Esquina de los Vagos» se transforma en la «Esquina de los Ocupados», la «Plaza de los Viciosos» se vuelve la «Plaza de los Dichosos» y la «Colonia de la Desesperación» se cambia por la «Colonia de la Esperanza».

A la Iglesia del siglo XXI, la Iglesia Milenio, en muchos lugares le ha tocado coexistir frente a un liberacionismo, un humanismo y una cultura que legaliza lo malo. Pero el mensaje cristiano conservador sigue siendo trastornador, revolucionario. La iglesia es el salero lleno de sal que la sociedad necesita. Aunque la iglesia no discrimina, la iglesia señala el pecado conforme a la Biblia. Y no enmienda nada de lo que Dios ha dicho en sus Escritos Sagrados. No tiene que volver a hacer teología para ajustarse a las presiones de una sociedad liberal que la tilda de ignorante, fanática y de una teología retrograda. La Iglesia, en una sociedad permisiva, es una agencia correctiva de cambios morales y sociales. Para muchos en el mundo sociedad se deletrea suciedad.

La liberación. Jasón fue acusado de darles hospitalidad a Pablo y a Silas y de ir en contra de la ley del César, al proclamar a Jesús como rey: «... a los cuales Jasón ha recibido; y todos estos contravienen los decretos de César, diciendo que hay otro rey, Jesús» (Hch. 17:7). La primera parte de la acusación era correcta, Jasón tenía un corazón hospitalario. La segunda parte de la acusación era incorrecta, ellos no enseñaban a no cumplir las leyes de César que eran las leyes de Roma, aunque para los judíos el Mesías sería un rey. El alboroto de estos opositores fue grande (Hch. 17:8). Jasón y los hermanos detenidos pagaron la fianza y fueron liberados (Hch. 17:9).

Conclusión

Este relato de Jasón y los hermanos quedó en suspenso. No sabemos nada de algún juicio futuro y de su absolución total. Muchas historias cristianas quedan inconclusas. Pero es probable que Jasón haya sido hermano de **Sosípater**, pariente de Pablo de Tarso: «Os saludan Timoteo mi colaborador, y Lucio, **Jasón** y Sosípater, mis parientes» (Rom. 16:21). Lo cual pudiera aludir quizá a tíos.

023
La audiencia de Pablo

Hechos 17:11, RVR1960

«Y éstos eran más nobles que los que estaban en Tesalónica, pues recibieron la palabra con toda solicitud, escudriñando cada día las Escrituras para ver si estas cosas eran así».

Introducción

Pablo con Silas y Timoteo, llegaron hasta Berea, donde el mensaje del evangelio fue recibido de buen agrado. Pero de igual manera la persecución se hizo manifiesta.

1. La llegada hasta Berea

«Inmediatamente, los hermanos enviaron de noche a Pablo y a Silas hasta Berea. Y ellos, habiendo llegado, entraron en la sinagoga de los judíos» (Hch. 17:10).

La ayuda. Los hermanos de Tesalónica ayudaron a Pablo, Silas y a Timoteo, para que viajarán arropados por las sombras de la noche, y de esa manera pudieran trasladarse hasta Berea, donde «entraron en la sinagoga de los judíos» (Hch. 17:10).

En el *Gran Diccionario Enciclopédico de la Biblia* se nos dice: «Béroia, Βέροια. Ciudad de Macedonia, a 80 km al oeste de Tesalónica y a 38 km. del mar, en la vertiente norte del Olimpo» (Alfonso Ropero Berzosa. Editorial CLIE).

Quien aquí escribe ha visitado la moderna ciudad de Berea llamada también en griego Veria o Veroia. Allí hay un templo levantado en honor a Pablo y a los bereanos. En la plaza o atrio tienen una enorme estatua de Pablo de Tarso, atractivo en su rostro, piernas curvadas, figura larguirucha, pero su gran altura nos recuerda que fue el gigante del cristianismo. Frente a la estatua nos retratamos el Obispo Alex D'Castro y yo. Dos paredes con mosaicos dejan ver a Pablo enseñándoles a los bereanos con los pasajes de las Escrituras del libro de Hechos.

La estrategia. Una vez más nos encontramos con la misma estrategia que tenía Pablo de ir a la sinagoga, para comenzar a introducir el evangelio de Jesucristo. A cada iglesia y ministerio, el Espíritu Santo le da alguna estrategia para desarrollar la obra de Dios. Lo que ya sirvió una vez, puede que sirva otra vez.

Pero tampoco debemos dejar pasar por alto la llamada «ola grande» que viene para «surfear», como ha dicho Rick Warren. Creemos en los cambios, pero también estamos dispuestos a cambiar nosotros. Los cambios comienzan en uno primero. Pero se debe cambiar lo que es necesario y no lo que es innecesario. ¿Para qué cambiar algo que está funcionando?

2. La audiencia en Berea

«Y éstos eran más nobles que los que estaban en Tesalónica, pues recibieron la palabra con toda solicitud, escudriñando cada día las Escrituras para ver si estas cosas eran así» (Hch. 17:11).

La clase. Reina Valera de 1960 lee: «Y éstos eran más nobles que los que estaban en Tesalónica...». La Nueva Versión Internacional traduce: «Éstos eran de sentimientos más nobles que los de Tesalónica...». La Nueva Traducción Viviente rinde: «... Tenían una mentalidad más abierta que los Tesalónica...». La Traducción En Lenguaje Actual declara: «... Los judíos que vivían en esa ciudad eran más buenos que los judíos de Tesalónica...».

El griego εὐγενέστεροι = eugenésteroi, traduce «nobles». La persona noble actúa siempre con buena fe, no tiene maldad y no se maneja con una doble intención. Lo que ves en la persona eso es. Los de Berea, diferentes a los de Tesalónica, tenían un corazón más dócil, sencillo, humilde, enseñable, abierto y dispuesto para ser ministrados. Era gente que le gustaba aprender, ser ministrados en la Palabra de Dios.

Este nombre Berea, hoy se conoce como Kara Verria. Se ha dado el nombre de Berea a muchas escuelas cristianas presenciales. Hay varios ministerios de educación cristiana llamados: Colegio Bíblico Berea, Escuela de la Biblia Berea, Seminario Teológico Berea y el Instituto Bíblico Berea. Y ha sido tomado como nombre para muchas congregaciones. Según la tradición, Onésimo, el esclavo fugitivo de Filemón, amigo de Pablo de Tarso, de Colosas, fue el primer obispo de Berea.

La recepción. «... pues recibieron la palabra con toda solicitud...» (RV, 1960). La Nueva Versión Internacional rinde: «... de modo que recibieron el mensaje con toda avidez...». La Reina Valera Contemporánea lee: «... pues recibieron la palabra con mucha atención...». En ellos había hambre de la Palabra ministrada por la predicación.

Por parte de los bereanos hubo una atención fija a lo que Pablo y Silas enseñaban y predicaban. La enseñanza y la predicación son muy efectivas cuando se combinan estos dones para ministrar la Palabra de Dios. Siempre encontraremos esos corazones más abiertos y receptivos para recibir las Buenas Nuevas de la salvación. El Espíritu Santo no guiará a esas personas con hambre de la Palabra de Dios y con sed del Espíritu Santo. Por eso debemos hablar con el Señor Jesucristo para que el GPS del Espíritu Santo nos guíe y nos ayude a localizar esos corazones destinados para llevarle ese mensaje de urgencia celestial. Somos los carteros de Dios y alguien está esperando esa carta.

La enseñanza y la predicación se disfrutan ante auditorios con deseos de recibir el mensaje cristiano. Esa dinámica de interactuar o esa actuación recíproca, bendice al transmisor y al receptor. A los predicadores y maestros nos gusta encontrar oídos abiertos para la exposición de la Palabra de Dios. Creyentes que se gozan escuchando la Palabra tienen a predicadores que se gozan predicando la Palabra. El tiempo en el púlpito produce felicidad en el corazón del predicador.

La investigación. «... escudriñando cada día las Escrituras para ver si estas cosas eran así». La Nueva Versión Internacional lee: «... y todos los días examinaban las Escrituras para ver si era verdad lo que se les anunciaba». La Traducción En Lenguaje Actual aclara el sentido de esto: «... y todos los días leían la Biblia para ver si todo lo que les enseñaban era cierto».

Eran gente del Libro Sagrado. Con la misma Escritura confirmaban lo que se les predicaba o enseñaba. La Biblia es su mejor intérprete. Quien afirma algo de la Escritura debe apoyarlo en la Escritura. «Así dice el Señor», es base y apoyo para predicador. El famoso evangelista Billy Graham siempre declaraba: «The Bible says...»: «La Biblia dice...». No es tanto lo que tú o yo digamos, sino lo que dice el Señor Jesucristo por su Palabra Escrita. La Biblia le da autoridad al predicador, la cual no se la puede dar ningún argumento o análisis. El predicador se sostiene anclado en la Biblia.

3. La conversión en Berea

«Así que creyeron muchos de ellos, y mujeres griegas de distinción, y no pocos hombres» (Hch. 17:12).

Aquel mensaje paulino caló profundamente en los corazones de muchos oyentes. Mujeres «griegas de distinción» y muchos hombres, recibieron el mensaje acerca de Jesucristo. El evangelio de Jesucristo cruza barreras étnicas, sociales y de géneros. Es para todos y es para todas, es para hombres y es para mujeres, es para niños y es para jóvenes, es para mayores y es para ancianos. Dondequiera que haya una persona necesitada de vida espiritual y un corazón quebrantado espiritual, se necesita que alguien llegue para llenarle su cántaro espiritual de fe y de esperanza.

4. La persecución en Berea

«Cuando los judíos de Tesalónica supieron que también en Berea era anunciada la palabra de Dios por Pablo, fueron allá, y también alborotaron a las multitudes» (Hch. 17:13).

De Tesalónica a Berea había 80 kilómetros o 50 millas, pero para los judíos opositores de Tesalónica, la distancia no fue barrera para ellos llegar con su antagonismo y oposición (quien escribe recorrió esa distancia en autobús). El enemigo de toda justicia y de toda paz, no parará de perseguir a los que son agentes del amor y la paz. La proclamación del evangelio en esos primeros años no avanzaba sin la persecución. Donde moría un creyente nacía una obra de Dios. La sangre de los mártires ha regado los campos donde se han sembrado las semillas del evangelio.

«Pero inmediatamente los hermanos enviaron a Pablo para que fuese hacia el mar; y Silas y Timoteo se quedaron allí» (Hch.17:14). Como siempre los hermanos cuidaban a Pablo, al cual aconsejaron que se fuera por el camino del mar que estaba a 38 kilómetros. Pero Silas y Timoteo, permanecieron en Berea. ¡Cuánta necesidad tiene la Iglesia de esos hermanos que cuidan y que te ayudan ahora, y de esos hermanos que envían y que te ayudan para que vayas!

«Y los que se habían encargado de conducir a Pablo le llevaron a Atenas, y habiendo recibido la orden para Silas y Timoteo, de que viniesen a él lo más pronto que pudiesen, salieron» (Hch. 17:15).

A Pablo de Tarso los hermanos asignados lo encaminaron hacia Atenas, capital de Grecia y capital de la mitología griega. Eran hermanos conductores. ¿Cuántos conductores se necesitan para ayudar a caminar a otros? A Silas y a Timoteo se les instruyó para que con prontitud pudieran volver a reencontrarse con Pablo de Tarso

Todo se estaba realizando dentro del orden establecido por Dios. Los misioneros estaban en el programa de las misiones. Las ideas venían del Espíritu Santo. La Iglesia debe ser dirigida por el Espíritu Santo. Dale el timón de tu vida al Señor Jesucristo. Lo que ahora no se entiende, mañana se entenderá espiritualmente.

Conclusión

La Iglesia tipo Berea, es aquella que pasa por los filtros de la Palabra de Dios, todo mensaje que se le lleve. No es la iglesia que siempre está a la moda para dejarse encandilar por las luces de colores que le prenda cualquier predicador con su predicación. Estos oyentes todo lo observan a la luz de la Biblia. «Si lo que tú dices, no es lo que dice la Biblia, no lo recibo», dicen los que son como bereanos.

024
El discurso de Pablo

Hechos 17:22, RVR1960

«Entonces Pablo, puesto en pie en medio del Areópago, dijo: 'Varones atenienses, en todo observo que sois muy religiosos'».

Introducción

Hechos 16:1-34, presenta el discurso oral más clásico, más elaborado, más apologético de Pablo de Tarso, ante aquella masa de cerebros atenienses. Para los amantes de la homilética, y yo como homileta, vale la pena analizar el mismo.

1. La espera del discurso

«Mientras Pablo los esperaba en Atenas, su espíritu se enardecía viendo la ciudad entregada a la idolatría» (Hch. 17:16).

La ciudad. Al llegar a Atenas, el apóstol Pablo que esperaba reunirse con Silas y Timoteo, vio en la misma una ciudad sumida en la idolatría (Hch. 17:16). Atenas era la cuna de la sabiduría y de la filosofía, pero aun así era un nido de idolatría.

Miramos nuestras grandes ciudades con su infraestructura, tecnología, hermosos pulmones verdes, y también las vemos enardecidas por los ídolos del comercio, los ídolos del desenfreno moral, y muchos otros ídolos modernos, que se interponen entre Dios y los seres humanos.

La sinagoga. En la sinagoga Pablo «discutía» o argumentaba «con los judíos y piadosos», y todos los días iba al «ágora» o plaza pública para hacer lo mismo (Hch. 17:17). Pablo de Tarso con pasión y dedicación hacía su trabajo misionero, solo o acompañado. Nuestro campo de trabajo misional, no depende de otros, depende del Señor Jesucristo. Solos o acompañados trataremos de ganar un mundo para Jesucristo. Él nos perdonó y salvó, por eso queremos ver a otros perdonados y salvados

La discusión. «Y algunos filósofos de los epicúreos y de los estoicos disputaban con él; y unos decían: ¿Qué querrá decir este palabrero? Y otros: Parece que es predicador de nuevos dioses; porque les predicaba el evangelio de Jesús, y de la resurrección» (Hch. 17:18).

Los epicúreos fueron fundados por Epicuro (341-270 a.C.), una comunidad religiosa cerrada que incluía mujeres y esclavos y vivían una vida de mucha austeridad: Su filosofía expresada en sus propias palabras decía: «Los placeres de los disipados y los que conforman el proceso del goce…, sino a la ausencia del dolor en el cuerpo y de perturbaciones en la mente. Porque no son la bebida y las juergas continuas, ni los placeres sexuales o la degustación del pescado y otras exquisiteces propias de una mesa opulenta lo que produce una vida placentera, sino el razonamiento sobrio que investiga las causas de todo acto de elección o de rechazo y que se resiste ante las opiniones que dan origen a la mayor de las confusiones mentales» (Carta a Meneceo 131-132) (Alfonso Ropero Berzosa, *Gran Diccionario Enciclopédico de la Biblia*, Editorial CLIE).

Alfonso Ropero Berzosa nos enseña sobre los estoicos: «Para los estoicos no hay un Dios fuera de la naturaleza o del mundo; es el mismo mundo en su totalidad el que es divino, lo que justifica que la creencia en los dioses, pese a su heterogeneidad, sea universal. La concepción de un cosmos dotado de un principio rector inteligente desemboca en una visión determinista del mundo» (*Gran Diccionario Enciclopédico de la Biblia*).

Los «epicúreos» (afirmaban que los dioses no estaban interesados en los seres humanos, y que no los castigarían ni recompensarían) y los «estoicos» (afirmaban que el alma era parte de los dioses y que sería reintegrada a los mismos). Para ambos no había esperanza futura para el alma, y rechazaban la resurrección. Eran la crema del saber religioso ateniense. Me recuerda mucho al humanismo de nuestros días. Lo malo se normaliza mediante leyes sin sentido que quieren tener sentido.

Y por su preparación, Pablo de Tarso les podía argumentar. Otros lo veían como un «palabrero», es decir, uno que hablaba mucho. Para algunos un «predicador de nuevos dioses». La verdad es que solo «… les predicaba el evangelio de Jesús, y de la resurrección». Pablo de Tarso predicaba al Dios único y verdadero, y al evangelio de Jesucristo su Hijo, a quien la resurrección lo había confirmado como el verdadero Mesías.

Es triste cuando muchos sin pasión genuina por la Biblia, se vuelven «palabreros». Hablan de todo, menos de la Palabra. Las experiencias personales, y los mismos testimonios frotados como «lámpara de Aladino», han tomado el lugar de la centralidad de Jesucristo en sus vidas.

Deseo enfatizar algo sobre esta declaración ateniense: «predicador de nuevos dioses». Buscaban la novedad religiosa. Llevo militando en la Iglesia Pentecostal de Jesucristo unos cincuenta años. He visto en el movimiento pentecostal venir «una y muchas modalidades». Sé que todavía lloverá un aguacero de cosas raras y enseñanzas equivocadas. En los próximos veinte años, si Jesucristo me deja con vida, veré un torrente de nuevas modalidades. La gente siempre está en busca de esos «nuevos dioses» de nuevas revelaciones.

2. La presentación para el discurso

«Y tomándole, le trajeron al Areópago, diciendo: ¿Podremos saber qué es esta nueva enseñanza de que hablas?» (Hch. 17:19).

El mensaje. Pablo impactó tanto, que fue invitado a la mayor plataforma en el «Areópago» (Hch. 17:19). Allí estaba el Tribunal Supremo de la antigua Atenas. Era su el lugar alto. El Areópago estaba en la «Colina de Marte» (quien esto escribe ha estado varias veces allí).

«En Atenas, la Junta que gobernaba la ciudad se reunía en un lugar llamado Areópago. A la gente y a los extranjeros que vivían allí, les gustaba mucho escuchar y hablar de cosas nuevas, así que llevaron a Pablo ante los gobernantes de la ciudad, y éstos le dijeron: 'Lo que tú enseñas es nuevo y extraño para nosotros. ¿Podrías explicarnos un poco mejor de qué se trata?'» (Hch. 17:19-21, TLA).

Chuck Colson se fijó que en el Areópago, en la colina de Marte, la bandera griega se baja a media asta todos los viernes, y el domingo temprano se sube asta completa como un mensaje de la muerte y resurrección del Cristo que Pablo de Tarso predicó.

He estado varias veces visitando la colina de Marte, así como el Partenón en la Acrópolis con el Templo de Afrodita. Y siempre el recuerdo de Pablo de Tarso ministrando a los atenienses viene a mi mente.

La explicación. La gente quiere más explicación, no más complicación. La proclamación del evangelio de Jesucristo, es simple, es sencilla, es para llegar al corazón, pero debe mover la razón. Podemos ganar argumentos y no ganar almas para Jesucristo. La Gran Comisión es: «Id por todo el mundo y predicad el evangelio a toda criatura...». No nos dice: «Id por todo el mundo y argumentar con el evangelio con toda criatura...». No somos llamados a ganar argumentos, somos llamados a ganar almas.

3. El contenido del discurso

«Porque pasando y mirando vuestros santuarios, hallé también un altar en el cual estaba esta inscripción: AL DIOS DESCONOCIDO. Al que vosotros adoráis, pues, sin conocerle, es a quien yo os anuncio» (Hch. 17:23).

El discurso de Pablo de Tarso, tenía varios argumentos, era apologético. Vale la pena analizar el mismo, ya que es una joya de oratoria, donde la erudición y la teología se entremezclan.

Pablo de Tarso se introduce con el altar dedicado: «AL DIOS DESCONOCIDO» (Hch. 17:23). Vio ese nicho vacío, y vio una oportunidad para introducir su temática. El Espíritu Santo te pondrá oportunidades para que puedas evangelizar a alguna alma en necesidad de Dios. Relacionó lo presente con algo pasado. Era su misión presentarle a esos señores atenienses al Dios conocido que ellos no conocían.

Pablo de Tarso habló del Dios creador de todo. «El Dios que hizo el mundo y todas las cosas que en él hay, siendo Señor del cielo y de la tierra, no habita en templos hechos por manos humanas» (Hch. 17:24). Aquel que no se confina a templos. Su temática era levantar al verdadero Dios, el que se reveló en la Biblia, por encima de los dioses mitológicos.

Pablo de Tarso señaló al Dios que no necesita. «Ni es honrado por manos de hombres, como si necesitase de algo; pues él es quien da a todos vida y aliento y todas las cosas» (Hch. 17:25).

De nadie, ni a nada, sino que da todo, incluyendo la vida. Su Dios no era un Dios limitado, sino el Dios ilimitado. El Dios que existió antes de la historia, que irrumpió en la historia y que se hizo historia en la persona de su hijo Jesucristo. Era y es un Dios omnipotente y benévolo.

Pablo de Tarso exaltó al Dios creador del género humano. «Y de una sangre ha hecho todo el linaje de los hombres, para que habiten sobre toda la faz de la tierra; y les ha prefijado el orden de los tiempos, y los límites de su habitación» (Hch. 17:26).

Que de uno hizo a todos, y que puso fronteras para todas las gentes. La raza humana es el producto biológico de Dios. ¡Él es fuente y origen de la humanidad! Todos tenemos una causa común de existencia y esa causa se llama Dios.

Pablo de Tarso exhortó a que buscaran al verdadero Dios. «Para que busquen a Dios, si en alguna manera, palpando, puedan hallarle, aunque ciertamente no está lejos de cada uno de nosotros (Hch. 17:27).

El cual que no estaba lejos, sino cerca por la fe. Los atenienses tenían muchos dioses, pero uno solo es Dios, y a ese deberían buscar. Jesucristo está tan cerca de una persona como su corazón esté cerca de Jesucristo. Dios no te tiene que buscar a ti, tú tienes que buscar a Dios.

Pablo de Tarso afirmó que en Dios vivimos y somos. «Porque en él vivimos, y nos movemos, y somos; como algunos de vuestros propios poetas también han dicho: Porque linaje suyo somos» (Hch. 17:28).

La Nueva Traducción Viviente lee: «Pues en él vivimos, nos movemos y existimos. Como dijeron algunos de sus propios poetas: 'Nosotros somos su descendencia'». El ser nuestro está supeditado al ser de Dios. Nuestra vida y existencia depende de Él. Nuestro ente y ser está en Dios. Nuestro destino está bajo su soberanía.

Pablo de Tarso reprendió el espíritu de idolatría: «Siendo, pues, linaje de Dios, no debemos pensar que la Divinidad sea semejante a oro, o plata, o piedra, escultura de arte y de imaginación de hombres» (Hch. 17:29).

La Divinidad no se asemeja a nada, y no es de ningún metal o materia. Dios trasciende la imaginación y cualquier hechura humana. Esto es un argumento en contra de la idolatría.

Pablo de Tarso llamó al arrepentimiento humano: «Pero Dios, habiendo pasado por alto los tiempos de esta ignorancia, ahora manda a todos los hombres en todo lugar, que se arrepientan» (Hch. 17:30).

El camino al perdón divino debe estar pavimentado por la brea del arrepentimiento. El arrepentimiento nos acerca a Dios, y el perdón acerca a Dios a nosotros.

Pablo de Tarso habló del juicio venidero y de la resurrección: «Por cuanto ha establecido un día en el cual juzgará al mundo con justicia, por aquel varón a quien designó, dando fe a todos con haberle levantado de los muertos» (Hch. 17:31).

La expresión de «aquel varón» se refiere a Jesucristo. En Isaías 53:3 leemos: «Despreciado y rechazado por los hombres, varón de dolores, hecho para el sufrimiento. Todos evitaban mirarlo; fue despreciado, y no lo estimamos» (NVI).

4. El resultado del discurso

«Pero cuando oyeron lo de la resurrección de los muertos, unos se burlaban, y otros decían: Ya te oiremos acerca de esto otra vez» (Hch. 17:32).

El tema. El tema de la resurrección no fue del agrado de aquel auditorio, para unos fue algo jocoso, burlón, no de tomarlo en serio. La doctrina de la resurrección de los muertos no era parte de la teología politeísta griega, ni romana.

Para otros, simplemente fue un discurso más, que se podía seguir escuchando luego: «Ya te oiremos acerca de esto otra vez» (RV, 1960). «Mejor hablamos de esto otro día» (Hch. 17:32, TLA). «Queremos que usted nos hable en otra ocasión sobre este tema» (Hch. 17:32, NVI).

Muchos son de ese sentir de postergación, de dejar la oportunidad de ser salvos para «otro día». De decir: «Hoy no, será mañana». Ese es el llamado «mañana» del Faraón de Egipto ante la plaga de ranas.

En Éxodo 8:9-10 leemos: «Y dijo Moisés a Faraón: Dígnate indicarme cuándo debo orar por ti, por tus siervos y por tu pueblo, para que las ranas sean quitadas de ti y de tus casas, y que solamente queden en el río. Y él dijo: Mañana. Y Moisés respondió: Se hará conforme a tu palabra, para que conozcas que no hay como Jehová nuestro Dios».

Como Faraón muchos desean vivir un día más con la plaga nauseabunda, maloliente, desagradable y contagiosa de las ranas. Faraón dijo: «Mañana». A muchos se les ofrece el perdón de los pecados hoy, pero dicen: «Mañana». A otros se les ofrece el cambio para sus vidas hoy, pero dicen: «Mañana». Están aquellos que se hoy pueden comenzar a tener una nueva vida, pero dicen: «Mañana». Hoy prefieren continuar con su vida llena de las ranas del pecado. Hoy no se quieren convertir, prefieren hacerlo mañana, pero para muchos, ese mañana nunca les amanecerá. ¡Hoy, si me escuchas es el día de tu salvación!

La reacción. «Y así Pablo salió de en medio de ellos» (Hch. 17:33). Él entendió que su discurso se lo acabaron. No tuvo conclusión, sino que le dieron conclusión. Y sencillamente, «salió de ellos». Cuando la gente ya no te quiera escuchar, da por sentado que debes salir o te debes sentar. No pierdas tu tiempo predicando a oídos que son sordos. Tres clases de sordos: Primero, el sordo que no puede oír naturalmente. Nació sordo o se quedó sordo. Segundo, el sordo que no quiere oír. No le interesa lo que se dice. Tercero, el sordo que oye, pero no oye.

Muchos sin una buena lectura o una buena exégesis, han concluido que este discurso de Pablo de Tarso en el Areópago, no tuvo éxito. Han dicho: «Pablo llegó a la mente, pero no llegó al corazón». Pero Pablo llegó al corazón con el evangelio y llegó a la mente, pero ellos lo rechazaron.

Cuando pensamos que el mensaje no tuvo resultados, que el efecto no fue positivo, puede haber sorpresas futuras. El resultado de toda predicación estará en la persona del Espíritu Santo. Pablo de Tarso sí tuvo éxito, hubo profesión de fe a su exposición.

Pero aquel discurso tuvo frutos de arrepentimiento: «Mas algunos creyeron, juntándose con él, entre los cuales estaba Dionisio el areopagita, una mujer llamada Dámaris, y otros con ellos» (Hch. 17:34).

Tú y yo cumplimos con el llamado para predicar, el Señor Jesucristo se encargará de llamar a los que a Él quieran responder. «Dionisio el areopagita», era un miembro del Areópago. Según Eusebio de Cesarea: «A todo esto cabe añadir aquel areopagita llamado Dionisio, del cual Lucas escribió en los Hechos que fue el primer creyente después del discurso del Pablo a los atenienses en el Areópago. Además, otro antiguo Dionisio, pastor de la región de Corinto, dice que areopagita fue el primer obispo de Atenas».

El nombre Dionisio es el del dios mitológico romano o latino o del dios griego Baco. El *Gran Diccionario Enciclopédico de la Biblia* nos dice: «Célebre divinidad de la mitología griega, considerado como el dios del vino y de la liberación, inspirador de la locura 'ritual y el éxtasis'; principio masculino de la fecundación de la tierra, dispensador de todas las cosechas y principio vital básico. No es un dios del Olimpo, sino fruto directo de Zeus con Sémele, hija de Cadmo. Es asimismo un dios que muere y resucita y que por tanto está vinculado a la inmortalidad y a la reencarnación. Se identifica de alguna manera con Osiris» (Alfonso Ropero Berzosa, Editorial CLIE).

«Dámaris» significa «gentil» o «amable». Ella tuvo que ser una dama muy importante. Para algunos la cercanía al nombre de Dionisio el areopagita la vincula como esposa de él. El texto bíblico añade, «y otros con ellos», como alcanzados por el evangelio. La Palabra predicada siempre alcanzará aunque sea a uno solo. Y ese uno alcanzará a otro, y así comenzará la cadena. Alguien le predicó al que me predicó, y alguien predicó al que le predicó. Yo le predico al que le predicará a otro y ese otro le predicará a otro.

Conclusión

Siempre debemos estar preparados para algún día compartir un mensaje a otro nivel del ya acostumbrado. El evangelio de Jesucristo es para todos, y a todos lo debemos predicar. Jesucristo no murió únicamente por algunos, Jesucristo murió por todos. Solo Dios en su presciencia sabe quiénes serán salvos y perseveraran hasta el final. Jesucristo murió por todos y por todas, nosotros predicamos a todos y a todas. El evangelio no es exclusivo es inclusivo.

025
El encuentro con Pablo

Hechos 18:1, RVR1960

«Después de estas cosas, Pablo salió de Atenas y fue a Corinto».

Introducción

Hechos 18:1-21 es una porción bíblica de encuentros misioneros de Pablo con Aquila y su esposa Priscila, y luego con Silas y Timoteo. Personas a las cuales se conectó Pablo de Tarso conectándolo al propósito divino.

1. El encuentro con Aquila

«Y halló a un judío llamado Aquila, natural del Ponto, recién venido de Italia con Priscila su mujer, ya que el emperador Claudio había mandado que todos los judíos saliesen de Roma. Pablo fue a visitarlos» (Hch. 18:2).

El traslado. Desde Atenas, Pablo de Tarso, se fue a su próxima misión que era Corinto (Hch. 18:1). Allí se encontró con Aquila que en latín significa 'águila' y en griego se lee 'akylas'. Priscila (en latín 'ancianita') o Prisca (en latín 'pequeña'), que eran del Ponto, quienes fueron expatriados por el César Claudio, al igual que otros judíos de Roma (Hch. 18:2).

La compañía. El texto dice «y halló» y «fue a ellos». Es decir, Pablo los buscó porque los necesitaba y le podían ayudar. Ellos le dieron trabajo haciendo tiendas, ya que ese era el oficio de los tres (Hch. 18:3). De nuevo iba los sábados a las sinagogas, «y persuadía a judíos y a griegos» (Hch. 18:4).

2. El reencuentro con Silas y Timoteo

«Y cuando Silas y Timoteo vinieron de Macedonia, Pablo estaba entregado por entero a la predicación de la palabra, testificando a los judíos que Jesús era el Cristo» (Hch. 18:5).

El encuentro. Silas y Timoteo llegaron de Macedonia y encontraron a Pablo predicando y testificando con una entrega total. Siempre es grato cuando los obreros del reino se encuentran en algún trabajo ministerial. En el ministerio se tiene que dar todo para todos y por todos.

Se afirma que «... Pablo estaba entregado por entero a la predicación de la palabra...» (RV, 1960). «... Pablo se dedicó exclusivamente a la predicación... » (NVI). El ministerio es siempre una entrega total, es darlo todo y darse todo por la obra. Aquí no puede haber fracciones, ni mitades. Es rendirnos incondicionalmente ante Aquel que nos llamó, nuestro Señor Jesucristo. Las «fiebres ministeriales» no deben tener lugar. Durante este tiempo de los años 50-52, el apóstol Pablo escribió Primera de Tesalonicenses.

El rechazo. Ante el rechazo de «judíos y griegos» que se le oponían y blasfemaban, Pablo se sacudió «los vestidos» y les declaró: «... Vuestra sangre sea sobre vuestra propia cabeza; yo, limpio; desde ahora me iré a los gentiles» (Hch. 18:6). De ahí en adelante, Pablo de Tarso, enfocaría más su ministerio a la causa de los gentiles, y no tanto hacía los judíos hebreos o judíos griegos o helenistas. No pierdas el tiempo predicando a quienes rechazan el mensaje de la salvación, sacúdete y aléjate de ellos. Predica el evangelio a todos, y que lo acepten o lo rechacen los que quieran.

3. El encuentro con Justo

«Y saliendo de allí, se fue a la casa de uno llamado Justo, temeroso de Dios, la cual estaba junto a la sinagoga» (Hch. 18:7).

El hermano Justo. Es probable que Justo –la Nueva Versión Internacional lo llama «Ticio Justo»– fuese un hermano en la fe cristiana que le brindó hospitalidad a Pablo, y vivía al lado de la sinagoga. Siempre encontraremos a algún devoto que le gusta vivir cerca de la casa de Dios. Un creyente con el don de hospitalidad será siempre de bendición a algún siervo de Jesucristo.

El Comentario Bíblico de Matthew Henry, revisado por Francisco Lacueva, nos da esta explicación: «Las referencias de Romanos 16:23 y 1 Corintios 1:14

han hecho pensar a eminentes exegetas que el Ticio (o Tito) Justo que aquí se menciona es el mismo Gayo de dichos lugares, pues era corriente entre los romanos llevar tres nombres (el **praenomen**, el **nomen** y el **cognomen**. Todavía se observa esta costumbre en algunos países); sería, pues, Gayo Tito Justo» (Editorial, CLIE).

El hermano Crispo. Algo interesante es que Pablo tuvo frutos: «Y Crispo, el principal de la sinagoga, creyó en el Señor con toda su casa, y muchos de los corintios, oyendo, creían y eran bautizados» (Hch. 18:8). ¡Aquella fue una pesca grande! El bautismo cristianismo era el testimonio de la fe cristiana que abrasaba. Crispo, el jefe de la sinagoga de Corinto, abrazó la fe cristiana.

El nombre Crispo es romano demostrando que era un judío con ciudadanía romana. Pablo en su introducción a la Epístola a 1 Corintios, da testimonio de él personalmente, tras haber bautizado a Crispo, Gayo y a la familia de Estéfanas:

«Gracias a Dios que no bauticé a ninguno de ustedes, excepto a **Crispo** y a **Gayo**, de modo que **nadie puede decir que fue bautizado en mi nombre**. Bueno, también **bauticé a la familia de Estéfanas**; fuera de estos, no recuerdo haber bautizado a ningún otro. Pues **Cristo no me envió a bautizar**, sino a predicar el evangelio, y eso sin discursos de sabiduría humana, para que la cruz de Cristo no perdiera su eficacia» (1 Cor. 1:14-17, NVI).

Jesús de Nazaret, no bautizaba, sino sus discípulos: «Cuando, pues, el Señor entendió que los fariseos habían oído decir: Jesús hace y bautiza a más discípulos que Juan (**aunque Jesús no bautizaba, sino sus discípulos**)» (Jn. 4:1-2).

4. El encuentro con Jesús

«Entonces el Señor dijo a Pablo en visión de noche: No temas, sino habla, y no calles» (Hch, 18:9).

Esa noche Pablo de Tarso tuvo una visión con Jesús, el cual le habló y le dijo: «No tengas miedo de hablar de mí ante la gente; ¡nunca te calles!» (Hch. 18:9, TLA). Dios todavía habla por medio de visiones, pero su mayor revelación son las Sagradas Escrituras. Pablo de Tarso tenía el radar de sus oídos para escuchar la voz del Señor Jesucristo.

El mensaje de Pablo. El tema de Pablo de Tarso fue Jesucristo, era un radical, no se podía detener, tenía que predicar. Nos recuerda el llamado del profeta Ezequiel: «Por tanto, profetiza contra ellos, profetiza, hijo de hombre» (Ez. 11:4).

Nos recuerda el llamado de Juan el apocalipta: «Y fui al ángel, diciéndole que me diese el librito. Y él me dijo: Toma, y cómelo, y te amargará el vientre, pero en tu boca será dulce como la miel. Entonces tomé el librito de la mano del ángel, y lo comí; y era dulce en mi boca como la miel, pero cuando lo hube comido, amargó mi vientre. Y él me dijo: Es necesario que profetices otra vez sobre muchos pueblos, naciones, lenguas y reyes» (Apoc. 10:9-11).

El llamado a cada uno de nosotros es para hablar de Jesucristo, y no callar ante nadie. Decirles lo que Él ha hecho por nosotros y hará por ellos. No es que hayamos cambiado mucho, según dirán los amigos y la familia que nos han visto durante mucho tiempo, pero hemos de decirles a ellos y a ellas, lo mucho que Jesucristo nos ha cambiado. Es por su causa que somos lo que somos. El cántico cristiano reza: ¡Somos del Señor, sea que vivamos o sea que muramos, somos del Señor!

El mensaje a Pablo. «Yo te ayudaré en todo, y nadie te hará daño. En esta ciudad hay mucha gente que me pertenece» (Hch. 18:10, TLA). Era un mensaje de confianza y esperanza. La ciudad es nuestro campo de evangelización y de trabajo misionero. Los que están afuera se les debe alcanzar para que estén adentro.

Un tiempo atrás mi amigo y autor, el Dr. Israel Soto, un ministro bajo nuestra cobertura ministerial, me invitó junto a mi esposa a visitar con él a su Iglesia «Sin Paredes» en la Placita de la Parada 21 en Santurce, Puerto Rico. Allí él saludaba a muchos y muchos lo saludaban a él. Eran sus ovejas a las cuales llega con el consejo, oraciones, testimonios y libros que le da en cada oportunidad que se le ofrece.

Uno hace el trabajo para el Señor Jesucristo, y Él nos ayudará a realizarlo. Nosotros no sabemos quiénes serán parte de la Iglesia de Jesucristo, pero Jesucristo sí sabe quiénes son los elegidos. ¡Nuestra misión es hablar acerca de Él! ¡Su misión es salvarlos! No tenemos que perder mucho tiempo enfrascados en si somos arminianos o si somos calvinistas.

Los **calvinistas** creen en la **depravación total**, en la **elección incondicional**, en la **gracia irresistible**, en la **expiación limitada** y en la **perseverancia de los santos**.

Los **arminianos** creen que **no hay depravación total** (en el ser humano todavía está latente una necesidad de Dios), que **la elección es condicional** (recae sobre lo que elija el ser humano), que **la gracia es resistible** (el ser humano la acepta o la rechaza), que **la expiación es ilimitada** (la expiación no fue por los pecadores que serán los lectos, sino por todos los pecadores) y que **la salvación se puede perder** (el ser humano se puede descarriar de su estado de salvación).

En vez de ver lo que nos separa como arminianos y calvinistas, debemos afirmar más esos puntos que nos acercan como la familia de la fe. Ambos grupos han tomado extremos que no benefician.

Las preguntas importantes deben ser: ¿Somos salvos o no somos salvos? ¿Murió Jesucristo por todos los pecadores o murió por algunos pecadores que selectivamente ya escogió en la eternidad? ¿Debe el ser humano actuar responsablemente a la oferta de la salvación? ¿Decide la persona ser salvo o no ser salvo?

Hipotéticamente, por un momento pienso en mi conversión, y que un predicador calvinista extremado me dijera: «Kittim, deseo que repitas una oración de arrepentimiento conmigo. No sé si eres uno de los elegidos o no eres uno de los elegidos. Pero tú repítela, si eres de los elegidos serás salvo y si no eres de los elegidos lo siento mucho por ti».

Dios eligió a quien se dejaría elegir, vio salvo a quien se dejaría salvar, santificó a quien se dejaría santificar. Se ilustra con el rótulo sobre una puerta cerrada, que lee: «Quien entre por esta puerta será salvo». Al entrar y cerrar la puerta hay otro rótulo que dice: «Quién entró por esta puerta fue elegido para ser salvo».

La estancia de Pablo de Tarso en Corinto fue prolongada: «Y se detuvo allí un año y seis meses, enseñándoles la palabra de Dios» (Hch. 18:11). En Antioquía había estado un año (Hch. 11:26). En Éfeso estuvo dos años. Cuando somos llamados no hay prisa por salir rápido de un sitio o lugar. Permanezcamos en la misión hasta que cumplamos con la misma, y recibamos la licencia del cielo de que terminamos en ese lugar.

5. El encuentro con Galión

«Pero siendo Galión procónsul de Acaya, los judíos se levantaron de común acuerdo contra Pablo, y le llevaron al tribunal» (Hch. 18:12).

La acusación. Después de la tranquilidad, volvió la persecución. Galión, el procónsul de Acaya, tuvo que presidir un juicio religioso contra Pablo. La acusación fue: «... Éste persuade a los hombres a honrar a Dios contra la ley» (Hch. 18:13). Ellos mezclaban las leyes religiosas con las leyes romanas. Pablo hizo su defensa (Hch. 18:14). La acusación y la sentencia que llevó a Jesús de Nazaret al patíbulo de la cruz fue política. Su sentencia lee: «Jesús de Nazaret, rey de los judíos» (INRI).

El dictamen justo de Galión fue: «... Yo no tengo por qué tratar estos asuntos con ustedes, porque no se trata de ningún crimen. Éste es un asunto de palabras, de nombres y de la ley de ustedes, así que arréglenlo ustedes. Yo, en estas cuestiones, no me meto» (Hch. 18:14, 15, TLA).

La Nueva Versión Internacional ofrece un lenguaje más jurídico: «Pablo ya iba a hablar cuando Galión les dijo: Si ustedes los judíos estuvieran entablando una demanda sobre algún delito o algún crimen grave, sería razonable que los escuchara» (Hch. 18:14, NVI).

Al ver aquellos judíos que su acusación fue declarada sin lugar, arremetieron contra el encargado de la sinagoga, que primero fue Crispo, pero cerca al año y medio era Sóstenes: «Entonces se abalanzaron todos sobre Sóstenes, el jefe de la sinagoga, y lo golpearon delante del tribunal. Pero Galión no le dio ninguna importancia al asunto» (Hch. 18:17, NVI).

La carencia. Me llama la atención esta declaración: «... Pero Galión no le dio ninguna importancia al asunto». Debió haberle importado también, pero eso no le llamó la atención. Oremos a Dios, para que podamos darle importancia a todo aquello que lo amerita. El que calla otorga. Ante la injusticia no guardes silencio, grita. A muchos no les importa el mal que les ocurre a otros, solo les importa ellos mismos.

En 1 Corintios 1:1 Pablo incluye en su saludo a Sóstenes: «Pablo, llamado por la voluntad de Dios a ser apóstol de Cristo Jesús, y nuestro hermano Sóstenes» (NVI). Es muy probable que sea el mismo Sóstenes, el segundo dirigente de la sinagoga de Corinto, que se mantuvo fiel a la fe cristiana. Sóstenes en latín significa «de toda fuerza».

«Después Pablo se quedó en Corinto un tiempo más, luego se despidió de los hermanos y fue a Cencrea, que quedaba cerca. Allí se rapó la cabeza según la costumbre judía en señal de haber cumplido un voto. Después se embarcó hacia Siria y llevó a Priscila y a Aquila con él» (Hch. 18:18, NTV).

Es probable que Segunda de Tesalonicenses se haya escrito durante ese «tiempo más» que Pablo de Tarso se quedó en Corinto. Luego se rapó la cabeza por un voto que había hecho delante de Dios.

Conclusión

La pesca de Pablo de Tarso siempre fue enganchando en el anzuelo del evangelio a algún pescado grande como Crispo y Sóstenes, ambos dirigentes de la sinagoga de Corinto. Demostrando que si el evangelio llegó a los jefes, también alcanzó a los subalternos. El evangelio alcanza a los de arriba y alcanza a los de abajo. ¡Es para todos!

026
El viaje con Pablo

Hechos 18:19, RVR1960

«Cuando llegaron a Éfeso, Pablo los dejó y entró luego a la sinagoga, donde empezó a debatir con los judíos».

Introducción

Pablo de Tarso como un Embajador del Evangelio, continuaba en la gran tarea de proclamar un **gran evangelio**, a **grandes pecadores**, presentando a un **Gran Salvador**, para que recibieran **una gran salvación**. La evangelización cristiana es la tarea de proclamar al Jesucristo de los evangelios como el Salvador del mundo. A eso se lo conoce como la Proclamación de la Buena Nueva. Jesucristo es la buena noticia.

1. La despedida de Pablo

«Pablo se quedó allí muchos días, pero después se despidió de los hermanos y se embarcó a Siria. Con él se fueron Priscila y Aquila. En Cencrea, Pablo se rapó la cabeza debido a un voto que había hecho» (Hch. 18:18).

El tiempo. «Pablo se quedó allí muchos días...». Cencrea era un puerto marítimo al oriente de la península de Corinto a 11 kilómetros de dicha ciudad. A pesar de estar tensa la situación, Pablo de Tarso se quedó un tiempo en Corinto. No salió corriendo. Esperaba la dirección del Espíritu Santo. No salgamos corriendo de los lugares, esperemos la señal del Espíritu Santo para salir. El nombre de Priscila va delante del nombre de Aquila. Lucas parece indicar que el ministerio de ella sobresalía sobre el de él.

La despedida. «... pero después se despidió de los hermanos...». Dejó a los hermanos y se embarcó al próximo destino que era Siria por Cencrea. Antes de alcanzar un destino para nuestras vidas, debemos pasar por otros destinos. Pero siempre sensibles a la necesidad humana de otros.

El voto. «... En Cencrea, Pablo se rapó la cabeza debido a un voto que había hecho». Sabemos del «voto», pero desconocemos el propósito o el por qué del mismo. Pablo de Tarso era un judeo-cristiano en su experiencia. Nunca renunció a su judaísmo, pero se dejó abrazar por el cristianismo.

Muchos tratos del Señor Jesucristo con un creyente o líder son personales. Es entre esa persona y Dios. Y a nadie más le incumbe saberlo. Un hombre lleno de fe y lleno de gracia como Pablo, un apóstol de Jesucristo, todavía hacía votos a Dios. Esta vez se rapó la cabeza en señal de humillación. Los asuntos divinos o la voluntad de Dios, no se cuestionan, no se analizan, la razón no se puede imponer sobre la fe. ¡Se ejecutan! ¡Se hacen! Se puede llenar la mente de raciocinio, pero el corazón debe llenarse de fe.

2. La llegada de Pablo

«Cuando llegaron a Éfeso, Pablo los dejó y entró luego en la sinagoga, donde empezó a debatir con los judíos» (Hch. 18:19).

La llegada. «Cuando llegaron a Éfeso...». Éfeso era una gran ciudad portuaria, principal del Asia Menor. Allí estaba el majestuoso Templo de Diana, del cual queda una columna que testifica de su gran tamaño, como una de las Siete Maravillas del Mundo antiguo. Quien escribe ha estado allí muchas veces, en Kusadasi, como se le conoce, y las ruinas de la antigua Éfeso asombran a los visitantes. He caminado por el cardo, he visto el ágora, la biblioteca, los edificios de gobierno, los templos y el teatro.

En Éfeso, Pablo, que viajaba acompañado del matrimonio misionero de Priscila y Aquila, los dejó, y aunque le insistían en que se quedará un poco más de tiempo con ellos, decidió proceder en su camino (Hch. 18:20).

El misionero muchas veces tendrá que viajar solo. Por eso debe depender mucho de ser guiado por el Espíritu Santo. Su agenda se la hace Dios. Ve donde el Espíritu Santo te envíe, pero no te envíes tú. Notemos como los judíos en Éfeso recibieron muy favorablemente al apóstol Pablo. Su presencia les fue muy grata.

El trabajo. «... y entró luego en la sinagoga, donde empezó a debatir con los judíos». Pablo aprovechó aquella escala en Éfeso antes de emprender su viaje hacia Siria. Él era un gallo de pelea. Se enojó con los de la sinagoga de Corinto y afirmó que no buscaría más a los judíos para entregarle el evangelio de Jesucristo (Hch. 18:6). Pero aquí de nuevo lo vemos trabajando espiritualmente al entrar a la sinagoga de Éfeso. Las sinagogas eran su cuadrilátero. Y allí, como judío, presentaba a Jesús como el Mesías encarnado que fue crucificado, murió y resucitó.

No dejemos que un enojo momentáneo con alguien y por algo, nos ate en decisiones futuras: «Las palabras sabias satisfacen igual que una buena comida; las palabras acertadas traen satisfacción. La lengua puede traer vida o muerte; los que hablan mucho cosecharán las consecuencias» (Prov. 18:20-21, NTV).

3. La promesa de Pablo

«Sino que se despidió de ellos, diciendo: Es necesario que en todo caso yo guarde en Jerusalén la fiesta que viene, pero otra vez volveré a vosotros, si Dios quiere. Y zarpó de Éfeso» (Hch. 18:21).

La tradición. «... Es necesario que en todo caso yo guarde en Jerusalén la fiesta que viene...». Pablo como buen judío, gustaba de guardar las fiestas judías. Una de estas se aproximaba, y él quería estar en Jerusalén para la misma. Probablemente se refiera aquí a la Pascua.

Muchas tradiciones y días religiosos se deben mantener por nosotros como creyentes. Estas tradiciones brindan oportunidades de adorar a Dios y de poder ministrar a muchos amigos y religiosos.

La promesa. «... pero otra vez volveré a vosotros, si Dios quiere» (RV, 1960). La Nueva Versión Internacional lee: «Ya volveré, si Dios quiere». En su corazón estaba el retorno. Pero eso no dependía de él, sino de Dios. Jesucristo le prometió a la Iglesia que aunque se iba al cielo, Él volvería por su Iglesia. Y lo estamos esperando con las maletas listas.

«Recuerden lo que les dije: me voy, pero volveré a ustedes. Si de veras me amaran, se alegrarían de que voy al Padre, quien es más importante que yo» (Jn. 14:28, NTV).

Estando en las Filipinas, el General Douglas McArthur tuvo que refugiarse en Asustralia en el año 1942, pero antes dijo las inmortales palabras: «Me voy, pero volveré». Se propuso rescatar las Filipinas y lo hizo.

El General Douglas McArthur fue un hombre de palabra y de esperanza. Pero Jesucristo «El Caballero de la Cruz», como lo llamó el Rvdo. Rafael Torres Ortega, es el Caballero de la Palabra, lo prometió y lo va a cumplir. Los cielos esperan ese día para abrirle paso, y la tierra espera abrir sus brazos para darle la bienvenida. ¡Cristo viene pronto!

Pablo de Tarso puso mucho énfasis en esto: «Si Dios quiere». La primera visita a Éfeso fue de pasada. En la segunda visita a Éfeso, Pablo de Tarso, se detuvo durante dos años y tres meses. Es decir, que Dios así lo quiso para el apóstol. En inglés esa expresión es: «God willing». No es lo que uno quiere, como lo quiere, cuando lo quiere, de quién lo quiere, sino lo que Dios quiere para cada uno de nosotros. No es hacer mi voluntad, sino hacer la voluntad de Jesucristo. ¡El hombre propone, pero Dios dispone!

Conclusión

Pablo llegaba y salía de las ciudades, según se lo inspiraba el Espíritu Santo. ¡Espera en Dios y espera de Dios.

027
El substituto de Pablo

Hechos 18:28, RVR1960

«Porque con gran vehemencia refutaba públicamente a los judíos, demostrando por las Escrituras que Jesús era el Cristo».

Introducción

Por primera vez se introduce a Apolos, de quién se dan altas recomendaciones. En el Nuevo Testamento este predicador ocupa un lugar meritorio por su elocuencia y contenido bíblico. Su nombre Apolos o Apolo es una abreviatura de Apolonio.

1. El trasfondo de Apolos

«Llegó entonces a Éfeso un judío llamado Apolos, natural de Alejandría, varón elocuente, poderoso en las Escrituras» (Hch. 18:24).

El tiempo. «Llegó entonces a Éfeso un judío llamado Apolos...». Su nombre Apollós, Ἀπολλώς es una derivación de Apolonio, el famoso geómetra y astrónomo griego o del dios griego Apolo, dios del arte y la cultura. En el tiempo preciso y necesario, el Espíritu Santo envió hasta Éfeso a Apolos, que era judío, y eso le daba una gran ventaja. El Espíritu Santo tiene un tiempo para ti y otro tiempo para mí, y cuando llega ese tiempo debemos aprovecharlo.

El contexto. «... natural de Alejandría...». Esa ciudad era la cuna de una de las mayores bibliotecas. Fue la cuna de grandes sabios de la antigüedad.

Es decir, que desde niño, Apolos estuvo expuesto al saber, el conocimiento y a la oratoria. Fue altamente educado y esa educación la puso a los pies de Jesucristo. En Antioquía y Alejandría se desarrollaron las grandes comunidades del cristianismo.

El estilo. «... varón elocuente, poderoso en las Escrituras». Se describe a Apolos como un «varón elocuente» (ἀνήρ λόγιος, *aner logios*, en griego). La elocuencia en él era un gran distintivo. Muchos predicadores son bendecidos con esa gracia tan especial. ¡Son unos picos de oro! Pero Apolos también fue «poderoso en las Escrituras». Se manejaba muy bien interpretando y aplicando las Sagradas Escrituras del Antiguo Testamento en contexto mesiánico. En él se combinaban dos cosas, la elocuencia con unción y, conocimiento bíblico con revelación. El predicador ideal debe ser un maestro y el maestro ideal debe ser un predicador. La elocuencia sola hace cosquillas al oído, pero con el conocimiento bíblico se rasca el corazón.

Necesitamos hombres y mujeres en los púlpitos que tengan verbo, que se manejen en la comunicación, que hablen bien y con eso lleguen al intelecto y agraden al oído. Pero también deben tener mucho contenido bíblico. Más que palabras del predicador, debe ser citada la Sagrada Escritura en lo que se predica. Al rebaño se le tiene que dar un buen pasto fresco, no pasto seco o paja. Cuando una oveja es bien alimentada en su redil, no tiene que ir a comer pasto a otro redil. Lo que se necesita no es más relajación religiosa, sino predicación bíblica; no más emoción gritando, sino unción predicando; no más saturación intelectual, sino revelación por el Espíritu Santo. Se tiene que enseñar y predicar el consejo completo de la Biblia.

La instrucción. «Éste había sido instruido en el camino del Señor; y siendo de espíritu fervoroso, hablaba y enseñaba diligentemente lo concerniente al Señor, aunque solamente conocía el bautismo de Juan» (Hch. 18:25).

La Nueva Traducción Viviente rinde este pasaje: «Había recibido enseñanza en el camino del Señor y les enseñó a otros acerca de Jesús con espíritu entusiasta y con precisión. Sin embargo, él solo sabía acerca del bautismo de Juan».

Apolos, por la enseñanza recibida de algún discípulo del bautismo de Juan el Bautista, y de su énfasis mesiánico, llegó al conocimiento del Señor Jesucristo. Esto indica que todavía había discípulos de Juan el Bautista. Ese bautismo de arrepentimiento emergió para transformarse en la ordenanza del bautismo cristiano. Bautizarse era la manera de ingresar a la Iglesia.

Para enseñar a otros el evangelio, debemos primero ser instruidos en el mismo. No podemos predicar si no nos dejamos que nos prediquen. No podemos tener fantasías de grandes ministerios, si primero no somos servidores en la obra del Señor Jesucristo.

Apolos fue instruido en «el camino del Señor» antes de Pentecostés, pero tenía que conocer más de «el camino del Señor» después de Pentecostés. Juan el Bautista habló del camino del Señor: «Y diciendo: Arrepentíos, porque el reino de los cielos se ha acercado. Pues éste es aquel de quien habló el profeta Isaías, cuando dijo: Voz del que clama en el desierto: **Preparad el camino del Señor, enderezad sus sendas**» (Mt. 3:2-3). Pero el mismo Señor dijo de sí mismo: «Jesús le dijo: **Yo soy el camino**, y la verdad, y la vida; nadie viene al Padre, sino por mí» (Jn. 14:6).

2. El mensaje de Apolos

«Y comenzó a hablar con denuedo en la sinagoga, pero cuando le oyeron Priscila y Aquila, le tomaron aparte y le expusieron más exactamente el camino de Dios» (Hch. 18:26).

La Traducción En Lenguaje Actual rinde: «Un día Apolo, confiado en sus conocimientos, comenzó a hablar a la gente que estaba en la sinagoga. Pero cuando Priscila y Aquila lo escucharon, lo llevaron a su casa y le explicaron de forma más clara y directa el mensaje de Dios» (Hch. 18:26).

La Traducción En Lenguaje Actual lee este pasaje: «Apolo sabía también algo acerca de Jesús, y hablaba con entusiasmo a la gente y le explicaba muy bien lo que sabía acerca de Jesús. Sin embargo, conocía solamente lo que Juan el Bautista había anunciado».

La introducción. «Y comenzó a hablar con denuedo en la sinagoga...» (Hch. 18:26). Otras versiones rinden: «Comenzó a hablar valientemente...» (NTV). «Apolo se puso a hablar abiertamente...» (DHH). El ser judío le permitía ministrar en la sinagoga. Y Apolos hablaba del Señor Jesucristo con valentía, denuedo, pasión, determinación y mucho entusiasmo.

La corrección. «... pero cuando le oyeron Priscila y Aquila, le tomaron aparte y le expusieron más exactamente el camino de Dios» (Hch. 18:26). Este matrimonio misionero, vio mucho potencial en Apolos. Por eso lo llamaron aparte, para no hacerlo lucir mal públicamente, y le dieron mentoría espiritual sobre «el camino de Dios».

Interesante es que Apolos, un erudito de Alejandría, donde la exposición alegórica tomó apogeo, tuvo que ser enseñado por parte de unos simples fabricantes de tiendas o carpas.

Vemos en Apolos un espíritu de aprendizaje, de dejarse enseñar por otros. El problema de muchos que saben, es el de no dejarse enseñar. En el conocimiento bíblico siempre seremos aventajados por otros. ¡Todos nos necesitamos! El don puede superar la educación.

Vemos en Priscila y Aquila a una pareja matrimonial, que trabajan juntos en lo secular y juntos en el ministerio. Pero estaban dispuestos a aconsejar a un Apolos, ayudándole en esa área en la cual éste tenía carencia.

3. El ministerio de Apolos

«Y queriendo él pasar a Acaya, los hermanos le animaron, y escribieron a los discípulos que le recibiesen, y llegado él allá, fue de gran provecho a los que por la gracia habían creído» (Hch. 18:27).

El deseo. «Y queriendo él pasar a Acaya, los hermanos le animaron, y escribieron a los discípulos que le recibiesen...». Acaya era la provincia romana que incluía la ciudad de Corinto y a todo el istmo. Apolos quería servir en la obra misionera donde sentía que era necesitado. Él tenía la disposición y el deseo de hacerlo en Acaya, y efectivamente lo sería en Corinto. La persona que desea ser un misionero, pastor, evangelista o maestro, debe quererlo en su corazón. Y así hará todo lo posible por lograr su cometido. Prueba de eso es que se prepara antes.

El servicio. «... y llegado él allá, fue de gran provecho a los que por la gracia habían creído». Al llegar a su destino, Apolos, no fue una carga, ni un problema para aquellos creyentes de Acaya. Por el contrario, Apolos «fue de gran ayuda». Su ministerio suplió muchas necesidades como misionero, especialmente en la opulenta ciudad de Corinto.

Pero ya para el año 52, Pablo de Tarso al escribir Primera de Corintios, enfrentó un problema de tres partidos dentro de la comunidad de fe de Corinto. Y uno de esos partidos se adhería al famoso Apolos. El primer partido era el de los **paulinos**. El segundo partido era el de los **apolosinos**. El tercer partido era el de los **petrinos**. El cuarto partido era el de los **cristinos**, no digo cristianos, porque las divisiones no son del agrado del verdadero cristiano.

«Porque he sido informado acerca de vosotros, hermanos míos, por los de Cloé, que hay entre vosotros contiendas. Quiero decir, que cada uno de vosotros dice: Yo soy de Pablo; **y yo de Apolos**; y yo de Cefas; y yo de Cristo. ¿Acaso está dividido Cristo? ¿Fue crucificado Pablo por vosotros? ¿O fuisteis bautizados en el nombre de Pablo? Doy gracias a Dios de que a ninguno de vosotros he bautizado, sino a Crispo y a Gayo, para que ninguno diga que fuisteis bautizados en mi nombre. También bauticé a la familia de Estéfanas; de los demás, no sé si he bautizado a algún otro. Pues no me envió Cristo a bautizar, sino a predicar el evangelio; no con sabiduría de palabras, para que no se haga vana la cruz de Cristo» (1 Cor. 1:11-17).

Apolos fue muy eficiente en desarrollar la obra iniciada por el Apóstol Pablo entre los gentiles corintios. Allí Apolos fue altamente apreciado y respetado. Pablo plantó la semilla del evangelio de Jesucristo y Apolos regó la semilla del evangelio de Jesucristo. Cada uno hizo en su momento lo que le tocaba hacer. Pero ni el uno, ni el otro hubieran tenido éxito si Jesucristo no hubiera hecho crecer la semilla.

«Yo planté, **Apolos regó**, pero el crecimiento lo ha dado Dios. Así que ni el que planta es algo, ni el que riega, sino Dios, que da el crecimiento. Y el que planta y el que riega son una misma cosa, aunque cada uno recibirá su recompensa conforme a su labor» (1 Cor. 3:6-8).

«Porque nosotros somos colaboradores de Dios, y vosotros sois labranza de Dios, edificio de Dios. Conforme a la gracia de Dios que me ha sido dada, yo como perito arquitecto puse el fundamento, y otro edifica encima, pero cada uno mire cómo sobreedifica. Porque nadie puede poner otro fundamento que el que está puesto, el cual es Jesucristo» (1 Cor. 3:9-11).

Es probable que Apolos al ver esa fragmentación de popularidad y de comparaciones ministeriales en Corinto, optara por salir de allí, y fuese eso lo que le detendría para no tener la voluntad de visitarlos. Pero es muy probable que estuviese muy ocupado con el trabajo en Éfeso.

«Acerca del **hermano Apolos**, mucho le rogué que fuese a vosotros con los hermanos, mas de ninguna manera tuvo voluntad de ir por ahora; pero irá cuando tenga oportunidad» (1 Cor. 16:12).

En Tito 3:13 se dice de Apolos: «A **Zenas, intérprete de la ley**, y a **Apolos**, encamínales con solicitud, de modo que nada les falte». Por este pasaje notamos que Zenas y Apolos hicieron mancuerna ministerial. Uno hacía la teología textual y el otro hacía la interpretación de las leyes. Y Pablo endosaba a ambos. Nada separó a Pablo de Apolos.

Zenas significa «don de Zeus». Era un practicante de la jurisprudencia de los tribunales romanos. Y bien pudo asesorar legalmente a Tito en muchas áreas legales. Los Zenas son necesarios para el ministerio, conocen la ley, los derechos humanos y la aplicación correcta de la misma.

La Nueva Versión Internacional rinde Tito 3:13 así: «Ayuda en todo lo que puedas al **abogado Zenas** y a Apolos, de modo que no les falte nada para su viaje». Otras versiones rinde igualmente «abogado Zenas» (NTV, TLA, DHH).

Según la tradición Apolos llegó a ser Obispo de las congregaciones de Corinto, si lo fue o no lo fue, algo siempre debe recordarse y es que Apolos fue de aquellos obreros en la Iglesia Primitiva, que supo aceptar la vocación del ministerio para sumarse a la gran labor realizada por el Apóstol Pablo, cuya misión fue para alcanzar a los gentiles y traerlos a ser parte de la gran familia de Dios. A nosotros nos toca ese legado para llevarlo adelante. ¡Predica a Jesucristo y deja que el Espíritu Santo haga su parte!

Muchas predicaciones marcan permanentemente a los oyentes. Hay sermones que se escuchan, una y varias veces y se olvidan. Otros sermones los escuchamos una sola vez, y los recordaremos muchas veces. Los mismos trascienden del presente al futuro. Hablaba con el Obispo Salvador Sabino y me dijo: «Kittim, hace 20 años te escuché predicar: ¡Cuidado con tu ojo derecho! (1 Sam. 11:2). Han pasado los años y todavía recuerdo, como si fuera ayer esa prédica».

Conclusión

Apolos, es para los predicadores «el pico de oro» de la época paulina. A lo largo de la historia se levantó un Juan Crisóstomo, llamado originalmente «el pico de oro». Se levantó el «Príncipe de los Predicadores», insuperable, el famoso Carlos Haddon Spurgeon.

En la ciudad de Nueva York se levantaron un José A. Caraballo, un Cecilio Arrastia, un Carlos Sepúlveda, un Simón Castillo, un Mario Vega Gutiérrez, un Gerardo De Ávila. En Puerto Rico se levantó un Gregory Velázquez. En las Asambleas de Dios de México, entre tanto excelentes predicadores que he conocido, se levantó un Gabriel Ortiz. Y en toda Latinoamérica se han visto a esos «Príncipes del Púlpito».

028
El poder de Pablo

Hechos 19:11-12, RVR1960

«Y hacía Dios milagros extraordinarios por mano de Pablo, de tal manera que aun se llevaban a los enfermos los paños o delantales de su cuerpo, y las enfermedades se iban de ellos, y los espíritus malos salían».

Introducción

El misionero Pablo de Tarso y sus misiones en el libro de los Hechos son el mejor «manual misionero» para la plantación de iglesias. Al misionero Pablo de Tarso escuchamos en los Hechos, con el misionero andamos en los Hechos, y de ese misionero aprendemos en los Hechos que son las misiones.

1. El bautismo de Juan

«Aconteció que entre tanto que Apolos estaba en Corinto, Pablo, después de recorrer las regiones superiores, vino a Éfeso, y hallando a ciertos discípulos...» (Hch. 19:1).

Apolos se quedó ministrando en Corinto, Pablo visitó «las regiones superiores», y llegó hasta Éfeso, donde halló ya discípulos (Hch. 19:1-2). La obra en Éfeso ya tenía a un grupo de creyentes. Entre aquellos discípulos y Pablo de Tarso hubo un diálogo de preguntas y respuestas:

El cuestionamiento. «Les dijo: ¿Recibisteis el Espíritu Santo cuando creísteis? Y ellos le dijeron: Ni siquiera hemos oído si hay Espíritu Santo» (Hch. 19:2). «Entonces dijo: ¿En qué, pues, fuisteis bautizados? Ellos dijeron: En el bautismo de Juan» (Hch. 19:3).

Andrés fue un discípulo de Juan el Bautista, primo de Jesús de Nazaret, fue uno de los primeros seguidores del Nazareno: «Andrés, hermano de Simón Pedro, era uno de los dos que habían oído a Juan, y habían seguido a Jesús» (Jn. 1:40). Y aquí, una vez más encontramos a otro ramillete de seguidos del Bautista. Apolos era otro de los frutos del legado de Juan el Bautista.

El énfasis. «Dijo Pablo: Juan bautizó con bautismo de arrepentimiento, diciendo al pueblo que creyesen en aquel que vendría después de él, esto es, en Jesús el Cristo» (Hch. 19:4). Pablo les ministró, y les afirmó que Juan el Bautista anunció la llegada del Mesías Jesús.

El ministerio de Juan el Bautista fue de transición, de abrir camino, de predicar el arrepentimiento hasta que llegara el que los perdonaría. Juan no era el camino, él señalaba el Camino. Él no era el mesías, él identificaría al Mesías. Era simplemente una voz que clamaba en el desierto, un predicador del desierto de Judea, cerca de donde desemboca el río Jordán en el mar Muerto o por la zona de la comunidad de Qumrán.

«Juan les hizo recordar: 'Yo soy el que grita en el desierto: Prepárenle el camino al Señor'. Entonces los mensajeros de los fariseos le dijeron a Juan: 'Si tú no eres el Mesías, ni Elías ni el profeta, ¿por qué bautizas?'».

«Juan contestó: 'Yo bautizo con agua. Pero hay entre ustedes uno a quien todavía no conocen. Aunque yo he llegado antes, él es más importante que yo, y ni siquiera merezco ser su esclavo'. Todo esto pasó en el pueblo de Betania, al otro lado del río Jordán, donde Juan bautizaba» (Jn. 1:23-28, TLA).

La conversión. «Cuando oyeron esto, fueron bautizados en el nombre del Señor Jesús. Y habiéndoles impuesto Pablo las manos, vino sobre ellos el Espíritu Santo; y hablaban en lenguas, y profetizaban. Eran por todos unos doce hombres» (Hch. 19:5-7). Ellos entonces se bautizaron en agua; luego Pablo les impuso las manos y recibieron el bautismo con el Espíritu Santo; y eran doce discípulos.

Se nos habla del bautismo «en el nombre de Jesús». Puede ser una contracción de la formula trinitaria; es también una afirmación de ellos creer en Jesús como el Mesías, ya que eran judíos. Puede ser que se aplicara la formula trinitaria y se le sumara «en el nombre de Jesús». Esto no contradice, ni rechaza la fórmula trinitaria «en el nombre de Padre, del Hijo y del Espíritu Santo» (Mt. 28:19-20).

Alfonso Ropero Berzosa nos explica: «En el nombre de Jesucristo» equivale a «invocando su nombre», o sea, atestiguando la fe en él, que es capaz de remitir los pecados. La fórmula alude claramente a la cita de Joel 3:5, que hace el mismo

Pedro en el sermón de Pentecostés: «Sucederá que todo el que invocare el nombre [*epikalésetai to ónoma*, ἐπικαλέσηται τὸ ὄνομα] del Señor se salvará» (Hch. 2:21). La persona puede invocar el nombre del Señor por sí misma, y también otro puede invocar ese nombre sobre quien es bautizado, por ejemplo, Pedro al bautizar a la familia de Cornelio: «les mandó que fueran bautizados en el nombre (en *tò onómati*, ἐν τῷ ὀνόματι) de Jesucristo» (Hch. 10:48), como el elemento en que se sumergen para renovación de vida. En segundo lugar, «el bautismo en el nombre de Jesucristo» define el bautismo como una invocación-incorporación a Jesucristo, generando una identidad distintiva que lo diferencia de otros bautismos, del de Juan, por ejemplo» (*Gran Diccionario Enciclopédico de la Biblia*).

Al acto de imposición de manos por parte de Pablo, siguió el bautismo del Espíritu Santo, con la señal de hablar en otras lenguas, y el don de profetizar manifestado en aquellos doce hombres. Ellos representaban el antiguo Israel como el nuevo Israel; la ley abrazando la gracia, unidad que produce el Espíritu Santo.

2. La escuela de Tirano

«Pero endureciéndose algunos y no creyendo, maldiciendo el Camino delante de la multitud, se apartó Pablo de ellos y separó a los discípulos, discutiendo cada día en la escuela de uno llamado Tirano» (Hch. 19:9).

La ministración. En la sinagoga de Éfeso, Pablo de Tarso ministró tres meses y expuso el tema «del reino de Dios» o «reino de Jesucristo» (Hch, 19:8). Se juega mucho con el asunto del «reino», pero debe ser aplicado en el contexto de los evangelios y el contexto paulino.

Puede que ese Tirano haya sido uno de los primeros conversos del Apóstol de Tarso; luego Tirano prestó su escuela para que allí se continuaran las enseñanzas del evangelio de Jesucristo. Oremos para que Jesucristo tenga permiso de entrar en las escuelas, lo han dado de baja.

Los creyentes. La expresión negativa «maldiciendo el Camino» se refiere a los creyentes, llamados también «Cristianos». Y puede ser alusivo a Jesús de Nazaret como «el Camino». Muchos que rechazaron el mensaje paulino, maldijeron a Jesús y a sus seguidores. La expresión al referirse a los cristianos como los del «Camino», es un epíteto de desprecio y repudio contra los mismos.

Pablo y sus discípulos se apartaron de ellos, y se reunían en la escuela de Tirano otro discípulo. Allí Pablo de Tarso se quedó «dos años» y alcanzó «en Asia, a judíos y a griegos» con la «palabra del Señor Jesús» (Hch. 19:10). Pero en Hechos 20:31 se aclara que su ministerio duró tres años.

3. Los milagros de Pablo

«Y hacía Dios milagros extraordinarios por mano de Pablo» (Hch. 19:11).

La actuación. Pablo se deja ver como un instrumento utilizado por Dios, no solo predicando el evangelio, sino haciéndolo seguido de señales milagrosas. Los milagros no han cesado con la época apostólica, todavía continúan en la Iglesia Pentecostal de Jesucristo, la Iglesia de Dios, las Asambleas de Dios, las Asambleas de Iglesias Cristianas, la Iglesia de Dios Pentecostal, y muchas otras organizaciones pentecostales que creen en milagros.

«De tal manera que aún se llevaban a los enfermos los paños o delantales de su cuerpo, y las enfermedades se iban de ellos, y los espíritus malos salían» (Hch. 19:12).

La Nueva Versión Internacional aclara el pasaje de Reina-Valera: «A tal grado que a los enfermos les llevaban pañuelos y delantales que habían tocado el cuerpo de Pablo, y quedaban sanos de sus enfermedades, y los espíritus malignos salían de ellos».

A Pablo le traían prendas de los enfermos, el oraba, y los enfermos al recibirlos como punto de contacto de fe, eran sanados y liberados. Pero los milagros los hacía Dios por medio del apóstol. Pablo era simplemente un instrumento de la gracia divina, un recipiente de ese poder del cielo. Era el agente del milagro, pero no la fuente del milagro. Era Dios quien hacia los milagros.

La imitación. Muchos judíos dedicados al exorcismo, trataron de usar «el nombre del Señor Jesús sobre los que tenían espíritus malos, diciendo: Os conjuro por Jesús, el que predica Pablo» (Hch. 19:13).

«Había siete hijos de un tal Esceva, judío, jefe de los sacerdotes, que hacían esto» (Hch. 19:14). Estos eran imitadores de Pablo, hacían como Pablo, decían como Pablo, pretendían ser Pablo, pero no tenían el poder de Dios que Pablo tenía. La imitación sin unción es confusión.

«Pero respondiendo el espíritu malo, dijo: Conozco a Jesús, y sé quién es Pablo; pero vosotros, ¿quiénes sois?» (Hch, 19:15). Los demonios conocían a Jesús, sabían quién era Pablo, pero a estos siete imitadores, que pretendían tener poder de Dios, los desconocía. Aquel hombre endemoniado, los asaltó, los dominó, les hizo huir, les quitó las ropas y les hirió (Hch. 19:16). Les dio una tremenda paliza espiritual.

Este testimonio produjo temor «en Éfeso, así a judíos como a griegos, y tuvieron temor todos ellos, y era magnificado el nombre del Señor Jesús» (Hch. 19:17). Los milagros y la manifestación del poder de Dios, no son para hacer a nadie grande, son para magnificar el nombre de Jesucristo. No son para entretener a los curiosos, son para transformar a pecadores en santos.

El avivamiento. Ese avivamiento espiritual en Éfeso produjo dos acciones de fe:

1. Confesión y arrepentimiento: «Y muchos de los que habían creído venían, confesando y dando cuenta de sus hechos» (Hch. 19:18). No puede haber una verdadera salvación y un verdadero avivamiento sin dar muestras de haber creído en el Señor Jesucristo, seguido de la confesión de los pecados y aceptación de los hechos.

Esa enseñanza de «salvos siempre salvos», conocida como seguridad eterna o perseverancia de los santos, afirma que si una persona se descarrió es porque nunca fue verdaderamente salva, es falsa. Un creyente pudo haber sido salvo y haber perdido su salvación al descarriarse, pero eso no significa que nunca llegó a ser salvo:

«Por tanto, amados míos, como siempre habéis obedecido, no en mi presencia solamente, sino mucho más ahora en mi ausencia, ocupaos en vuestra salvación con temor y temblor» (Fil. 2:12).

«Amados, por la gran solicitud que tenía de escribiros acerca de nuestra común salvación, me ha sido necesario escribiros exhortándoos que contendáis ardientemente por la fe que ha sido una vez dada a los santos» (Judas 1:3).

«Porque yo ya estoy para ser sacrificado, y el tiempo de mi partida está cercano. He peleado la buena batalla, he acabado la carrera, he guardado la fe. Por lo demás, me está guardada la corona de justicia, la cual me dará el Señor, juez justo, en aquel día; y no sólo a mí, sino también a todos los que aman su venida» (2 Tim. 4:6-8).

La perseverancia de los santos y la seguridad eterna, nos enseñan que en Cristo Jesús estamos eternamente asegurados en nuestra salvación, si perseveramos hasta el final. El sacrificio de Jesucristo ofreció perdón para nuestros pecados pasados y provee para nuestros pecados presentes y futuros. Pero tenemos que confesar los unos y los otros.

2. Renuncia al poder satánico de la magia: «Asimismo muchos de los que habían practicado la magia trajeron los libros y los quemaron delante de todos; y hecha la cuenta de su precio, hallaron que eran cincuenta mil piezas de plata» (Hch. 19:19).

«Varios de ellos, que practicaban la hechicería, trajeron sus libros de conjuros y los quemaron en una hoguera pública. El valor total de los libros fue de cincuenta mil monedas de plata» (NTV).

La persona que se arrepiente se separa de todo aquello que lo tenía atado al pecado. Ellos no regalaron sus libros de magia a nadie. Tampoco vendieron sus libros para ganar algún dinero. Lo que te hace daño espiritual a ti, también le hace y le hará daño a otros. Esa estatua de 'San Este', 'San Esta', 'San Aquel', 'San Lo Otro', 'San Dijo', 'San Miró', 'San Esperó', 'San Levantado', 'San Sentado', cuando te conviertes, no se la regalas a nadie, no las escondes en el baúl, las hace desaparecer.

Un avivamiento afecta positivamente a la manera negativa de vivir la gente. Produce un cambio de actitud y de valores sociales. El evangelio de Jesucristo cambia a la gente. El único evangelio que muchos pecadores mirarán, leerán y oirán será nuestras vidas, cómo actuamos y cómo hablamos. El mundo nos lee a cada uno de nosotros.

«Así **crecía y prevalecía** poderosamente la palabra del Señor» (Hch. 19:20). La Nueva Traducción Viviente rinde: «Así el mensaje del Señor **iba extendiéndose** y demostrando su poder». La Traducción En Lenguaje Actual lee: «El mensaje del Señor Jesús **se anunciaba en más y más lugares**, y cada vez más personas creían en él, porque veían el gran poder que tenía».

Lo que se decía acerca «del Señor», aumentaba y se mantenía a los ojos y oídos de la gente. Nosotros decrecemos y Jesucristo crece. Nuestra palabra no puede ser más grande que la palabra del Señor. La palabra del Señor debe crecer más que nuestra palabra.

De la región de Éfeso, «Pablo se propuso en espíritu ir a Jerusalén», y pasó por Macedonia y Acaya: «... Después que haya estado allí, me será necesario ver también Roma. (Hch. 19:21). Esos eran sus planes, pero Dios tenía también otros planes por ahora. ¡Tú propones, pero Dios dispone!

«Y enviando a Macedonia a dos de los que le ayudaban, Timoteo y Erasto, él se quedó por algún tiempo en Asia» (Hch. 19:22). Pablo no quería retener discípulos, a Timoteo y Erasto, los envió a Macedonia, para que dieran calor misionero. ¡El líder debe enviar a los subalternos a realizar la misión!

Conclusión

Con esto cerramos otro capítulo del diario misionero de Pablo de Tarso, tal y como lo registraba su secretario Lucas.

029
La acusación contra Pablo

Hechos 19:23, RVR1960

«Hubo por aquel tiempo un disturbio no pequeño acerca del Camino».

Introducción

Éfeso era la ciudad que albergaba el gran templo a Diana o Artemisa, diosa de la guerra y la fertilidad. El evangelio de Jesucristo expuso la falsedad de dicho culto mitológico. En la antigüedad aquel templo fue una de «las Siete Maravillas del Mundo». Yo he visitado ese lugar varias veces, y solo queda en pie parte de una columna con restos arqueológicos.

1. La acusación de Demetrio

«Pero veis y oís que este Pablo, no solamente en Éfeso, sino en casi toda Asia, ha apartado a mucha gente con persuasión, diciendo que no son dioses los que se hacen con las manos» (Hch. 19:26).

Los causantes. Según los opositores, los del «**Camino**» habían sido causa de un disturbio (Hch. 19:23). La Iglesia de Jesucristo promueve los cambios, libera de la ignorancia y eso le trae que sea confrontada por los enemigos de la verdad.

El platero Demetrio, jefe de los artífices de plata, no estaba trayendo negocio a los artífices (Hch. 19:24). La fabricación de los templecillos de Diana se había paralizado. El que escribe ha estado en dicho lugar muchas veces.

La oposición. Demetrio reunió a todo el gremio de plateros o sindicalistas, y ante ellos en un efusivo discurso, apeló a sus emociones y voluntad, para de esa manera buscar el apoyo que necesitaba contra los cristianos:

«Los reunió con otros obreros del sector, y les dijo: 'Compañeros, ustedes saben que obtenemos buenos ingresos de este oficio. Les consta además que el tal Pablo ha logrado persuadir a mucha gente, no sólo en Éfeso, sino en casi toda la provincia de Asia. Él sostiene que no son dioses los que se hacen con las manos. Ahora bien, no sólo hay el peligro de que se desprestigie nuestro oficio, sino también de que el templo de la gran diosa Artemisa sea menospreciado, y que la diosa misma, a quien adora toda la provincia de Asia y el mundo entero, sea despojada de su divina majestad'» (Hch. 19:25-27, NVI).

La ganancia. El negocio y la empresa se les estaba viniendo abajo; los ingresos buenos habían disminuido. El oficio de los artífices se estaba desprestigiando. Esta diosa tenía varios nombres: (1) **Diana de los romanos**, diosa de la caza y luego diosa de la luna. (2) **Artemisa de los griegos**, diosa de los animales. (3) **Cibeles, diosa de los frigios**, diosa de la madre Naturaleza. Los efesios tenían el mayor templo, considerado una de las siete maravillas de la antigüedad. Hoy se conserva parte de una columna y fragmentos de otras, que he podido ver en mis viajes a Kusadasi. El templo de Diana según los opositores de Pablo de Tarso, era «menospreciado» por éste, y por ello la diosa estaba siendo «despojada de su divina majestad».

2. La reacción de los artífices

«Cuando oyeron estas cosas, se llenaron de ira, y gritaron, diciendo: ¡Grande es Diana de los efesios!» (Hch. 19:28).

El griterío. Aquel discurso inflamado de verborragia, los incitó, airándolos, y vociferaban: «¡Grande es Diana de los efesios!» (Hch. 19:28). Le hacían grande con sus palabras, pero no era grande en su poder. Solo el verdadero Dios y Jesucristo son grandes. El culto a Diana fue evolucionando hasta convertirse en el culto a María «La Madre de Dios» (se le dio este título «Theotokos» en el Concilio de Éfeso del siglo V) y «Reina de los Cielos» o «Reina del Universo». El Papa Benedicto XVI dijo: «Dios la exaltó sobre todas las criaturas, y Cristo la coronó Reina del cielo y la tierra».

A la diosa Asera en el pasado se le conocía como «Reina del Cielo». Jeremías amonestó severamente contra el culto que se le tributaba a ésta:

«Los niños juntan la leña, los padres encienden el fuego, y las mujeres hacen la masa para cocer tortas y ofrecérselas a la '**reina del cielo**'. Además, para ofenderme derraman libaciones a otros dioses» (Jer. 7:18, NVI).

«Al contrario, seguiremos haciendo lo que ya hemos dicho: Ofreceremos incienso y libaciones a la **reina del Cielo**, como lo hemos hecho nosotros, y como antes lo hicieron nuestros antepasados, nuestros reyes y nuestros funcionarios, en las ciudades de Judá y en las calles de Jerusalén. En aquel tiempo teníamos comida en abundancia, nos iba muy bien y no sufríamos ninguna calamidad» (Jer. 44:17, NVI).

«Pero desde que dejamos de ofrecer incienso y libaciones a la **reina del Cielo** nos ha faltado todo, y el hambre y la espada están acabando con nosotros» (Jer. 44:18, NVI).

«Y las mujeres añadieron: Cuando nosotras ofrecíamos incienso y libaciones a la **reina del Cielo**, ¿acaso no sabían nuestros maridos que hacíamos tortas con su imagen, y que le ofrecíamos libaciones?» (Jer. 44:19, NVI).

«Así dice el Señor Todopoderoso, el Dios de Israel: 'Cuando ustedes y sus mujeres dicen: Ciertamente cumpliremos nuestros votos de ofrecer incienso y libaciones a la **reina del Cielo**', demuestran con sus acciones que cumplen lo que prometen. ¡Está bien, vayan y cumplan sus promesas, lleven a cabo sus votos!'» (Jer. 44:25, NVI).

El teatro. Aquel teatro romano tenía capacidad para unas 25 mil personas y todavía se conserva (quien esto escribe ha llevado varios grupos y he predicado en el mismo); tomaron a la fuerza a Gayo y Aristarco de Macedonia, asistentes de Pablo de Tarso (Hch, 18:29).

El convencimiento. «También algunas de las autoridades de Asia, que eran sus amigos, le enviaron recado, rogándole que no se presentase en el teatro» (Hch. 19:31). A Pablo, unas autoridades que eran sus amigos, señalados en el original griego como «asiarcas» y que RV, 1960 lee «de las autoridades de Asia», le enviaron un mensaje para que no fuera al teatro de Éfeso (Hch, 19:30-31). Pero el «Apóstol de los Gentiles», era un apasionado, siempre presto a dar testimonio acerca de Jesucristo, aunque fuera golpeado.

Es posible que Pablo de Tarso se refiriera a esta experiencia: «Si como hombre batallé en Éfeso contra fieras, ¿qué me aprovecha? Si los muertos no resucitan, comamos y bebamos, porque mañana moriremos» (1 Cor. 15:32, RV, 1960).

La confusión. Había confusión en aquel gentío congregado en el teatro: «Unos, pues, gritaban una cosa, y otros otra, porque la concurrencia estaba confusa, y los más no sabían por qué se habían reunido» (Hch. 19:32).

La Nueva Traducción Viviente rinde: «Adentro era un griterío; algunos gritaban una cosa, y otros otra. Todo era confusión. De hecho, la mayoría ni siquiera sabía por qué estaba allí».

Como siempre ocurre en este tipo de escenario, muchos se congregan, se dividen en opiniones, y la mayoría no saben por qué están allí reunidos. Esta es la mayoría arrastrada por la curiosidad, y para averiguar sobre lo que está pasando. En el mundo hay tres clases de personas: (1) Los que hacen que las cosas ocurran. (2) Los que no hacen nada para que las cosas ocurran. (3) Los que no saben por qué las cosas ocurren.

3. La mención de Alejandro

«Y sacaron de entre la multitud a Alejandro, empujándole los judíos. Entonces Alejandro, pidiendo silencio con la mano, quiso hablar en su defensa ante el pueblo» (Hch. 19:33). Los judíos siempre ponían sus cinco centavos, cada vez que se le ofrecía la oportunidad. Aquí los vemos empujando a Alejandro. Y son muchos los que andan siempre empujando negativamente a otros.

Alejandro quizá fue un judío que había abrazado el cristianismo, y que luego apostató regresando al judaísmo. Es posible que sea el mismo Alejandro que Pablo señaló como problemático: «Alejandro, el calderero, me ha causado muchos males; el Señor le pague conforme a sus hechos» (2 Tim. 4:14).

Son muchas las personas que solo esperan una oportunidad para hacer daño, para hablar de otra persona, para incitar a las luchas, para crear tensiones y para hacer quedar mal a alguien. Pero la razón principal era que los judíos querían desligarse de cualquier compromiso con los misioneros cristianos.

Pero el Alejandro mencionado aquí era un defensor de la fe judía, que hablaba en nombre de los judíos para desligarse del problema creado por la cristianos, al repudiar el culto a Diana o Artemisa de los efesios.

Con la señal de la mano, pidiendo silencio, una costumbre romana, Alejandro quiso hablar para defenderse (Hch. 19:33). Al saber que Alejandro era judío, la multitud en estado de frenesí comenzó a gritar «durante casi dos horas»: «... ¡Grande es Diana de los efesios!» (Hch. 19:34).

Decía Benjamín Franklin: «Las turbas tienen muchas cabezas y pocos cerebros». Dos horas gritando a favor de la grandeza de Diana de los efesios. ¿Estamos nosotros dispuestos a gritar dos horas por Jesucristo? ¡Grande es Jesucristo de los cristianos! ¿Podemos cantar dos horas para alabar a Dios? ¿Podemos dar dos horas de culto a Dios?

Pablo de Tarso y sus compañeros habían desafiado el culto a Diana que cubría todo a toda el Asia Menor. Y que la ciudad de Éfeso era la custodia del templo y de la imagen de ella. Eso era como desafiar el culto a María en el Vaticano y frente a la Basílica de San Pedro.

4. La intercesión del escribano

«El secretario del concejo municipal logró calmar a la multitud y dijo: 'Ciudadanos de Éfeso, **¿acaso no sabe todo el mundo que la ciudad de Éfeso es guardiana del templo de la gran Artemisa y de su estatua bajada del cielo?'**. Ya que estos hechos son innegables, es preciso que ustedes se calmen y no hagan nada precipitadamente. Ustedes han traído a estos hombres, aunque ellos no han cometido ningún sacrilegio ni han blasfemado contra nuestra diosa. Así que si Demetrio y sus compañeros de oficio tienen alguna queja contra alguien, para eso hay tribunales y gobernadores. Vayan y presenten allí sus acusaciones unos contra otros. Si tienen alguna otra demanda, que se resuelva en legítima asamblea. Tal y como están las cosas, con los sucesos de hoy corremos el riesgo de que nos acusen de causar disturbios. '**¿Qué razón podríamos dar de este alboroto, si no hay ninguna?'**»(Hch. 19:35-40, NVI).

Todo lo que se necesita en los conflictos es un apaciguador. Una persona que no le eche leña al fuego, sino que le eche agua. ¡Un apaga fuegos y no un enciende fuegos! Desde luego, no significa que el escribano esté bien, pero a su manera hizo algo bueno. No solo en Éfeso se guardaba el «templo de la gran diosa Diana». Allí se tenía la creencia de que del cielo descendió la imagen de «la gran Artemisa». Quizá sea una referencia a un gran aerolito que protegía a Diana. Una ciudad muy idólatra.

Éfeso era una ciudad romana libre, que se dirigía por leyes propias, una especie de «Commonwealth». El escribano o secretario del consejo municipal apaciguó la multitud, y expresó un discurso para tranquilizar aquel gentío descontrolado. Los exhortó a calmarse, a no actuar precipitadamente. Una vez concluido aquel razonamiento, cargado de paz, despidió a aquella asamblea (Hch. 18:41). Debemos saber cuándo cerrar algún conflicto.

Conclusión

Así como la Iglesia siempre ha tenido enemigos, la Iglesia siempre también ha tenido amigos. Unos acusan a la Iglesia, otros defienden a la Iglesia. A la comunidad de fe en Éfeso, Pablo les dirigió tres epístolas, una directa a los Efesios y dos a su pastor, Timoteo, que son 1 y 2 de Timoteo. Juan escribió a Éfeso en Apocalipsis 2:1-7.

030
El milagro de Pablo

Hechos 20:10, RVR1960

«Entonces descendió Pablo y se echó sobre él, y abrazándole, dijo: No os alarméis, pues está vivo».

Introducción

Aquí vemos un accidente que ocurrió mientras Pablo predicaba: un joven llamado Eutico, tipo de muchos creyentes, se cayó de una ventana. Pero esa noche se glorificó el Señor Jesucristo quien resucitó a aquel joven muerto por la caída.

1. El joven oyendo

«El primer día de la semana, reunidos los discípulos para partir el pan, Pablo les enseñaba, habiendo de salir al día siguiente; y alargó el discurso hasta la medianoche» (Hch. 20:7).

El día. Es la primera mención oficial de que la Iglesia Primitiva se congregaba el «primer día de la semana», es decir, el domingo, para adorar al Señor Jesucristo. Para así conmemorar el día de su resurrección. Participaban de la cena del Señor recordando su pasión. Luego compartían una cena de ágape cristiano. Pero primero era recordar ese domingo el sacrificio de Jesucristo, y luego era tener un banquete de confraternidad cristiana.

La comunión. Pablo, ese día, al igual que otros líderes, compartía el pan de la Palabra. Bien, yo le podría llamar el «Día del Pan». Jesús es el «Pan de

Vida». La Palabra es el Pan del Alma. Y la Cena del Señor representa en el pan el cuerpo entregado de Jesús y en el vino o jugo de la vid representa la sangre derramada de Jesús. Su sacrificio y su pacto. Las iglesias católicas y ortodoxas le llaman a ese acto de de consagrar los elementos el sacramento de la eucaristía en la misa. Las iglesias reformadas le llaman Santa Cena o Cena del Señor.

El discurso. Pablo predicaba largo. Su discurso era kilométrico. Amaba la Palabra y amaba hablar del nombre y hechos de Jesús de Nazaret. Para predicadores extensos, necesitamos a creyentes hambrientos de la predicación. El que predica lo debe disfrutar, y a los que se predica también lo deben disfrutar.

2. El joven dormido

«Y a un joven llamado Eutico, que estaba sentado en la ventana, le entró sueño, pues Pablo disertaba largamente, y vencido por el sueño cayó del tercer piso abajo, y fue levantado muerto» (Hch. 20:9).

El lugar. En la ventana había un joven de nombre Eutico, se había sentado en la ventana. Alfonso Ropero Berzosa comenta: «*Eútykhos*, Εὔτυχος = buena fortuna», o sea, «el próspero» (*Gran Diccionario Enciclopédico de la Biblia*, Editorial CLIE).

Eutico se ubicó en un lugar peligroso. Lo triste es que nadie se percató de ello para decirle que se bajara de allí. Atentos todos para escuchar la palabra de Pablo de Tarso, no prestaron atención a un joven inmaduro en peligro de muerte.

Eutico debió ser amonestado para alejarse del peligro de esa ventana. Pero no hizo caso de las amonestaciones. Era un joven impulsivo y no cedía ante la corrección.

Eutico cayó «vencido por un sueño profundo». Son muchos los jóvenes y aun no jóvenes que caen rendidos por sueños profundos. Se ponen a soñar con el mundo y se caen rendidos de sueño.

La ventada del descuido. Muchos se duermen espiritualmente ante el mensaje de la Palabra. Se descuidan al entretenerse en otras cosas como el escribir por el celular o el navegar por internet, en lugar de mantenerse despiertos con la Palabra. Otros se descuidan en las cosas perecederas del mundo y no atienden a las cosas eternas del cielo.

La ventana del peligro. Debemos tener mucho cuidado con esos jóvenes que buscan el peligro. No analizan las malas consecuencias de sus decisiones, conducta y acciones. Se ubican en zonas de peligro social y espiritual. Les falta la sabiduría para discernir correctamente entre lo que es correcto y lo que es incorrecto. Se sientan cómodos en alguna ventana alta, pero peligrosa.

La ventana de la equivocación. Estar en el lugar equivocado puede ser una tragedia. En esas ventanas prohibidas no te sientes, porque te puedes dormir y caer. ¡No subas a ese lugar! ¡Bájate de ahí!

Eutico oye los consejos de tus padres, de tus mayores, de tus maestros, de tus líderes, de tus pastores, de todos aquellos a quienes realmente le importas. Así luego no te tendrán que decir: «¡Te lo dije Eutico! ¡Te lo dije Eutico! Pero no me hiciste caso, y por eso te caíste de la ventana».

El tiempo. Pablo predicó demasiado largo. Se nos dice «y alargó el discurso hasta la medianoche». Era un predicador de largo metraje. El que tiene mucho que decir, puede predicar mucho, pero el que tiene poco que decir, predica corto. Y esa predicación paulina produjo sueño en Eutico que ya «vencido por el sueño» se cayó del tercer piso.

Muchos creyentes se dejan vencer por el mucho «sueño» de los placeres del mundo, por el sueño de la indiferencia congregacional, por el sueño de la falta de compromiso en la obra del Señor, se duermen en su inactividad y se caen de algún «tercer piso» en su descuido.

Cuando levantaron a Eutico, la noticia no fue la mejor, fue certificado como muerto por accidente. Algunos jocosamente, tiempo después dirían: «Ese muchacho se murió por causa de un sermón demasiado largo». Oremos para que nuestros sermones no le den sueño a alguien que nos escucha. La predicación debe ser apasionada, modulada, que capture la atención y los sentidos del oyente.

3. El joven resucitado

«Entonces descendió Pablo y se echó sobre él, y abrazándole, dijo: No os alarméis, pues está vivo» (Hch. 20:10).

La emoción. Aquello debió haber conmocionado a toda aquella congregación que se dio cita ese domingo. Cada domingo debemos llegar al santuario,

221

en espera de que algo extraordinario ocurra. ¡Cada domingo puede ser el día de tu milagro!

Si muchos otros se habían dormido en la congregación, aquel accidente fatal del joven Eutico, los despertó. Nadie más se quedó dormido. Iglesia no duermas cuando eres llamada a escuchar despierta la Palabra de Dios. Iglesia no duermas cuando hay almas que salvar.

Pablo tomó control de la situación, se aproximó a Eutico, lo abrazó, y calmó a la congregación con estas palabras: «No os alarméis, pues está vivo» (Hch. 20:10). Ante situaciones inesperadas en un auditorio, el ministro o pastor, al igual que sus asistentes, deben ministrar calma a la gente.

No podemos ser alarmistas, ni exagerar lo ocurrido, ni fomentar más tensión. Tenemos que controlarnos para controlar. ¡Somos parte de la solución, y no parte del problema!

En la Traducción En Lenguaje Actual se rinde: «Pero Pablo bajó, se inclinó sobre él, y tomándolo en sus brazos dijo: '¡No se preocupen! Está vivo'». Fue positivo en sus palabras. El tono y contenido de nuestras palabras afecta positivamente el estado de ánimo de otras personas.

Necesitamos con urgencia un ministerio que abrace, levante, despierte y declare vivos a los Euticos. Aquellos que se nos mueren en nuestras propias congregaciones, ellos y ellas escuchan sermones, pero se caen de las ventanas. Este acontecimiento fue el primer milagro de resurrección por medio del apóstol Pablo.

La continuación. Pablo continuó ministrando la Palabra. No dejó su labor. Nada ni nadie debe frenar a un embajador del evangelio de Jesucristo, de sus funciones y responsabilidades.

«Luego, Pablo volvió al piso alto y celebró la Cena del Señor, y siguió hablándoles hasta que salió el sol. Después continuó su viaje» (Hch. 20:11, TLA). La «Cena del Señor» o el «partir el pan», no se había dado, había sido interrumpida por aquel accidente de Eutico. Pablo procedió a ministrarla. ¿Cuántas veces debe celebrarse esta ordenanza de la Cena del Señor? Todas las veces que sea necesario, debemos recordar el sacrificio vicario de Cristo Jesús.

Se nos declara: «... **y siguió hablándoles hasta que salió el sol**». El apóstol continuó hablando hasta que amaneció. Fácilmente habló muchas horas. Pablo era un apasionado de Jesús y de la Palabra. Por eso tenía mucho que compartir. Cuando terminó, entonces siguió su viaje. Debemos entender que Pablo de Tarso, no siempre podía compartir con ellos, y tenerlo presente era aprovecharlo al máximo.

Como Iglesia debemos aprovechar a esos predicadores que saben utilizar la espada de la Palabra. Debe haber equilibrio entre la adoración y la ministración de la Palabra. Muchas congregaciones cantan mucho, pero quieren recibir predicaciones cortas, por no decir resumidas. A muchos predicadores de la Palabra, les entregan tarde, más por cumplir con el programa, que por hambre de la exposición de la Biblia.

«Al joven se lo llevaron vivo a su casa, para gran consuelo de todos» (Hch. 20:12, NVI). Si aquel accidente no hubiera ocurrido, nunca habríamos sabido nada del joven Eutico. La familia en lugar de haber tenido un velatorio y una sepultura, pudo tener una celebración de gozo, alegría y agradecimiento a Dios.

Se cuenta de un predicador que predicaba demasiado tiempo. En una de esas predicaciones, el predicador vio cabeceando a uno de los oyentes hasta que se quedó dormido. Eso molestó al predicador. Y dijo al que estaba al lado del dormido: «¡Hermano, despierte al que está a su lado!». A lo que el segundo respondió: «Predicador, usted fue el que lo durmió, despiértelo usted».

Conclusión

Aquella noche de domingo fue inolvidable: (1) Pablo era el predicador. (2) Pablo predicó largo. (3) Pablo durmió al joven Eutico, que cayó muerto por su sermón.

031
La despedida de Pablo

Hch. 20:36-38, RVR1960

«Cuando hubo dicho estas cosas, se puso de rodillas, y oró con todos ellos. Entonces hubo gran llanto de todos; y echándose al cuello de Pablo, le besaban, doliéndose en gran manera por la palabra que dijo, de que no verían más su rostro. Y le acompañaron al barco».

Introducción

Cuando me tocaba introducir este sermón ante la IPJQ, sin haberle dicho nada a mi familia, me dirigí a la congregación, le di gracias por los 40 años de servicio que le hemos dado, por el cuidado de nuestras hijas, por su apoyo, y les declaré: «Hoy terminamos nuestra etapa pastoral aquí y tenemos que aceptar otra oferta pastoral». Todos se pusieron muy tristes y algunos lloraron. Luego les aclaré que algo más profundo experimentaron los ancianos de Éfeso y Mileto, al despedirse Pablo de ellos.

Las despedidas son tristes, mayormente cuando puede haber una separación de mucho tiempo, o para siempre. Hechos 20:17-38, es una porción bíblica salpicada por las lágrimas de los ancianos de Éfeso, cuando en la ciudad de Mileto, se reunieron con Pablo de Tarso, y les compartió su más triste discurso.

1. El mensaje en Pablo

«Enviado, pues, desde Mileto a Éfeso, hizo llamar a los ancianos de la iglesia» (Hch. 20:17).

La Traducción En Lenguaje Actual rinde este pasaje: «Estando en la ciudad de Mileto, Pablo mandó llamar a los líderes de la iglesia de Éfeso para hablar con ellos».

Deseo invitarle a que juntos podamos analizar este discurso expresado por Pablo de Tarso en Mileto. Hace varios años llevé a u grupo de peregrinos a Grecia, y visitamos Mileto. Y allí, con la escenografía de las ruinas arqueológicas de Mileto en Turquía, invité a los presentes a no tomar fotografías, a permanecer silenciosos, mientras yo leía este discurso paulino cargado de emociones.

El comportamiento. «Cuando vinieron a él, les dijo: Vosotros sabéis cómo me he comportado entre vosotros todo el tiempo, desde el primer día que entré en Asia» (Hch. 20:18). A los líderes de Éfeso y Mileto, Pablo los puso como testigos auriculares y visuales de su manera de actuar y de su conducta personal, mientras estuvo entre ellos. La mejor predicación de un líder es su manera de vivir el evangelio. Muchos son loros predicando, no creen ni viven lo que predican. Dicen: «No hagas esto». ¡Pero ellos lo hacen!

Las personas con las cuales intercambiamos, mantenemos intereses en común, o son personas de interés, deben poder leernos correctamente. Somos cartas abiertas y leídas por otros.

Reina Valera de 1960 en 2 Corintios 3:2-3 lee: «Nuestras cartas sois vosotros, escritas en nuestros corazones, conocidas y leídas por todos los hombres, siendo manifiesto que sois carta de Cristo expedida por nosotros, escrita no con tinta, sino con el Espíritu del Dios vivo, no en tablas de piedra, sino en tablas de carne del corazón».

La Nueva Traducción Viviente rinde esos pasajes bíblicos: «La única carta de recomendación que necesitamos son ustedes mismos. Sus vidas son una carta escrita en nuestro corazón; todos pueden leerla y reconocer el buen trabajo que hicimos entre ustedes. Es evidente que son una carta de Cristo que muestra el resultado de nuestro ministerio entre ustedes. Esta 'carta' no está escrita con pluma y tinta, sino con el Espíritu del Dios viviente. No está tallada en tablas de piedra, sino en corazones humanos».

El servicio. «Sirviendo al Señor con toda humildad, y con muchas lágrimas, y pruebas que me han venido por las asechanzas de los judíos» (Hch. 20:19).

La humildad siempre estará ligada al servicio que se haga para el Señor Jesucristo. Pablo lloró mucho, tuvo muchas pruebas, pero nunca dejó de servir en la obra de Jesucristo. Sus mayores perseguidores fueron los judíos. Y con todas sus medallas apostólicas, fue siempre el apóstol de la humildad. ¡Pablo era más grande que su título de apóstol!

El ministerio. «Y nada que fuese útil he rehuido de anunciaros y enseñaros, públicamente y por las casas» (Hch. 20:20). Nada detuvo a Pablo de Tarso de predicar y enseñar dondequiera que apareciera la oportunidad. Predicar a Jesucristo fue siempre su consigna.

El testimonio. «Testificando a judíos y a gentiles acerca del arrepentimiento para con Dios, y de la fe en nuestro Señor Jesucristo» (Hch. 20:21). El apóstol Pablo predicó arrepentimiento y fe en la persona de Jesucristo.

Estos son los **Cinco Solos** de la Reforma Luterana: **1. Sola Gratia**, por gracia solamente. **2. Sola Scriptura**, por la Escritura solamente. **3.** Sola Fide, por fe solamente. **4. Solus Christus o Solo Christo**, a través de Cristo solamente. **5. Soli Deo Gloria**, gloria a Dios solamente.

La convicción. «Ahora, he aquí, ligado yo en espíritu, voy a Jerusalén, sin saber lo que allá me ha de acontecer» (Hch. 20:22). La Traducción En Lenguaje Actual rinde: «Ahora debo ir a Jerusalén, pues el Espíritu Santo me lo ordena». En la Nueva Versión Internacional se lee: «Y ahora tengan en cuenta que voy a Jerusalén obligado por el Espíritu, sin saber lo que allí me espera».

Pablo siempre buscó el ser dirigido por el Espíritu Santo. Era su «GPS» espiritual. Una vida de dependencia del Espíritu Santo, determinará la transferencia de la vida de Jesucristo dentro de nosotros. Debemos ser sensibles a saber cuando el Espíritu Santo nos quiere mover para algo o para alguna misión.

La revelación. «Salvo que el Espíritu Santo por todas las ciudades me da testimonio, diciendo que me esperan prisiones y tribulaciones» (Hch. 20:23). «A dondequiera que voy, el Espíritu Santo me dice que en Jerusalén van a meterme en la cárcel, y que van a maltratarme mucho» (TLA).

El Apóstol Pablo había recibido la revelación en diferentes momentos de lo que le esperaba cuando llegara a Jerusalén, prisión y maltratos. El Espíritu Santo nos prepara para ese destino que debemos enfrentar.

Su decisión. «Pero de ninguna cosa hago caso, ni estimo preciosa mi vida para mí mismo, con tal que acabe mi carrera con gozo, y el ministerio que recibí del Señor Jesús, para dar testimonio del evangelio de la gracia de Dios» (Hch. 20:24).

La Traducción En Lenguaje Actual lee: «No me preocupa si tengo que morir. Lo que sí quiero es tener la satisfacción de haber anunciado la buena noticia del amor de Dios, como me lo ordenó el Señor Jesús».

Pablo de Tarso estaba determinado, decidido, realizado, había corrido la carrera de la fe. Él quería terminar su misión «con gozo». Ese era su mayor testimonio. Nada era para él más importante que el servicio a la obra del Señor, y de ser fiel hasta la muerte si fuera necesario por dar testimonio de Jesucristo. Pablo no vivía para sí mismo, él vivía para Jesucristo. Vivimos para Jesucristo y morimos con Jesucristo.

La mayor satisfacción para un creyente es saber que está haciendo la voluntad del Señor Jesucristo. Es tratar de terminar mejor de cómo había empezado. Predicar el evangelio es gozo para el creyente.

Oswald Chambers dice: «Pablo considera de valor su vida únicamente para poder cumplir el ministerio que había recibido, y rehúsa emplear sus energías en ninguna otra cosa. Este versículo revela una irritación casi noble por parte de Pablo de que se le pidiese ocuparse de sí mismo. Se sentía indiferente a todo lo que no fuese el cumplimiento del ministerio que había recibido. Nuestro servicio racional a Dios puede llegar a competir con nuestra entrega total a Él» (*En pos de lo Supremo. 365 Lecturas devocionales: 4 de marzo*, Editorial CLIE, 2007).

La ausencia. «Y ahora, he aquí, yo sé que ninguno de todos vosotros, entre quienes he pasado predicando el reino de Dios, verá más mi rostro» (Hch. 20:25). Dentro de él había esa convicción, de que esa era la última vez que ellos y él se verían las caras los unos a los otros. Profetizó sobre sí mismo para los demás. Su futuro ya le había sido revelado. El no volver a verlos a ellos, no preocupaba al Apóstol, él se preocupaba por hacer la voluntad de Dios.

La protesta. «Por tanto, yo os protesto en el día de hoy, que estoy limpio de la sangre de todos» (Hch. 20:26). La Nueva Traducción Viviente aclara un poco más este pasaje: «Declaro hoy que he sido fiel. Si alguien sufre la muerte eterna, no será mi culpa».

Él no tenía que sentirse culpable de no haberles predicado el evangelio. De no haber cumplido con su ministerio, porque sí cumplió con el mismo. Cumple con hablar a otros de la esperanza de la salvación, si creen o no creen ya no es tú responsabilidad, sino la de ellos. Y la decisión que tomen tendrá repercusiones eternas.

«Porque no he rehuido anunciaros todo el consejo de Dios» (Hch. 20:27). No dio un mensaje 'lite', ni un mensaje medio endulzado, dio 'todo el consejo de Dios'. El mensaje cristiano habla de juicio, pero habla de absolución; exhorta, pero levanta; corrige, pero anima. Ese «consejo de Dios» se debe dar siempre a todos.

Su aviso. «Por tanto, mirad por vosotros, y por todo el rebaño en que el Espíritu Santo os ha puesto por obispos, para apacentar la iglesia del Señor, la cual él ganó por su propia sangre» (Hch. 20:28). A los ancianos los exhortó para que se cuidaran ellos como líderes, para así cuidar a aquellos que habían sido llamados a pastorear y dirigir. Los vio como obispos que tenían que supervisar la obra del Señor Jesucristo. No se podían olvidar de que es «la iglesia del Señor», y no la iglesia de ellos. Y el precio de esa victoria, fue la «propia sangre» del Cordero-Hombre.

«Porque yo sé que después de mi partida entrarán en medio de vosotros lobos rapaces, que no perdonarán al rebaño» (Hch. 20:29). En el espíritu veía a una manada de «lobos rapaces», que se meterían con la manada de ovejas. Vendrían a destruir por dentro más que los que destruían con persecuciones desde fuera.

«Y de entre vosotros mismos se levantarán hombres que hablen cosas perversas para arrastrar tras sí a los discípulos» (Hch. 20:30). Pablo preveía a los detractores, los divisores, los apóstatas, los herejes, los enemigos internos de la obra de Dios.

Su consejo. «Por tanto, velad, acordándoos de que durante tres años, de noche y de día, no he cesado de amonestar con lágrimas a cada uno» (Hch. 20:31). Él apeló a su propio testimonio, a su entrega total por ellos, al amor incondicional que sentía por cada uno de ellos.

«Y ahora, hermanos, os encomiendo a Dios, y a la palabra de su gracia, que tiene poder para sobreedificaros y daros herencia con todos los santificados» (Hch. 20:32). A cada uno los puso en las manos de Dios. Los depositó en la gracia divina. Y les recordó que eran santos bajo construcción.

«Ni plata ni oro ni vestido de nadie he codiciado» (Hch. 20:33). Testificó que las ganancias y los bienes materiales nunca fueron su motivación, sino el amor de Jesucristo en él para con ellos. Nunca ames a las cosas más que a Dios.

«Antes, vosotros sabéis que para lo que me han sido necesarias a mí y a los que están conmigo, estas manos me han servido» (Hch. 20:34). Les recordó que no fue una carga para la iglesia de Éfeso. Él, Priscila y Aquila, trabajaban construyendo carpas; y otros como Lucas, trabajaban en otras labores.

Muchos entran al pastorado buscando un trabajo para vivir. Buscando hacer dinero. Buscando recibir ofrendas. Se entra al pastorado o al ministerio porque se ha recibido un llamado genuino del Espíritu Santo en tu vida. Sirva en el ministerio y Dios lo recompensará.

«En todo os he enseñado que, trabajando así, se debe ayudar a los necesitados, y recordar las palabras del Señor Jesús, que dijo: Más bienaventurado es dar que recibir» (Hch. 20:35). Su ejemplo, pidió que lo emularan. La mayor bienaventuranza es la de dar, no la de recibir. El mayor nivel de la bendición es bendecir, no ser bendecido.

2. La despedida de Pablo

«Cuando hubo dicho estas cosas, se puso de rodillas, y oró con todos ellos» (Hch. 20:36).

La posición. «.... se puso de rodillas, y oró con todos ellos» (Hch. 20:36). El apóstol Pablo dio prioridad a la oración, antes de viajar y al regresar de un viaje. La oración «sin cesar» fue una marca apostólica en su vida y en su ministerio. No se dice que «oró por todos ellos», sino que «oró con todos ellos». Ese 'con' es clave para un ministerio de éxito.

La reacción. «Entonces hubo gran llanto de todos, y echándose al cuello de Pablo, le besaban» (Hch. 20:25-37). Aquel discurso y aquella oración compartida, habían desgarrado el corazón de Pablo de Tarso. Las congregaciones lloran a sus pastores cuando renuncian, sea la razón que sea, los lloran cuando los hacen renunciar, los lloran cuando se trasladan, los lloran cuando se retiran y los lloran mucho cuando mueren.

Aquellos ancianos de Éfeso, y los que estaban allí con Pablo, incluyendo a Lucas, redactor de estos eventos, lo abrazaron al cuello y lo besaban. Esta acción demuestra como aquel pueblo amaba a Pablo.

La emoción. «Doliéndose en gran manera por la palabra que dijo, de que no verían más su rostro. Y le acompañaron al barco» (Hch. 20:38). Lo que más tocó sus sentimientos, fue escuchar de este «padre espiritual», que sería la última vez que lo verían.

Conclusión

Cuando un líder se va con buen «status», su partida es sentida por toda la comunidad religiosa a la cual le ha servido.

032
La travesía de Pablo

Hechos 21:1-3, RVR1960

«Después de separarnos de ellos, zarpamos y fuimos con rumbo directo a Cos, y al día siguiente a Rodas, y de allí a Pátara. Y hallando un barco que pasaba a Fenicia, nos embarcamos, y zarpamos. Al avistar Chipre, dejándola a mano izquierda, navegamos a Siria, y arribamos a Tiro, porque el barco había de descargar allí».

Introducción

En este pasaje, Pablo de Tarso, va realizando en barco la travesía que cada vez más le habría de llevar a su destino en Jerusalén. Un grupo de discípulos se encontró con él, un profeta de nombre Agabo, y sus ayudantes lo trataron de disuadir de no ir a Jerusalén, pero él estaba resuelto en su decisión.

1. La llegada a Tiro

«Al avistar Chipre, dejándola a mano izquierda, navegamos a Siria, y arribamos a Tiro, porque el barco había de descargar allí» (Hch. 21:3).

Esta descripción marítima de Lucas es muy precisa, nos ubica dentro de ese barco. Lucas comienza diciendo: «Después de separarnos de ellos, zarpamos y fuimos con rumbo directo a Cos, y al día siguiente a Rodas, y de allí a Pátara» (Hch. 21.1).

Me llama la atención «después de separarnos», aquí se habla de la separación por parte de los apóstoles de los ancianos de Éfeso. Las separaciones son muchas veces dolorosas y producen tristeza. El pasaje bíblico menciona a Cos (el nombre de una ciudad en la isla de Cos), a Rodas (otra isla) y Pátara (ciudad costera del Mediterráneo en Licia, ahora Turquía) como puertos de escala.

Hace varios años visité la isla de Rodas, donde estuvo «El Coloso de Rodas» (dios griego Helio), fue una de las Siete Maravillas del mundo antiguo. Plinio el Viejo en su libro de *Historia Natural* (34.18.3), declaró: «Pero de todos el más admirado fue el Coloso del Sol, en Rodas, hecho por Cares de Lindos, alumno del Lisipo antes mencionado. Esta estatua medía 70 codos [37 metros o 111 pies] de altura. Después de 66 años un terremoto la postró, pero incluso yacente es un milagro. Pocos pueden abarcar el pulgar con los brazos, sus dedos eran más grandes que la mayoría de las estatuas que tenían marfil. El vacío de sus miembros rotos se asemeja a grandes cavernas. En el interior se ven magnas rocas, con cuyo peso habían estabilizado su constitución. Doce años tardaron en terminarla y costó 300 talentos, que se consiguieron de las máquinas de guerra abandonadas por el rey Demetrio en el asedio de Rodas».

A la entrada del pequeño puerto de Rodas, ahora Mandraki se levantan dos columnas donde se dice que estaban ubicadas las piernas y pies de aquel coloso de la antigüedad, y sobre las mismas hay dos venados de bronce, uno en cada columna. (Quien escribe esto lo vio).

«Y hallando un barco que pasaba a Fenicia, nos embarcamos, y zarpamos. Al avistar Chipre, dejándola a mano izquierda, navegamos a Siria, y arribamos a Tiro, porque el barco había de descargar allí» (Hch. 21:2-3).

En Pátara el apóstol Pablo y sus asistentes tomaron un barco que les llevaría a Fenicia. Podemos sentir el barco moverse, oír las olas rugir, sentir los vientos que golpean en la cara e imaginarnos a la distancia el lugar para atracar. A nuestra izquierda vemos la isla de Chipre o Cipro. Antiguamente era conocida como Kittim (Is. 23:1.12; Dan. 11:30). Así como Lucas describió ese viaje, debemos hablar del cielo para que otros puedan tener una idea de lo que será llegar allá.

La gramática. En el libro de los Hechos siempre encontramos el verbo o a la referencia de la segunda persona en plural, y eso hace inclusiva la persona de Lucas, redactor de los viajes paulinos, quien le acompañó, al igual que otros colaboradores. En ese plural Lucas se asomaba.

Aquí, en Hechos 21:1-16, se emplea ese plural en segunda persona, con estos verbos: 'separarnos', 'zarpamos', 'embarcamos', 'navegamos', 'arribamos', 'nos quedamos', 'salimos', 'acompañándonos', 'oramos', 'abrazándonos', 'subimos', 'quedamos', 'estábamos', 'fuimos', 'posamos', 'nosotros' y 'hospedaríamos'.

Lucas no necesita mencionarse así mismo, pero se descubre su presencia en cada aventura del libro de los Hechos. Es más importante la acción en el ministerio, que la citación de nuestro nombre. A Lucas no le interesaba brillar, sino que le interesaba que el evangelio de Jesucristo fuera el que alumbrara. Debemos ser más inclusivos y reconocer el trabajo colectivo de otros. Es de más humildad en el trabajo de la viña del Señor Jesucristo, decir «nosotros hicimos», que decir «yo hice».

La búsqueda. Cuando Pablo y sus colaboradores llegaron a Tiro, donde el barco tenía que descargar, y eso tomaría algunos días, buscó a los discípulos, y con ellos se quedarían siete días (Hch. 21:4). Pablo siempre buscaba a la iglesia, ese calor fraternal lo necesitaba él de ellos, y ellos de él. Busca a los hermanos en la fe, congrégate dondequiera que vayas.

Los discípulos «decían a Pablo por el Espíritu, que no subiese a Jerusalén» (Hch. 21:4). El amor hacia Pablo, y sintiendo los discípulos en sus corazones que algo le ocurría a su líder, por inquietud del Espíritu Santo, le hablaban para que desistiera de subir a Jerusalén. Lucas dejó bien claro que aquella inquietud fue inspirada por el Espíritu Santo. Ellos intentaron disuadirlo. Pero Pablo ya había tomado su decisión.

Muchas veces algunos nos hablan por el Espíritu Santo, de que no vayamos allá o no hagamos aquello, pero cuando uno ya está decidido a hacer algo que cree que es de Dios, es difícil aceptar otra cosa.

Después de estar en Tiro leemos: «Cumplidos aquellos días, salimos, acompañándonos todos, con sus mujeres e hijos, hasta fuera de la ciudad, y puestos de rodillas en la playa, oramos» (Hch. 21:5).

Al cumplir sus días para ellos regresar, Pablo y sus acompañantes salieron, y la iglesia los acompañó con las familias hasta salir de la ciudad, y en la playa cerca del puerto, se arrodillaron y todos juntos oraron (Hch. 21:5). Para los orientales la oración pública era algo normal, como lo es para los musulmanes a los que en Turquía, Egipto, Jordania, Palestina e Israel, uno les ve rezando en cualquier sitio. Una vez más, vemos como la oración era un pegamento espiritual en la Iglesia Primitiva. Mr. George (Jorge) Herber decía: «El arrodillarse no ha estropeado jamás unas medias de seda» (*Comentario Bíblico de Matthew Henry*, Editorial CLIE).

Allí se abrazaron todos: «Y abrazándonos los unos a los otros, subimos al barco y ellos se volvieron a sus casas» (Hch. 21:6). Otra despedida de Pablo y sus asistentes con aquellos discípulos. Y abordaron de nuevo el barco, de Tiro navegaron a Tolemaida, que se conoce como Akko o Acre y es parte de Israel, y se quedaron allí «un día» con los hermanos (Hch. 21:7).

Allí, en Akko, se tiene el monumento de una ballena con un agujero en el centro, para tomar fotografías, porque una tradición local dice que en ese puerto el gran pez vomitó a Jonás. Otra dice que fue en Asdod o Ashdod, אַשְׁדּוֹד y significa «fortaleza». Otra dice que fue en la costa que une a Israel con el Líbano. La más popular dice que fue en Jaffo o Jope.

El convivio y la convivencia que Pablo de Tarso y sus ayudantes tuvieron, era una marca espiritual entre los creyentes primitivos. Debemos practicar sanamente y con respeto el abrazarnos unos a otros.

2. La llegada a Cesarea

«Al otro día, saliendo Pablo y los que con él estábamos, fuimos a Cesarea; y entrando en casa de Felipe, el evangelista, que era uno de los siete, posamos con él» (Hch, 21:8).

La casa. A la llegada a Cesarea en el valle del Sarón, Pablo y los suyos, se hospedaron en la casa del diácono Felipe (Hch. 21:8). Cesarea era la capital romana en Israel. Desde la época de Herodes El Grande hasta el siglo IV, era una ciudad portuaria, comercial, política, religiosa. En Cesarea, el evangelio de Jesucristo llegó a los gentiles, alcanzó a Cornelio el centurión y a toda su familia (Hch. 10:1-4). Allí descendió el Espíritu Santo sobre los gentiles (Hch. 10:44-48).

Felipe «tenía cuatro hijas doncellas que profetizaban» (Hch. 21:9). No sabemos nada más acerca de estas cuatros hijas solteras de Felipe. Pero esa breve mención de «que profetizaban» –quizá tuvo que ver con lo que le profetizaron a Pablo para prevenirlo sobre su decisión a tomar– les da un lugar privilegiado a ellas y a todas las mujeres de ser transmisoras del mensaje de Dios.

Eusebio de Cesarea cita a Clemente y menciona a algunos apóstoles que tuvieron hijos, al igual que la hijas de Felipe: «Clemente, a quien acabamos de citar, después de esto continúa con una lista de los apóstoles cuyo matrimonio está demostrado para los que niegan el matrimonio. Dice así: «¿Acaso también rechazaron a los apóstoles? **Pedro y Felipe tuvieron hijos; Felipe incluso entregó a sus hijas en matrimonio,** y **Pablo no duda, en alguna de sus cartas, en nombrar a su cónyuge, la cual no le acompañaba,** para una mayor flexibilidad en su servicio» (*Historia Eclesiástica*).

También Eusebio de Cesarea nos comparte otra tradición sobre Felipe: «Pues también en Asia reposan grandes personalidades, las cuales resucitarán el último día de la venida del Señor, en el que vendrá de los cielos con gloria para buscar a todos los santos. Entre ellos, **Felipe, uno de los doce apóstoles, que reposa en Hierápolis, dos de sus hijas que envejecieron vírgenes** y **otra hija suya que, tras vivir en el Espíritu Santo, duerme en Éfeso.** También **descansa en Éfeso Juan, el que se reclinó sobre el pecho del Señor** y que fue sacerdote portador del *pétalon*, mártir y maestro» (*Historia Eclesiástica*).

En la Traducción Actual leemos: «Tú, Dios mío, hablaste, y miles de mujeres dieron la noticia» (Sal. 68:11). «El Señor daba palabra: De las evangelizantes había grande ejército». (RV-Antigua).

La visita. Hasta Cesarea llegó de Judea el profeta Agabo (Hch. 21:10). Este, «tomó el cinto de Pablo, y atándose los pies y las manos, dijo...» (Hch. 21:11). Los profetas hablan por señales proféticas, y hablan con mensajes proféticos.

El mensaje de Agabo fue: «... Esto dice el Espíritu Santo: Así atarán los judíos en Jerusalén al varón de quien es este cinto, y le entregarán en manos de los gentiles» (Hch. 21:11). El mensaje fue claro y preciso, los judíos causarían el arresto de Pablo, y su entrega a la justicia romana.

«Al oír esto, le rogamos nosotros y los de aquel lugar, que no subiese a Jerusalén» (Hch. 21:12). Lucas, y los otros ayudantes, aconsejaron a Pablo de Tarso para que no procediera en su viaje a Jerusalén. Los subalternos deben preocuparse por el bienestar, protección y cuidado de sus líderes.

La reacción. «Entonces Pablo respondió: ¿Qué hacéis llorando y quebrantándome el corazón? Porque yo estoy dispuesto no sólo a ser atado, mas aún, a morir en Jerusalén por el nombre del Señor Jesús» (Hch. 21:13).

Pablo les dejó saber que él estaba listo para que lo ataran, y preparado para morir en Jerusalén, por lo que no tenían que estar llorando, porque eso le rompía el corazón. ¡Él estaba listo y en paz para enfrentar ese destino para él, fuera cual fuera!

Pero es una enseñanza cuando los discípulos se preocupan por el bienestar de su líder, que abrumado por el mucho trabajo ministerial se agota y desgasta físicamente. Lo menos que ellos se imaginaban es que después de subir a Jerusalén y ser apresado, Pablo regresaría a Cesarea para estar dos años preso y así darles calor pastoral y apostólico a aquella comunidad de fe.

La aceptación. Lucas y los otros ayudantes, al ver que no podían persuadir a Pablo para que no subiese a Jerusalén, dijeron: «... Hágase la voluntad del Señor» (Hch. 21:14).

Esto habla de resignación humana, de dejar todo en las manos del Señor Jesucristo. Es aceptar la soberanía de Dios sobre la vida de uno. Aquellos hermanos en la fe no podían ir en contra de «la voluntad del Señor», en relación con la vida y el ministerio de Pablo.

Debemos aprender a aceptar la voluntad del Señor Jesucristo en nuestras vidas. Tenemos que rendir todo a Él, emociones, sentimientos, el presente y el futuro; todo lo que somos y todo lo que tenemos es de Él y para Él.

Conclusión

Cuando el Espíritu Santo nos revela la voluntad de Jesucristo para nuestras vidas, debemos proceder con la misma. Nadie pudo persuadir a Pablo de Tarso para no hacer lo que creyó que era la voluntad de Dios para su vida.

033
El maltrato a Pablo

Hechos 21:35, RVR1960

*«Al llegar a las gradas, aconteció que era llevado en peso por
los soldados a causa de la violencia de la multitud».*

Introducción

Pablo fue puesto en aviso por el Espíritu Santo, de lo que le ocurriría en Jerusalén, pero no desistió de ir. Ya había programado su 'GPS' personal. Jacobo le aconsejó hacer la purificación en el templo, pero por ese consejo se metió en líos.

Luego subieron a Jerusalén, les acompañaron algunos discípulos, y se nombra a un tal Mnasón (no le falta la 'a' y así se escribe) chipriota, discípulo desde hacía mucho tiempo, y con él se quedarían hospedados (Hch. 21:15-16). A Jerusalén quería llegar Pablo, y a Jerusalén llegó. En Jerusalén terminaron los viajes misioneros del Apóstol de Tarso.

1. El encuentro con Jacobo

«Y al día siguiente, Pablo entró con nosotros a ver a Jacobo, y se hallaban reunidos todos los ancianos» (Hch. 21:18).

El recibimiento. Los creyentes de Jerusalén recibieron a los misioneros: «... los hermanos nos recibieron con gozo» (Hch. 21:17). La Nueva Traducción Viviente es más enfática: «... nos dieron una calurosa bienvenida».

Y al día siguiente, Pablo y sus ayudantes, fueron a reunirse con Jacobo o Santiago, y estaban allí los ancianos de la Iglesia de Jerusalén (Hch. 21:18). Ya unos años antes, Pablo de Tarso se había reunido junto a Bernabé con Santiago, el hermano del Señor, Simón Pedro y Juan (Hch. 15:13-14 cf. Gal. 2:9).

Nuevamente el Apóstol de los Gentiles, sentía la responsabilidad de reunirse con Santiago, el hermano de Jesús de Nazaret por parte de madre. Esto demuestra el nivel de humildad de Pablo. Él, como apóstol no estaba obligado a rendirles cuentas a ellos, su trabajo era independiente, era un co-igual como apóstol, pero rendía cuentas al Apóstol Supervisor de la Iglesia de Jerusalén. No podemos ser nuestra propia autoridad, debemos estar sujetos a una autoridad.

El Gran Diccionario Enciclopédico de la Biblia editado por Alfonso Ropero Berzosa declara: «*Iakob*, Ἰακώβ, del nombre hebreo *Yaakob*, יַעֲקֹב = Jacob». El nombre de Santiago es la contracción al español de un adjetivo y un nombre latinos: *Sanctus Iacobus* o San Jacobo. Su equivalente en inglés es James y se traduce también Jaime. En italiano se lee: Giacomo.

El informe. Pablo de Tarso contó allí a éstos todas «las cosas que Dios había hecho entre los gentiles por su ministerio» (Hch. 21:19). Presentó un informe de su trabajo como misionero y plantador de congregaciones. No reclamó crédito para él, sino que dio todo el crédito a Dios. Pero Dios hizo lo que hizo a través del ministerio de Pablo, «El Gigante del Cristianismo». Él era solo un instrumento, Dios era el obrador por medio del instrumento. Ponte en las manos del Padre Celestial, ríndete a Jesucristo, y deja que el Espíritu Santo te use para que se cumpla ese propósito contigo en tu generación.

La aceptación. Ellos «glorificaron a Dios» (Hch. 21:30). Nunca sintamos celos ni envidias cuando un consiervo es usado por el Espíritu Santo. Glorifiquemos a Dios. Pero fueron claros: «... Ya ves, hermano, cuántos millares de judíos hay que han creído; y todos son celosos de la ley» (Hch. 21:20). Muchos miles de judíos creyeron y aceptaron a Jesús como el Mesías, pero todavía eran «celosos de la ley». Mantenían sus costumbres y sus prácticas. ¡Eran legalistas!

2. La observación de Jacobo

«Pero se les ha informado en cuanto a ti, que enseñas a todos los judíos que están entre los gentiles a apostatar de Moisés, diciéndoles que no circunciden a sus hijos, ni observen las costumbres» (Hch. 21:21).

La Traducción En Lenguaje Actual es muy explícita: «Ellos se han enterado de que, a los judíos que viven en el extranjero, tú les enseñas a no obedecer la ley de Moisés, y que les dices que no deben circuncidar a sus hijos ni hacer lo que todos los judíos hacemos».

La acusación. Los judíos, enemigos de la cruz, estaban reaccionando contra Pablo, a quien acusaron de enseñar a los judíos, que no se circuncidaran, y cumplieran con la ley de Moisés. Esa era una difamación inventada en contra del siervo de Jesucristo. Si de Pablo hablaron mentiras, no te preocupes si de ti, también hablan mentiras.

«Dios los bendecirá a ustedes cuando, por causa mía, la gente los maltrate y diga mentiras contra ustedes. ¡Alégrense! ¡Pónganse contentos! Porque van a recibir un gran premio en el cielo. Así maltrataron también a los profetas que vivieron antes que ustedes» (Mt. 5:11-12, TLA).

El consejo a Pablo. Había cuatro judíos que tenían que cumplir voto (Hch. 21:23). Jacobo pensando que podía ayudar a Pablo, le sugirió que se purificara con ellos, y pagara por ellos el voto de rasurarse las cabezas. Así los judíos se convencerían de que Pablo guardaba la ley (Hch. 21:24).

El recordatorio. La postura tomada en el Concilio de Jerusalén de lo que se les prohibía a los gentiles, se mantendría igual: «En cuanto a los creyentes gentiles, ellos deben hacer lo que ya les dijimos en una carta: abstenerse de comer alimentos ofrecidos a ídolos, de consumir sangre o la carne de animales estrangulados, y de la inmoralidad sexual» (Hch. 21:25, NTV). Pablo entendió que al gentil convertido en discípulo de Jesucristo no se le podía obligar a que se hiciera judío, pero el judío convertido a Jesucristo seguiría siendo judío.

3. La obediencia a Jacobo

«Entonces Pablo tomó consigo a aquellos hombres, y al día siguiente, habiéndose purificado con ellos, entró en el templo, para anunciar el cumplimiento de los días de la purificación, cuando había de presentarse la ofrenda por cada uno de ellos» (Hch. 21:26).

La acción. Pablo se purificó con «aquellos hombres», luego entró al templo, para presentar la ofrenda que correspondía a cada uno de ellos (Hch. 21:26). Nos enseña que la institución siempre debe ser respetada.

El alboroto. Judíos procedentes de Asia, de la diáspora, de afuera, que no eran de Jerusalén, casi al cumplimiento de los siete días, reconocieron a Pablo

(Hch. 21:27). Y ellos 'alborotaron' a la gente, buscando ayuda en contra del apóstol, y acusaron a Pablo diciendo: «... ¡Varones israelitas, ayudad! Éste es el hombre que por todas partes enseña a todos contra el pueblo, la ley y este lugar; y además de esto, ha metido a griegos en el templo, y ha profanado este santo lugar» (Hch. 21:28).

Aquellos judíos revoltosos, molestosos, provocadores, incitadores del Asia Menor, acusaron a Pablo de varias cosas, como uno que enseñaba en contra del pueblo judío, de la ley judía y del templo judío. A Pablo lo habían visto ese mismo día con Trófimo, un gentil de Éfeso, y pensaron que como andaba con él, también entró con él al templo de Jerusalén (Hch. 21:29).

Muchas veces surgen situaciones porque alguien se ha equivocado con otra persona. Muchas percepciones son equivocadas. No podemos juzgar a una persona por las apariencias. Aquel alboroto, aquella algarabía, creó una conmoción y mucha tensión entre la gente, y tomaron a Pablo, y lo arrastraron fuera del templo, cerrando las puertas, y su intención era «matarle» (Hch. 21:30-31).

El consejo de Santiago el Justo (Hch. 21:23-24), ofrecido a Pablo con la mejor intención, en vez de ayudarlo, lo que hizo fue meterlo en serios problemas. Muchas veces los siervos de Dios reciben consejos de personas espirituales y de líderes, que les acarrean problemas.

El *Gran Diccionario Enciclopédico de la Biblia* nos dice: «Cuando Pablo es apresado, no se oye que Santiago y los creyentes de Jerusalén hayan hecho nada en su defensa, a pesar de que siguió las recomendaciones que éste le había propuesto. Ello evidencia la profundidad de la división entre Pablo y los cristianos de Jerusalén, que no se pudo reparar a pesar de la buena voluntad de los involucrados» (Editado por Alfonso Ropero Berzosa, Editorial CLIE, Barcelona, 2013).

La intervención. El tribuno fue avisado del alboroto en la ciudad (Hch. 21:31). Alfonso Ropero Berzosa declara en la obra arriba citada: «Del lat. tribunus; khilíarkhos, χιλίαρχος, lit. 'capitán de mil', de khilios, 'mil', y arkho, 'regir', designa al comandante de un batallón compuesto por 1.000 soldados» (Editorial CLIE).

El tribuno desplazando «soldados y centuriones», se movió hacia la turba, y estos «dejaron de golpear a Pablo» (Hch. 21:32). Esa movilización que incluyó a los 'centuriones' o 'jefes de centurias militares', demuestra que la situación era de enormes proporciones.

«Entonces, llegando el tribuno, le prendió y le mandó atar con dos cadenas, y preguntó quién era y qué había hecho» (Hch. 21:33). La multitud estaba confusa, y Pablo fue llevado a la Fortaleza Antonia, donde Jesucristo fue también llevado en la época de Poncio Pilato» (Hch. 21:34).

Aquel jefe militar romano, quiliarca, un enemigo considerado por los mismos judíos, protegió a Pablo de Tarso de su propio pueblo judío. Muchas veces somos ayudados por aquellos que no son nada nuestro, y del que menos esperamos es quien nos extiende la mano. Dale siempre gracias a Dios por aquellos y aquellas, que no tenían que ayudarte, pero te ayudaron.

«Al llegar a las gradas, aconteció que era llevado en peso por los soldados a causa de la violencia de la multitud, porque la muchedumbre del pueblo venía detrás, gritando: ¡Muera!» (Hch. 21:35-36). Esas palabras nos recuerdan a aquella multitud que gritaba algo similar a nuestro Señor Jesucristo.

«Pilato volvió a salir, y dijo a la gente: '¡Escuchen! Ordene que traigan a Jesús de nuevo. Yo no creo que sea culpable de nada malo'. Cuando sacaron a Jesús, llevaba puesta la corona de espinas y vestía el manto rojo. Pilato dijo: ¡Aquí está el hombre! Cuando los jefes de los sacerdotes y los guardias del templo vieron a Jesús, comenzaron a gritar: ¡Clávalo en una cruz! ¡Clávalo en una cruz! Pilato les dijo: Yo no creo que sea culpable de nada. Así que llévenselo y clávenlo en la cruz ustedes mismos» (Jn. 19:4-6, TLA).

Pablo de Tarso tuvo que ser levantado en peso, y aquella enfurecida multitud, con violencia le quería poner la mano encima. Lo querían ver muerto. Un cuadro de desesperación y de desconcierto que experimentó el Apóstol de los Gentiles.

Aquella ilusión espiritual del apóstol de querer subir a Jerusalén, pensando quizá que algo favorable ocurriría en su ministerio, se transformó en una gran desilusión. La profecía de Agabo se cumplió, y el mal presentimiento de los discípulos también.

¡Mucho cuidado con estar ilusionándote espiritualmente y emocionalmente con las cosas! Seamos prácticos y realistas. No siempre lo que creemos que nos saldrá bien, saldrá bien. Muchos buscando su futuro, se encuentran con su pasado. La vida tiene muchas sorpresas. Un estribillo del salsero Rubén Blade dice: «La vida te da sorpresas» y «Pedro Navaja», dice: La vida te da sorpresas, sorpresas te da la vida, ay, Dios».

Conclusión

Este episodio de violencia contra el misionero Pablo, nos deja ver todo lo que sufrió este «Apóstol de los Gentiles» para que el evangelio llegara a nosotros los gentiles.

034
El cambio en Pablo

Hechos 22:15, RVR1960

«Porque serás testigo suyo ante todos los hombres, de lo que has visto y oído».

Introducción

Gracias al cronista Lucas, este evento en la vida de Pablo fue preservado por su pluma. Y del mismo aprendemos muchas cosas.

1. El trasfondo de Pablo

«Yo de cierto soy judío, nacido en Tarso de Cilicia, pero criado en esta ciudad, instruido a los pies de Gamaliel, estrictamente conforme a la ley de nuestros padres, celoso de Dios, como hoy lo sois todos vosotros» (Hch. 21:39).

El diálogo. En Hechos 21:37-40, se nos presenta un diálogo entre Pablo y el tribuno. Pablo le preguntó: «... ¿Se me permite decirte algo?». El tribuno le preguntó: «¿Sabes griego?» (Hch. 21:37).

Ya más seguro en la fortaleza, Pablo se dirigió con mucha cortesía y respeto al tribuno para decirle algo. Los buenos modales y el trato a nuestros semejantes es algo que resalta el buen carácter de quien los expresa.

El griego koiné era la lengua común en esa época. Pero los judíos hablaban el arameo. Aquel tribuno se asombró de escuchar a Pablo de Tarso hablar en perfecto griego. Esto demuestra que Pablo era políglota, hablaba hebreo por su educación rabínica, hablaba el arameo que era la lengua común entre los judíos palestinos, hablaba el latín por haberse criado en la provincia de Cilicia como ciudadano romano, y hablaba griego, la lengua comercial y cultural. ¡Cuán importante es que nuestros hijos hablen más de un idioma!

El tribuno volvió y le preguntó algo para salir de su confusión: «¿No eres tú aquel egipcio que levantó una sedición antes de estos días, y sacó al desierto los cuatro mil sicarios?» (Hch. 21:38). ¿Qué similitud entre Pablo de Tarso y el egipcio vería el tribuno? En el año 54 d.C. este egipcio fue notorio y desapareció. Pablo estaba delante de este tribuno hacia el año 57 d.C.

Flavio Josefo nos declara del egipcio: «Pero había un falso profeta egipcio que hizo más daño a los judíos que los anteriores, porque era un estafador, y pretendía ser profeta también, y reunió a treinta mil hombres engañados por él; a éstos condujo desde el desierto hasta el llamado Monte de los Olivos, y estaba listo para, desde este lugar, tomar a Jerusalén por la fuerza; y si hubiese podido derrotar a la guarnición romana y al pueblo una sola vez, se proponía dominarlos con la ayuda de los guardias que debían irrumpir en la ciudad con él. Pero Félix impidió este intento, y lo enfrentó con sus soldados romanos, mientras todo el pueblo le ayudó en su ataque contra ellos, de manera que, cuando se inició el combate, el egipcio huyó junto con algunos otros, mientras que la mayor parte de los que le acompañaban fueron o destruidos o tomados vivos; pero el resto de la multitud fue dispersado, y se fueron cada uno a su propia casa, y allí se ocultaron».

El tribuno asoció al egipcio con Pablo, aunque no estaba seguro. La gente puede opinar lo que quiera de nosotros, y compararnos con quién quiera. Lo importante es que nosotros sepamos quiénes somos.

La identificación. Pablo se identificó como un judío nacido en Tarso, una ciudad importante. Hace varios años visité esa ciudad portuaria en Turquía. Vi el Arco de Cleopatra o Arco del Mar, la puerta principal de la época paulina. He tenido el privilegio de beber agua del Pozo de San Pablo, del Pozo de Belén, del Pozo de la Samaritana, y he estado en el Pozo de Nazareth o Pozo de María. También he mojado mis piernas andando por el túnel de Ezequías hasta el estanque de Siloé.

El apóstol le rogó al tribuno que lo dejara hablar a la gente (Hch. 21:39). Al serle permitido, pidió silencio con la mano levantada y la palma de frente al estilo romano, y ya tomada la atención de aquel auditorio, habló en hebreo (Hch. 21:40). Algunos comentaristas creen que Pablo en realidad habló en arameo, que era la lengua materna hablada por los judíos de esa época y esos contornos. Se traduce 'arameo' en la Nueva Versión Internacional, la Reina Valera Contemporánea y la Traducción En Lenguaje Actual.

2. El testimonio de Pablo

«Y caí al suelo, y oí una voz que me decía: Saulo, Saulo, ¿por qué me persigues?» (Hch. 22:7).

Hizo su introducción llamándolos «varones hermanos y padres» (Hch. 22:1). Esa fue una manera venerable y honorable de Pablo al dirigirse a ellos, tratándolos como hermanos y padres. Al hablar en hebreo o arameo capturó el silencio y la atención de la gente (Hch. 22:2). A la gente le gusta que se le hable en su lengua, que uno se dé a entender y a comprender en lo que diga. ¡Sea claro en sus pensamientos y palabras! ¡Ponga sentido en lo que diga!

Su origen. «Yo de cierto soy judío, nacido en Tarso de Cilicia, pero criado en esta ciudad, instruido a los pies de Gamaliel, estrictamente conforme a la ley de nuestros padres, celoso de Dios, como hoy lo sois todos vosotros» (Hch. 22:3).

Las credenciales pasadas de Pablo le conectaban con un gran pueblo, el judío; con una gran ciudad, la de Jerusalén, donde desde niño Pablo de Tarso fue criado; con un gran maestro, el reconocido Gamaliel; con una gran ley, la de los padres judíos. Tú y yo nos conectamos a un gran Maestro, un gran Salvador y a una gran Iglesia.

«Entonces levantándose en el concilio un fariseo llamado Gamaliel, doctor de la ley, venerado por todo el pueblo, mandó que sacasen fuera por un momento a los apóstoles» (Hch, 5:34).

Su pasado. «Perseguía yo este Camino hasta la muerte, prendiendo y entregando en cárceles a hombres y mujeres» (Hch. 22:4). El término «Camino» era como se conocía a los primeros judeocristianos, en Antioquía fue donde se les llamó cristianos por vez primera.

«De allí, Bernabé se fue a la ciudad de Tarso, para buscar a Saulo. Cuando lo encontró, lo llevó a Antioquía. Allí estuvieron un año con toda la gente de la iglesia, y enseñaron a muchas personas. Fue allí, en Antioquía, **donde por primera vez la gente comenzó a llamar cristianos a los seguidores de Jesús**» (Hch. 11:25-26, TLA).

Pablo de Tarso enumera sus crímenes pasados, no los oculta (perseguía, arrestaba y metía en la cárcel a los cristianos), antes se sentía orgulloso del mal que realizaba. Ahora se siente avergonzado de aquellas acciones. Pero es su testimonio lo que fue antes y lo que es ahora.

Su autorización. «El sumo sacerdote también me es testigo, y todos los ancianos, de quienes también recibí cartas para los hermanos, y fui a Damasco para traer presos a Jerusalén también a los que estuviesen allí, para que fuesen castigados» (Hch. 22:5).

Pablo puso por testigo suyo al sumo sacerdote Ananías (Hch. 23:2) que ejerció su puesto del año 48 al 59, y puso también por testigo al Sanedrín judío. Demostraba que podía sustentar con pruebas y referencias el testimonio de su vida pasada. Fue conocido por muchas autoridades judías. Y fue autorizado para arrestar a los cristianos y castigarlos, aun hasta la muerte. Su testimonio estaba respaldado por el testimonio de otros.

Su conversión. «Pero aconteció que yendo yo, al llegar cerca de Damasco, como a mediodía, de repente me rodeó mucha luz del cielo» (Hch. 22:6).

Esta es la segunda vez que Pablo de Tarso comparte el testimonio de su dramática conversión allá por el año 37 d.C. Recordó que era como «a mediodía» cuando fue rodeado por «mucha luz del cielo», y era «al llegar a Damasco» (Hch. 22:6). Aquella luz dejó ciego a Saulo de su propósito, para que luego recibiera la vista y encajara en el propósito del Señor Jesucristo. Cuando la luz de Jesucristo se le revela al pecador, este se tiene que rendir. Perderá la visión de su vida pasada. Tendrá una nueva visión para su vida presente y futura. En aquel camino de Damasco, murió el perseguidor de la Iglesia, y nació el defensor de la Iglesia.

Él cayó al suelo y entre él y quien se reveló como «Jesús de Nazaret», hubo un diálogo de preguntas y respuestas: «Y caí al suelo, y oí una voz que me decía: 'Saulo, Saulo, ¿por qué me persigues?'. Yo entonces respondí: '¿Quién eres, Señor?'. Y me dijo: 'Yo soy Jesús de Nazaret, a quien tú persigues'» (Hch. 22:7-8).

Los que acompañaron a Pablo «camino a Damasco» vieron la luz, pero no entendieron aquella voz que le hablaba (Hch. 22:9). Él le pidió instrucciones al Señor Jesucristo y fue instruido y ordenado a ser llevado a Damasco (Hch. 22:10-11).

Allí, en Damasco, fue visitado por un judío piadoso llamado Ananías, y este oró y recibió la vista perdida por causa de la luz (Hch. 22:12-13). Según Hechos 9, Pablo de Tarso estuvo ciego durante tres días.

Ananías le profetizó que había sido escogido como «testigo suyo a todos los hombres» (Hch. 22:14-15). Y luego bautizó a Saulo de Tarso como testimonio de haberse arrepentido y de invocar el nombre de Jesús (Hch. 22:16).

Pablo de Tarso tenía una sola versión de su testimonio. Las tres veces que la compartió siempre fue la misma. Muchos y muchas dan versiones diferentes de sus testimonios, añadiendo aquí y exagerando allá. No trate de ayudar al Señor Jesucristo con su testimonio, Él ya lo ayudó a usted dándole un testimonio.

Su éxtasis. «Y me aconteció, vuelto a Jerusalén, que orando en el templo me sobrevino un éxtasis» (Hch. 22:17). La palabra «éxtasis» se traduce por «visión» en la TLA. Cuando volvió a Jerusalén, mientras oraba en el templo, Pablo experimentó un éxtasis, el Señor Jesucristo le ordenó salir de esa ciudad, porque su testimonio sería rechazado (Hch. 22:18).

Luego Pablo le recordó al Señor Jesucristo que él «encarcelaba y azotaba» (Hch. 22:19). Estuvo presente y de acuerdo con la muerte del mártir Esteban: «Y echándole fuera de la ciudad, le apedrearon, y los testigos pusieron sus ropas a los pies de un joven que se llamaba Saulo» (Hch. 7:58).

En Hechos 22:20 se nos informa de otro detalle, «y guardaba las ropas de los que le mataban». Primero, las ropas de Esteban la pusieron a los pies del joven Saulo. Era el mensaje del martirio. Y ese testimonio lo recordó Lucas. Segundo, Saulo fue encargado de guardar las ropas de los verdugos de Esteban. Era el mensaje de la inquisición. Dos testimonios señalados para Saulo de Tarso. Años después, Pablo de Tarso no podía olvidarse de que fue culpable por asociación de la muerte de Esteban.

Pero aun así, siendo tan malo, recibió el llamamiento del cielo: «Pero me dijo: Ve, porque yo te enviaré lejos, a los gentiles» (Hch. 22:21). El propósito de Jesucristo para él, estaba establecido. Desde el principio de su conversión tuvo oídos para la voz del Señor Jesucristo.

Mi amigo y futurista Filiberto Cano de Yucatán, México, conversando conmigo en la avenida histórica de Mérida, me dijo: «Kittim, en el mundo hay tres clases de sordos: Primero, el que naturalmente no oye porque nació sordo. Segundo, el que oye, pero no quiere oír. Tercero, el que oye y no entiende lo que oye».

3. El reclamo de Pablo

«Pero cuando le ataron con correas, Pablo dijo al centurión que estaba presente: ¿Os es lícito azotar a un ciudadano romano sin haber sido condenado?» (Hch. 22:25).

El pueblo se exaltó y pedían su muerte, con muestras de rechazó (Hch. 22:22-23). Leemos: «Mandó el tribuno que le metiesen en la fortaleza, y ordenó que fuese examinado con azotes, para saber por qué causa clamaban así contra él» (Hch. 22:21-24).

Hechos 22:25 en la Biblia de las Américas dice: «Cuando lo estiraron con correas, Pablo dijo al centurión que estaba allí: ¿Os es lícito azotar a un ciudadano romano sin haberle hecho juicio?».

Pablo fue sometido al tormentoso «flagellum romano». Entonces reclamó ante aquel centurión su ciudadanía romana, no para escaparse del martirio, sino para cumplir con su misión de alcanzar a más personas con el testimonio del evangelio, y se amparó bajo los derechos de la ley romana (Hch. 22:25). Este apóstol conocía la ley, y conocía sus derechos constitucionales. Debemos educarnos para conocer nuestros derechos como ciudadanos.

El centurión estuvo de acuerdo con Pablo, y reconoció que él mismo como centurión tuvo que comprar a buen precio su ciudadanía, pero Pablo le recalcó que el nació ciudadano romano (Hch. 22:28). Lo cual era una gran honra. Roma, en aquel entonces, era hoy los Estados Unidos de América, o cualquiera de las otras potencias mundiales.

Ante esta afirmación, sus atormentadores, los que lo acusaban, lo dejaron tranquilo, y el mismo centurión estuvo nervioso «por haberlo atado» (Hch. 22:29). Cuando alguien sabe, que la persona sabe, el trato tiene que cambiar.

Conclusión

Pablo tuvo la oportunidad de testificar ante todo aquel gentío, y dejar saber que era un hombre educado, urbano y ciudadano romano.

035
El argumento de Pablo

Hechos 23:1, RVR1960

«Entonces Pablo, mirando fijamente al concilio, dijo: Varones hermanos, yo con toda buena conciencia he vivido delante de Dios hasta el día de hoy».

Introducción

El Espíritu Santo le ofreció la oportunidad a Pablo de Tarso, de estar cara a cara con el sumo sacerdote Ananías, que presidía el Sanedrín.

1. La buena conciencia del apóstol

«Entonces Pablo, mirando fijamente al concilio, dijo: Varones hermanos, yo con toda buena conciencia he vivido delante de Dios hasta el día de hoy» (Hch. 23:1).

«Pablo miró a todos los de la Junta Suprema, y les dijo: 'Amigos israelitas, yo tengo la conciencia tranquila, porque hasta ahora he obedecido a Dios en todo'» (TLA).

Pablo de Tarso se enfrentó «al concilio» o sanedrín judío con estas palabras: Pablo les deja saber que en toda su vida religiosamente nunca había actuado con mala conciencia. A todos los llamó «hermanos». Para Pablo todos eran iguales.

La conciencia del apóstol Pablo era buena, y su conducta ante Dios era ejemplar. Conciencia es el conocimiento que posee un ser humano de su propia existencia, de cómo actúa y de como está. Lo más importante en la vida es tener una conciencia limpia que no tenga de qué acusarnos; es tener una conciencia aprobada que nos pueda defender. La conciencia puede ser nuestro fiscal acusándonos, o puede ser nuestro defensor absolviéndonos.

Vivir un testimonio es más importante que hablar sobre un testimonio. No es que tenga un testimonio que dar, sino que yo sea un testimonio viviente. El más grande testimonio no es lo que fuimos sin Jesucristo (una resta), sino lo que somos en Jesucristo (una suma). El verdadero testimonio habla más de la nueva vida que Cristo ha hecho renacer en uno, que de la antigua vida de desobediencia que teníamos. Una predicación sin el énfasis en la persona de Jesucristo, es filosofía y no es teología, es especulación humana, no es revelación divina.

«El sumo sacerdote Ananías ordenó entonces a los que estaban junto a él, que le golpeasen en la boca» (Hch. 23:2). Las palabras de Pablo molestaron al sumo sacerdote Ananías. Josefo describe los doce años de su sumo sacerdocio como años de avaricia, glotonería y de mucha crueldad.

«En el 53 asistió al consejo convocado por Claudio Lisias para juzgar a Pablo en Jerusalén (Hch. 22:30–23:10). En el año 58 fue a Cesarea para acusar a Pablo ante el procurador Félix (Hch. 24:1-9). Fue asesinado por los sicarios judíos en el año 66 d.C., debido a su amistad con los romanos» (Alfonso Ropero Berzosa, *Gran Diccionario Enciclopédico de la Biblia*).

El sumo sacerdote Ananías, veía al cristianismo como una secta alejada del judaísmo. Pablo de Tarso no se dio cuenta de la investidura del sumo sacerdote de Ananías. Por lo que dijo Pablo de tener «buena conciencia», Ananías ordenó que le pegaran en la boca (Hch. 23:2). No pudo controlar el nivel de enojo en su vida. Era muy temperamental. Un volcán humano que entraba en erupción emocional muy rápido.

Y así son muchos seres humanos por cosas sin importancia, se molestan y se enojan rápido. Maneje el enojo en su vida, sepa que es lo que le puede provocar el enojo, o quién puede provocárselo. No deje que el enojo le suba en la escala a 8 o 9, porque se transforma en ira y rabia. En 10 ya es explosivo tornándose agresivo, y luego post-explosivo trayéndole consecuencias a la persona enojada y a otras personas.

Consejo bíblico. «Airaos, pero no pequéis; no se ponga el sol sobre vuestro enojo, ni deis lugar al diablo» (Ef. 4:26-27). Son dos versículos que forman un solo pensamiento.

Consejo bíblico. «No te apresures en tu espíritu a enojarte; porque el enojo reposa en el seno de los necios» (Ecl. 7:9).

Pablo también reaccionó con estas palabras: «... ¡Dios te golpeará a ti, pared blanqueada! ¿Estás tú sentado para juzgarme conforme a la ley, y quebrantando la ley me mandas golpear?» (Hch. 23:3).

Palabras similares declaró el Gran Maestro de Galilea a los escribas fariseos: «¡Ay de vosotros, escribas y fariseos, hipócritas! porque sois semejantes a sepulcros blanqueados, que por fuera, a la verdad, se muestran hermosos, mas por dentro están llenos de huesos de muertos y de toda inmundicia» (Mt. 23:27).

El tono de voz paulino fue fuerte y confrontador contra el sumo sacerdote Ananías. A este le señaló que en vez de utilizar correctamente la ley, la quebrantaba al mandarlo golpear. Apenas había iniciado el proceso judicial y ya estaba maltratando al acusado.

A Pablo le imputaron los asistentes del sumo sacerdote: «... ¿Al sumo sacerdote de Dios injurias?» (Hch. 23:4). Para los judíos hablarle al sumo sacerdote como lo hizo Pablo de Tarso, era algo injuriador e irrespetuoso.

A lo que Pablo contestó: «... No sabía, hermanos, que era el sumo sacerdote, pues escrito está: No maldecirás a un príncipe de tu pueblo» (Hch. 23:5). La Traducción En Lenguaje Actual rinde: «Pablo contestó: 'Amigos, yo no sabía que él era el jefe de los sacerdotes. La Biblia dice que no debemos hablar mal del jefe de nuestro pueblo». Dos interpretaciones se pueden hacer del pasaje:

Pablo habló sarcásticamente. El comportamiento del sumo sacerdote lo contradecía como tal. Era imposible que Pablo no identificara al sumo sacerdote Ananías que fue nombrado por Herodes Agripa II (48-59). En el año 66 fue asesinado por los sicarios judíos por su simpatía hacia los romanos.

Pablo no reconoció al sumo sacerdote. Ya que no era el mismo sumo sacerdote que le dio cartas para perseguir a los cristianos. Es probable que el lugar donde estaba ubicado el sumo sacerdote, su comportamiento inicial, cansancio en el apóstol, quizá algún problema de la vista, no le permitieran identificar al mismo. Y allí el apóstol citó lo que decía la ley: «No maldecirás a un príncipe de tu pueblo».

Si un creyente le miente a alguien, solo le miente a esa persona. Si le miente a un ministro de Dios, le miente a este, y le miente a Dios. Si alguien le falta el respeto a alguien, solo le falta el respeto a esa persona. Si le falta el respeto a un ministro de Dios, le falta al respeto a Dios.

El maltrato dado a Pablo de Tarso nos recuerda el maltrato que se le dio a nuestro Señor Jesucristo durante su interrogatorio religioso en el palacio de Caifás. Y nos recuerda a todos aquellos que en nombre de la justicia maltratan a muchos inocentes y aunque sean culpables de la ley no se abusa.

«El jefe de los sacerdotes empezó a preguntarle a Jesús acerca de sus discípulos y de lo que enseñaba. Jesús le dijo: '¿Por qué me preguntas a mí? Yo he hablado delante de todo el mundo. Siempre he enseñado en las sinagogas y en el templo, y nunca he dicho nada en secreto. Pregúntales a los que me han escuchado. Ellos te dirán lo que he dicho'».

Cuando Jesús dijo esto, uno de los guardias del templo lo golpeó en la cara y le dijo: ¡Ésa no es manera de contestarle al jefe de los sacerdotes! Jesús le respondió: 'Si dije algo malo, dime qué fue. Pero si lo que dije está bien, ¿por qué me golpeas?'. Luego Anás envió a Jesús, todavía atado, a Caifás, el jefe de los sacerdotes» Jn. 18:19-24, TLA).

Lo dicho por Pablo tenía razón, pero aún así no era apropiado decirlo a una persona de alta posición. Y con un espíritu de humildad el apóstol se retracta de sus palabras ante un sumo sacerdote. ¡Cuando se mete la pata hay que remediarlo!

Mucho cuidado en cómo nos dirigimos a las autoridades espirituales. Las investiduras y las posiciones se honran. El rango se saluda. Se respeta al «Primus Inter Pares», del griego Πρώτος μεταξὺ ἴσων, (*prōtos metaxỳ ísōn*). Es decir: «Primero Entre Iguales».

Esta escena paulina nos recuerda a David, que respetó a Saúl como el «ungido de Jehová», y así lo enseñó a sus hombres valientes, para que aprendieran a honrar a un príncipe de Dios.

2. El choque entre saduceos y fariseos

«Entonces Pablo, notando que una parte era de saduceos y otra de fariseos, alzó la voz en el concilio: Varones hermanos, yo soy fariseo, hijo de fariseo; acerca de la esperanza y de la resurrección de los muertos se me juzga» (Hch. 23:6).

El reclamo. «... Varones hermanos, yo soy fariseo, hijo de fariseo; acerca de la esperanza y de la resurrección de los muertos se me juzga» (Hch. 23:6).

Al ver aquel grupo religioso fraccionado entre saduceos y fariseos, Pablo aprovechó las diferencias doctrinales para identificarse con los fariseos. Los fariseos en su teología creían en la doctrina de la resurrección, creían en ángeles, en demonios, en el libre albedrío, muy contrario a la posición asumida por los saduceos. Y la postura tomada y expresada por Pablo, de cuna fariseo, aunque momentáneamente, lo alinearía con el partido fariseo. La teología de los fariseos tenía equilibrio y ortodoxia.

El apoyo. «Y hubo un gran vocerío; y levantándose los escribas de la parte de los fariseos, contendían, diciendo: Ningún mal hallamos en este hombre, que si un espíritu le ha hablado, o un ángel, no resistamos a Dios» (Hch. 23:9).

Los escribas apoyaron a los fariseos por el tema de la resurrección. Y exoneraron a Pablo de cualquier culpabilidad. Para ellos Dios podía hablarle a Pablo por algún espíritu o algún ángel.

Me gusta la declaración «no resistamos a Dios» (RV-60). Esta expresión no aparece en la Nueva Versión Internacional, Nueva Traducción Viviente, Traducción En Lenguaje Actual. Pero, ¿cuántas veces sabiendo que algo es revelación de Dios, lo resistimos?

3. El temor del tribuno

«Y habiendo grande disensión, el tribuno, teniendo temor de que Pablo fuese despedazado por ellos, mandó que bajasen soldados y le arrebatasen de en medio de ellos, y le llevasen a la fortaleza» (Hch. 23:10).

La protección. Él tuvo temor de que Pablo fuera asaltado por aquellos judíos turbados, y dio orden a algunos soldados para que tomaran a Pablo y se lo llevaran a la Fortaleza Antonia.

Tradicionalmente se cree que la Explanada del Templo, fue donde originalmente Salomón edificó el templo, y que sus 36 acres de expansión encierran el muro de contención construido por Herodes el Grande. Con el descubrimiento arqueológico y desarrollo del Ofel (la Sión o ciudad de David), ahora se especula que el monte de Sión fue cortado en la época macabea y que más al sur de la explanada, era donde estaba ubicado el templo. La Explanada del Templo encaja perfectamente con la descripción de la Fortaleza Antonia, que era una ciudadela militar. Por lo tanto, donde está el Domo de la Roca, que encierra una gran roca, es la referencia que hace Flavio Josefo como parte de la Fortaleza Antonia:

El templo, pues, como dije, estaba edificado sobre un collado muy fuerte: al principio apenas bastaba para el templo, ni para la plaza, el llano que había en lo más alto del collado, el cual era como recuesto; pero como el rey Salomón, que había edificado el templo, hubiese cercado la parte de hacia el Oriente de muro, edificó allí un claustro junto con el collado, y quedaba por las otras partes desnudo, hasta que, **siglos después, añadiendo el pueblo algo a la montaña, fué igualada con el collado, y hecho más ancho**; y roto también el muro de la parte septentrional, tomaron tanto espacio cuanto después mostraba el templo haber comprendido. Cercado, pues, el collado de tres muros, vino a ser la obra mayor y más importante de lo que se esperaba: en lo cual se gastaron, por cierto, muchos años y todo el tesoro sagrado recogido (*Guerra de los Judíos*, capítulo VI).

Estaba la torre Antonia edificada en una esquina o canto de las puertas de la parte primera del templo, que estaba al Occidente y al Septentrión: **fundada y edificada sobre una peña alta de cincuenta codos, y cortada por todas partes, lo cual fué obra del rey Herodes,** en la cual mostró la magnificencia y alteza de su ingenio en gran manera.

Estaba esta piedra cubierta a lo primero de una corteza algo ligera, como una hoja de metal, por dar honra a la obra, por que pudiesen fácilmente caer los que intentasen subir o bajar: había delante de la torre, además de lo dicho, por todo su cerco, un muro de tres codos en alto; el espacio de la torre Antonia en alto dentro del muro, se alzaba hasta cuarenta codos; por dentro tenía anchura y manera de un palacio, repartido en todo género y manera de cámaras y apartamientos para posar en ellos; tenía sus salas, sus baños y cámaras muy buenas y muy cómodas para un fuerte, de tal manera, que en cuanto tocaba al uso necesario, **parecía una pequeña ciudad,** y en la magnificencia de ella parecía un palacio muy alindado; **pero estaba muy a manera de torre edificada; y por los otros cantones rodeada con otras cuatro torres, las cuales eran todas de cincuenta codos de altas**: la que estaba hacia la parte de Mediodía y del Oriente se levantaba setenta codos de alto, **de tal manera, que de ella se descubría y podía ver todo el templo**; y por donde se juntaba con las galerías, **tenía por ambas partes ciertas descendencias por las cuales entraban y salían las guardas,** porque siempre había en ella soldados romanos, y estas guardas eran puestas allí con armas porque mirasen con diligencia que el pueblo no innovase algo de los días de las fiestas.

Estaba el templo dentro de la ciudad como una torre y fuerte, y para guarda del templo estaba la torre Antonia: en esta parte había también guardas, y en la parte alta de la ciudad, el Palacio Real de Herodes, el cual era como un castillo: el collado llamado Bezeta, según arriba dije, estaba apartado de la torre Antonia, el cual, como fuese el más alto de todos, estaba también junto con la parte nueva de la ciudad, y era el único opuesto al templo por la parte septentrional; pero deseando escribir de la ciudad y de los muros de ella otra vez en otra parte más largamente, bastará lo dicho por ahora (*Guerra de los Judíos*, capítulo VI).

La maqueta de Israel diseñada en el año 1970, ha creado quizá una falsa interpretación y ubicación del lugar del templo. Así como se ha referido al monte Sión donde está la Tumba de David, el Aposento Alto y la Hagia Sión. El Ofel de David o Ciudadela es el verdadero monte Sión y la ciudad de David.

La motivación. «A la noche siguiente se le presentó el Señor y le dijo: Ten ánimo, Pablo, pues como has testificado sobre mí en Jerusalén, así es necesario que testifiques también en Roma» (Hch. 23:11).

Ten ánimo, Pablo. «... Esas palabras eran de fortaleza divina para Pablo. En la prueba, ten ánimo; en la tristeza, ten ánimo; cuando fallece un ser querido, ten ánimo; cuando solo veas reveses en la vida, ten ánimo; ante los fracasos inesperados, ten ánimo; ante el rechazo injusto, ten ánimo; cuando no llueva para ti, ten ánimo».

«... **pues como has testificado sobre mí en Jerusalén...**». Para Pablo de Tarso, estar allí en Jerusalén, dando testimonio de Jesucristo, era un propósito divino cumpliéndose en su vida. Aprovecha toda oportunidad para dar testimonio de Jesucristo.

«... **así es necesario que testifiques también en Roma**». Allí el Señor Jesucristo, le confirmó la misión de también testificar en Roma. El deseo de Pablo era llegar hasta la capital del Imperio Romano, la opulenta, religiosa, comercial, políglota, ciudad de Roma.

Quizá en su corazón abrigaba la esperanza que al testificar ante el gobierno del César, la religión naciente del cristianismo que era vista como ilegal, alcanzara la legalidad nacional. Las persecuciones por los emperadores romanos en contra de los cristianos son un enigma. Los cristianos eran personas morales, no mentían, honraban socialmente al Cesar y al imperio, no eran adúlteros, eran buenos trabajadores, vivían bajo la ley del amor y del perdón a su prójimo, fuera amigo o fuera enemigo. Practicaban lo que les enseñó el Gran Maestro y sus apóstoles. Hacia Roma, a ese fin se encaminaría Pablo de Tarso.

Conclusión

El camino hacia Roma, se le estaba abriendo al apóstol Pablo. Y Jesús de su propia boca se lo confirmó. El cristianismo era una derivación del judaísmo, pero estos últimos no lo veían así y fueron sus peores adversarios para desacreditarlos ante Roma.

036
La conspiración contra Pablo

Hechos 23:16, RVR1960

«Mas el hijo de la hermana de Pablo, oyendo hablar de la celada, fue y entró en la fortaleza, y dio aviso a Pablo».

Introducción

Muchas veces nos preguntamos, ¿por qué hombres y mujeres que buscan hacer el bien a otros seres humanos, son blancos de conspiraciones, que buscan quitarles la vida? Jesús de Nazaret, Lázaro y Pablo de Tarso, fueron blanco de conspiraciones de muerte. Los enanos de la historia han buscado siempre matar a los gigantes de la historia.

1. La conspiración contra Pablo

«Venido el día, algunos de los judíos tramaron un complot y se juramentaron bajo maldición, diciendo que no comerían ni beberían hasta que hubiesen dado muerte a Pablo» (Hch. 23:12).

El complot. Los judíos que aborrecían a Pablo, al saber que lo tenían detenido en la Fortaleza Antonia, se propusieron dar **«muerte a Pablo»**. Sobrepasaban a los 'cuarenta' en número, los que se involucrarían en la muerte de Pablo: «Eran más de cuarenta los que habían hecho esta conjuración, los cuales fueron a los principales sacerdotes y a los ancianos y dijeron: Nosotros nos hemos juramentado bajo maldición, a no gustar nada hasta que hayamos dado muerte a Pablo» (Hch. 23:13-14).

Era un complot premeditado y con toda alevosía. Ora a Dios, para que el Espíritu Santo te pueda revelar algún complot o plan para hacerte daño. Habrá siempre alguien que buscará tú mal.

El apoyo. Aquellos judíos perniciosos comunicaron «a los principales sacerdotes y a los ancianos», que estarían en ayuno hasta que dieran muerte a Pablo: «Ahora pues, vosotros, con el concilio, requerid al tribuno que le traiga mañana ante vosotros, como que queréis indagar alguna cosa más cierta acerca de él; y nosotros estaremos listos para matarle antes que llegue» (Hch. 23:15).

El plan era que el tribuno o comandante, pudiera traer al otro día a Pablo, para hacerle unas preguntas, y los conspiradores estarían preparados para matarlo. Era un complot de muerte que nos recuerda el complot para matar a Jesús de Nazaret y a Lázaro:

En Juan 11:45-57 en la Nueva Versión Internacional leemos sobre la conspiración de dar muerte a Jesús: «Muchos de los judíos que habían ido a ver a María y que habían presenciado lo hecho por Jesús, creyeron en él. Pero algunos de ellos fueron a ver a los fariseos y les contaron lo que Jesús había hecho».

«Entonces los jefes de los sacerdotes y los fariseos convocaron a una reunión del Consejo. ¿Qué vamos a hacer? –dijeron–. Este hombre está haciendo muchas señales milagrosas. Si lo dejamos seguir así, todos van a creer en él, y vendrán los romanos y acabarán con nuestro lugar sagrado, e incluso con nuestra nación».

«Uno de ellos, llamado Caifás, que ese año era el sumo sacerdote, les dijo: ¡Ustedes no saben nada en absoluto! **No entienden que les conviene más que muera un solo hombre por el pueblo, y no que perezca toda la nación**. Pero esto no lo dijo por su propia cuenta sino que, como era sumo sacerdote ese año, profetizó que Jesús moriría por la nación judía, y no sólo por esa nación, sino también por los hijos de Dios que estaban dispersos, para congregarlos y unificarlos. Así que desde ese día convinieron en quitarle la vida.

«Por eso Jesús ya no andaba en público entre los judíos. **Se retiró más bien a una región cercana al desierto, a un pueblo llamado Efraín**, donde se quedó con sus discípulos».

«Faltaba poco para la Pascua judía, así que muchos subieron del campo a Jerusalén para su purificación ceremonial antes de la Pascua. **Andaban buscando a Jesús**, y mientras estaban en el templo comentaban entre sí: '¿Qué les parece? ¿Acaso no vendrá a la fiesta?'. Por su parte, los jefes de los sacerdotes y los fariseos habían dado la orden de que si alguien llegaba a saber dónde estaba Jesús, debía denunciarlo para que lo arrestaran».

En Juan 12:9-11 en la Traducción En Lenguaje Actual leemos sobre la conspiración para dar muerte a Lázaro: «Muchos de los judíos que vivían en Jerusalén se enteraron de que Jesús estaba en Betania, así que fueron allá, no sólo para verlo, sino para ver también a Lázaro, a quien Jesús había resucitado. Cuando los sacerdotes principales se enteraron de esto, **planearon matar también a Lázaro**, pues por su culpa muchos judíos ya no querían nada con los sacerdotes, y se habían vuelto seguidores de Jesús».

2. La información a Pablo

«Mas el **hijo de la hermana de Pablo**, oyendo hablar de la celada, fue y entró en la fortaleza, y dio aviso a Pablo» (Hch. 23:16).

La familia. Pablo tenía por lo menos una hermana en Jerusalén, ella era creyente cristiana, y tenía un hijo, sobrino de Pablo que se enteró del plan para matar a su tío. La familia debe cuidar de aquellos y aquellas que han sido llamados para cumplir con una asignación o misión especial en la tierra.

De la familia debe venir apoyo, cuidado, protección. Es triste ver como muchos siervos y siervas de Dios, trabajan solos, porque la familia les da la espalda. El sobrino de Pablo de Tarso se enteró del plan en su contra y se fue hasta la Fortaleza Antonia, donde informó a Pablo de la conspiración contra él.

Pablo tenía otros familiares y los menciona en Romanos 16:7: «Saludad a **Andrónico** y a **Junias, mis parientes** y mis compañeros de prisiones, los cuales son muy estimados entre los apóstoles, y que también fueron antes de mí en Cristo». Esa palabra 'estimados' (RV, 1960), se rinde también como 'destacados' (NVI), 'distinguidos' (DHH), 'bien conocidos' (TLA). Estos apelativos anteriores demuestran que eran insignes entre los apóstoles.

Andrónico significa «hombre vencedor». El texto sugiere que eran parientes (tíos, hermanos o primos) muy cercanos al apóstol Pablo. **Andrónico** y **Junias** se habían convertido a Jesucristo antes de Pablo convertirse, de ahí la expresión: «… y que también fueron antes de mí en Cristo».

Junias es masculino y **Junia** es femenino. Es de notarse que se le incluye entre los apóstoles. Dice Alfonso Ropero Berzosa: «En los manuscritos actuales su nombre corresponde al de un varón, pero todo parece indicar que originalmente hacía referencia a una mujer, que es la opinión de la mayoría de los exegetas antiguos» (*Gran Diccionario Enciclopédico de la Biblia*). La Biblia de Jerusalén traduce «Junia» que es femenino. Si es así, Junia era una mujer considerada entre los apóstoles, lo cual implica la importancia que ella llegó a alcanzar en el emporio apostólico, pero no entre los doce. Debido a los prejuicios en contra de las mujeres por los escribas del texto bíblico el femenino Junia se cambió por Junias.

Romanos 16:11 menciona a otro aparente pariente de Pablo: «Saludad a **Herodión, mi pariente**. Saludad a los de la casa de Narciso, los cuales están en el Señor». Para algunos, Pablo lo llama pariente como para incluirlo en la raza judía. Otros ven a **Herodión** como un esclavo liberto, quizá conectado con la casa de Herodes. Aunque se le podría conectar con «la casa de Aristóbulo» (Rom. 16:10).

Romanos 16:21 mencionan tres parientes más de Pablo: «Os saludan Timoteo mi colaborador, y **Lucio, Jasón y Sosípater, mis parientes**». Aunque de nuevo podían ser parientes en la carne o parientes en su raza judía. Hechos17:5-6.9, hace mención de un tal Jasón. Hechos 20:4 menciona a un Sópater de Berea.

Por lo que se deduce o infiere, unos ocho parientes de Pablo de Tarso se presentan en los libros de Hechos y en las Cartas a los Romanos. Esto demuestra cómo Pablo de Tarso, el ganador de almas, el Misionero del Asia Menor, el Apóstol de los Gentiles, el plantador de congregaciones en las ciudades, también se ganó a miembros de su familia. Antes de ganar al mundo para Jesucristo, intenta ganar a un miembro de tu familia. A ellos los tienes que ganar con el evangelio de la vivencia, del ejemplo. ¿Cuántos parientes tuyos son creyentes comprometidos con Jesucristo?

El mensaje. Pablo llamó a un centurión y le transmitió el mensaje recibido por el joven (Hch. 23:17). El joven fue llevado al tribuno y le contó todo (Hch. 23:18-21).

El mensaje del sobrino de Pablo, fue claro y con detalles precisos, donde la conspiración fue expuesta:

«El tribuno, tomándole de la mano y retirándose aparte, le preguntó: ¿Qué es lo que tienes que decirme? Él le dijo: Los judíos han convenido en rogarte que mañana lleves a Pablo ante el concilio, como que van a inquirir alguna cosa más cierta acerca de él. Pero tú no les creas; porque más de cuarenta hombres de ellos le acechan, los cuales se han juramentado bajo maldición, a no comer ni beber hasta que le hayan dado muerte, y ahora están listos esperando tu promesa» (Hch. 23:19-21).

Dos casos de confidencialidad. Pablo no le reveló al tribuno que el joven era su sobrino. Supo mantener aquel secreto. El tribuno aconsejó al sobrino de

Pablo que fuera confidencial: «Entonces el tribuno despidió al joven, mandándole que a nadie dijese que le había dado aviso de esto» (Hch. 23:22).

En posiciones de responsabilidad no se puede poner a personas que no sepan mantener secretos, que no sean de confianza. Se debe tener un código de ética de confidencialidad como consejeros, servidores públicos, asesores legales, personal médico, personas en quienes confiamos algo. Si Pablo hubiera conectado a su sobrino con él, le hubiera expuesto al peligro.

3. La protección a Pablo

«... y que preparasen cabalgaduras en las cuales pusieran a Pablo y le llevasen a salvo ante Félix el gobernador» (Hch. 23:24).

La seguridad. "Y llamando a dos centuriones, mandó que preparasen para la hora tercera de la noche doscientos soldados, setenta jinetes y doscientos lanceros, para que fuesen hasta Cesarea» (Hch. 23:23). Esa «hora tercera» correspondía a las 3:00 a.m. de la noche.

Es de notarse la cifra militar aquí mencionada: «doscientos soldados, setenta jinetes y doscientos lanceros». Un total de 470 soldados. El espacio que se da a la Fortaleza Antonia es muy limitado tomando en cuenta que aparte de este destacamento militar, la Legión X estaba también estacionada allí. Y de nuevo se puede pensar en toda la Explanada del Templo como la Fortaleza Antonia. Probablemente donde está la Mezquita El-Aksa, pudo haber estado el Templo de Jerusalén.

Flavio Josefo describe la fortaleza y la torre Antonia de esta manera: «El espacio de la torre Antonia en alto dentro del muro, se alzaba hasta cuarenta codos; **por dentro tenía anchura y manera de un palacio**, repartido en todo género y manera de cámaras y apartamientos para posar en ellos; tenía sus salas, sus baños y cámaras muy buenas y muy cómodas para un fuerte, de tal manera, que en cuanto tocaba al uso necesario, **parecía una pequeña ciudad**, y en la magnificencia de ella parecía un palacio muy alindado; pero estaba muy a manera de torre edificada; y **por los otros cantones rodeada con otras cuatro torres,** las cuales eran todas de cincuenta codos de altas: la que estaba hacia la parte de Mediodía y del Oriente se levantaba setenta codos de alto, de tal manera, que de ella se descubría y podía ver todo el templo; y por donde se juntaba con las galerías, tenía por ambas partes ciertas descendencias por las cuales entraban y salían las guardas, porque siempre había en ella soldados romanos, y estas guardas eran puestas allí con armas porque mirasen con diligencia que el pueblo no innovase algo de los días de las fiestas. Estaba el templo dentro de la ciudad como una torre y fuerte, y **para guarda del templo estaba la torre Antonia**» (*La Guerra de los Judíos*).

La carta. «De Claudio Lisias. A su excelencia, el gobernador Félix. ¡Saludos! Unos judíos detuvieron a este hombre y estaban a punto de matarlo cuando llegué con mis tropas. Luego me enteré de que él era ciudadano romano, entonces lo trasladé a un lugar seguro. Después lo llevé al Concilio Supremo judío para tratar de averiguar la razón de las acusaciones en su contra. Pronto descubrí que el cargo tenía que ver con su ley religiosa, nada que merezca prisión o muerte en absoluto; pero cuando se me informó de un complot para matarlo, se lo envié a usted de inmediato. Les he dicho a sus acusadores que presenten los cargos ante usted» (Hch. 23:26-30, NTV).

La carta fue dirigida a Félix, gobernador de Cesarea Marítima, y el tribuno le explicó cómo Pablo fue agarrado, y él lo libró de las manos de sus acusadores. Al saber que era ciudadano romano, y ante el interrogatorio por los judíos, no encontró delito de incumplimiento a la ley en Pablo, era más bien una acusación religiosa (Hch. 23:23-30).

El recibimiento. Félix lo recibió, y lo mantuvo en el pretorio, que era el lugar romano para juzgar (Hch. 23:31-35). Pablo de Tarso al terminar su último viaje misionero, había llegado libre a Cesarea, ahora regresa a la ciudad romana como prisionero religioso.

Conclusión

Pablo de Tarso continuó camino siguiendo el propósito de Dios en su vida, pero desconocía el proceso para alcanzarlo. El Señor Jesucristo cuando nos llama, nos declara dónde nos quiere llevar, pero no nos revela cómo nos quiere llevar y cómo llegaremos adónde nos quiere.

037
La acusación contra Pablo

Hechos 24:5, RVR1960

«Porque hemos hallado que este hombre es una plaga, y promotor de sediciones entre todos los judíos por todo el mundo, y cabecilla de la secta de los nazarenos».

Introducción

El proceso legal de Pablo de Tarso continuó en Cesarea Marítima, donde estaba el gobernador o prefecto Félix, cargo que en un tiempo tuvo Poncio Pilato. Y hasta aquella ciudad romana en Palestina llegó la cúpula del poder religioso judío, y un hombre llamado Tértulo.

1. La acusación contra Pablo

«Cinco días después, descendió el sumo sacerdote Ananías con algunos de los ancianos y un cierto orador llamado Tértulo, y comparecieron ante el gobernador contra Pablo» (Hch. 24:1).

Pablo llevaba cinco días detenido en Cesarea, cuando llegó el sumo sacerdote Ananías y miembros del Sanedrín con el orador Tértulo. A Pablo se le llamó, y Tértulo inició su discurso acusatorio, con un saludo halagador a Félix (Hch. 24:2-4).

«Cuando trajeron a Pablo a la reunión, Tértulo comenzó a acusarlo ante Félix: 'Señor gobernador: Gracias a usted tenemos paz en nuestro país, y las cosas que usted ha mandado hacer nos han ayudado mucho. Excelentísimo Félix, estamos muy agradecidos por todo lo que usted nos ha dado.

No queremos hacerle perder tiempo, y por eso le pedimos que nos escuche un momento. Este hombre es un verdadero problema para nosotros. Anda por todas partes haciendo que los judíos nos enojemos unos contra otros. Es uno de los jefes de un grupo de hombres y mujeres llamados nazarenos. Además, trató de hacer algo terrible contra nuestro templo, y por eso lo metimos en la cárcel. Si usted lo interroga, se dará cuenta de que todo esto es verdad'» (Hch. 24:2-8, TLA).

David Muniesa nos dice: «El Sanedrín tendría interés en conseguir sus servicios, dada su ignorancia tanto de la lengua latina como del procedimiento ordinario de la ley romana. Los judíos, como el resto de los pueblos sometidos a Roma, en sus acusaciones y procesos estaban obligados a seguir las formas de la ley romana, de lo que conocían poco. Por eso, en las ciudades principales abundaban las personas capacitadas para intervenir en pleitos legales y asuntos públicos» (*Gran Diccionario Enciclopédico de la Biblia*).

La acusación. Tértulo era el eco de los judíos que rechazaban el cristianismo y lo veían como una «una plaga» religiosa, «un promotor de sediciones» y «cabecilla de la secta de los nazarenos», que era una forma de identificar a los seguidores de Jesús de Nazaret, aunque en Antioquía se les conocía como «cristianos» (Hch. 24:5). Una triada difamatoria de falsas acusaciones en contra del siervo de Jesucristo.

El aviso. Tértulo acusó a Pablo de que «intentó profanar el templo» (Hch. 24:6). Esa era una mentira sin pruebas ni testigos oculares. A Jesús se le acusó de decir que destruiría el templo de Jerusalén, y a Pablo de intentar profanarlo.

La confrontación. Tértulo acusó al tribuno Lisias de que «con gran violencia le quitó de nuestras manos» (Hch. 24:7). Y declaró que el tribuno los mandó a ellos, para que frente a Félix acusaran a Pablo (Hch. 24:8). Leemos: «Los judíos también confirmaban, diciendo ser así todo» (Hch. 24:9).

2. La defensa de Pablo

«Habiéndole hecho una señal el gobernador a Pablo para que hablase, éste respondió: Porque sé que desde hace muchos años eres juez de esta nación, con buen ánimo haré mi defensa» (Hch. 24:10).

La honra. Pablo honró a Félix, reconoció su labor jurídica de muchos años, y le dejó saber que hacía doce días había subido «a adorar a Dios en Jerusalén» (Hch. 24:11). Leemos: «Y no me hallaron disputando con ninguno, ni amotinando a la multitud, ni en el templo, ni en las sinagogas ni en la ciudad, ni te pueden probar las cosas de que ahora me acusan» (Hch. 24:12-13).

Pablo habló de no estar discutiendo sobre religión, también era inocente de levantar un motín en el templo o en las sinagogas, y declaró que sus acusadores no podían probar sus acusaciones.

La defensa. Pablo, teniendo la oportunidad, defendió el cristianismo frente a sus acusadores y ante el gobernador o prefecto Félix: «Pero esto te confieso, que según el Camino que ellos llaman herejía, así sirvo al Dios de mis padres, creyendo todas las cosas que en la ley y en los profetas están escritas. Teniendo esperanza en Dios, la cual ellos también abrigan, de que ha de haber resurrección de los muertos, así de justos como de injustos» (Hch. 24:14-15). Para aquellos judíos «el Camino» era una «herejía», y afirmó su fe a Dios y su fe a la ley y profetas. Afirmó su esperanza en la resurrección de los muertos por parte de Dios, donde un día resucitarían los creyentes y los no conversos.

El Apóstol continúo con su testimonio: «Y por esto procuró tener siempre una conciencia sin ofensa ante Dios y ante los hombres» (Hch. 24:16). La Traducción En Lenguaje Actual rinde: «Por eso siempre trato de obedecer a Dios y de estar en paz con los demás, así que no tengo nada de qué preocuparme».

Pablo se sentía con una mente que no ofendía Dios. Estaba limpio en su conciencia ante el cielo y la tierra. La conciencia puede ser un fiscal que acusa o un abogado que defiende. Una buena conciencia nos ayuda a decidir y hacer, lo que es moralmente y éticamente correcto. Ante la misma se sujetan la razón, la intuición y la lógica.

«Pero pasados algunos años, vine a hacer limosnas a mi nación y presentar ofrendas. Estaba en ello, cuando unos judíos de Asia me hallaron purificado en el templo, no con multitud ni con alboroto» (Hch. 24:17-18). Pablo con esto daba testimonio de su judaísmo. Estaba en el templo ofrendando y practicando la purificación. Pero era un religioso que cumplía con la ley del orden. Pero algunos judíos de Asia Menor, que no lo apoyaban, lo vieron e incitaron a otros judíos contra él.

Pablo aclaró ante Félix: «Ellos debieran comparecer ante ti y acusarme, si contra mí tienen algo. O digan éstos mismos si hallaron en mí alguna cosa mal hecha, cuando comparecí ante el concilio, a no ser que estando entre ellos prorrumpí en alta voz: Acerca de la resurrección de los muertos soy juzgado hoy por vosotros» (Hch. 24:19-21).

Pablo era su propio abogado, haciendo su propia defensa, por lo que pidió a sus acusadores que le presentaran pruebas, y si tenían alguna era que él habló de la resurrección de los muertos. Y cuestionó la ausencia de pruebas de sus primeros detractores.

3. El dictamen de Félix

«Entonces Félix, oídas estas cosas, estando bien informado de este Camino, les aplazó, diciendo: Cuando descendiere el tribuno Lisias, acabaré de conocer de vuestro asunto» (Hch. 24:22).

La pospuesta. Félix pospuso el caso hasta la llegada del tribuno Lisias, aquel que le había remitido el caso de Pablo (Hch. 24:22-23). Llama la atención esta declaración: «... estando bien informado de este Camino...». El mensaje del evangelio aterrizó en los oídos de este político romano. El Apóstol de los Gentiles aprovechó aquella adversa situación para dar testimonio acerca del «Camino» de los que seguían a Jesucristo.

La audiencia. Félix con su esposa judía llamó a Pablo para escucharle predicando: «Algunos días después, viniendo Félix con Drusila su mujer, que era judía, llamó a Pablo, y le oyó predicar acerca de la fe en Jesucristo» (Hch. 24:24). Algo de Pablo le llamó la atención a Félix, quién invitó a su mujer, de fe judía, para ser los dos ministrados por Pablo.

Acerca de ella se nos brinda esta información: «Hija menor de Herodes Agripa I y de Cypros, hermana de Agripa II, nacida en el 37-38 d.C. Famosa por su belleza, se casó con Aciz, rey de Emesa, después de convertirse este al judaísmo (Josefo, *Antigüedades*, 10, 7, 1). Félix, procurador de Judea, se enamoró de ella y la convenció para que abandonase a su marido y, contra la ley que prohibía a una judía casarse con un pagano, consintió en lo que se consideraba un concubinato, del cual nació Agripa». (*Gran Diccionario Enciclopédico de la Biblia*).

«Pero al disertar Pablo acerca de la justicia, del dominio propio y del juicio venidero, Félix se espantó, y dijo: Ahora vete, pero cuando tenga oportunidad te llamaré» (Hch. 24:25).

La Nueva Traducción Viviente rinde este pasaje: «Al razonar Pablo con ellos acerca de la justicia, el control propio y el día del juicio que vendrá, Félix se llenó de miedo. 'Vete por ahora' –le dijo–. Cuando sea más conveniente, volveré a llamarte».

La Traducción En Lenguaje Actual aclara el pasaje citado: «Pero Pablo también le habló de que tenía que vivir sin hacer lo malo, que tenía que controlarse para no hacer lo que quisiera, sino solamente lo bueno, y que algún día Dios juzgaría a todos. Entonces Félix se asustó mucho y le dijo: 'Vete ya; cuando tenga tiempo volveré a llamarte'».

Pablo tocó los temas «de la justicia, del dominio propio y del juicio venidero» (RV, 1960) y «tenía que vivir sin hacer lo malo, que tenía que controlarse para no hacer lo que quisiera, sino solamente lo bueno».

Se nos dice «Félix se espantó». Se espantó, tuvo miedo, pero no se arrepintió. No quiso cambiar su vida lisonjera y adúltera. Muchos se asustan, se estremecen y les da convicción ante la proclamación del evangelio, pero luego siguen iguales. Se les dan consejos, pero no cambian.

El mensaje paulino era demasiado fuerte para Félix. Este pecador quería un mensaje 'lite' por parte de Pablo, pero éste no le comunicó lo que Félix deseaba escuchar. A muchos oyentes les gustan los mensajes mágicos de prosperidad, de motivación personal, sin negación propia; les gusta recibir profecías de estímulo, pero sin consagración y verdadero discipulado cristiano. Mensajes de «todo está tranquilo», mensajes «de no te molestes», mensajes «de sigue haciendo lo que quieres».

Analicemos esta declaración: «Ahora vete, pero cuando tenga oportunidad te llamaré». Félix rechazó aquella oportunidad de salvación. La pospuso para después. Se quiso dar otra oportunidad para que el mensaje del evangelio le llegara. Pero nunca le llegó. Muchos pecadores piensan en otra 'oportunidad', cuando ésta puede ser su única o su última 'oportunidad'.

Los varones atenienses dijeron en el Areópago: «Pero cuando oyeron lo de la resurrección de los muertos, unos se burlaban, y otros decían: 'Ya te oiremos acerca de esto otra vez'» (Hch. 17:32).

Eso me recuerda al Faraón, al cual Moisés le dejó saber cuándo debería orar por él y el pueblo para que se terminara la plaga de ranas, y éste contestó: 'Mañana'. Muchos esperan ser salvos mañana y mueren hoy. Desean hacer profesión de fe 'mañana', o cuando lo crean conveniente y no 'hoy' que es cuando se le ofrece la invitación.

«Y dijo Moisés a Faraón: Dígnate indicarme cuándo debo orar por ti, por tus siervos y por tu pueblo, para que las ranas sean quitadas de ti y de tus casas, y que solamente queden en el río. Y él dijo: Mañana. Y Moisés respondió: Se hará conforme a tu palabra, para que conozcas que no hay como Jehová nuestro Dios» (Ex. 8:9-10).

Faraón prefirió quedarse un día más con las nauseabundas ranas croando en el palacio y croando en las casas del pueblo. Así son muchos pecadores, prefieren quedarse más tiempo con las ranas del pecado, con las ranas de los vicios, con las ranas de las mentiras, con las ranas de la inmoralidad. Faraón se acostumbró a aquella plaga de ranas croando en su vida.

Algunos pecadores declaran: «Hoy no me quiero convertir, me convertiré mañana». Amigo, hoy es el día de salvación para ti, puede que no sea mañana. Hoy es el día de tu milagro, puede que no sea mañana. Jesucristo te llama hoy, mañana puede ser muy tarde.

En 2 Corintios 6:1-2, dice la Escritura: «Así, pues, nosotros, como colaboradores suyos, os exhortamos también a que no recibáis en vano la gracia de Dios. Porque dice: En tiempo aceptable te he oído, Y en día de salvación te he socorrido. He aquí ahora el tiempo aceptable; he aquí ahora el día de salvación».

Félix tenía otros planes con Pablo: «Esperaba también con esto, que Pablo le diera dinero para que le soltase; por lo cual muchas veces lo hacía venir y hablaba con él» (Hch. 24:26). Félix era un político corrupto. Las audiencias con Pablo de Tarso, eran con el propósito de que el apóstol pagara por su liberación. Félix buscaba una 'mordida' financiera.

Flavio Josefo en *La Guerra de los Judíos* describió los últimos días de Félix como gobernador de Cesarea Marítima: «Entonces Félix mandó con pregón, so pena de la vida, que los que eran contumaces y porfiaban en ello, saliesen de la ciudad; y habiendo muchos que no le quisieron obedecer, envió sus soldados que los matasen, y robaran también sus bienes. Estando aún esta revuelta en pie, envió la gente más noble de ambas partes por embajadores a Nerón, para que en su presencia se disputase la causa y se averiguase lo que de derecho convenía».

El historiador y misionero Lucas, describe el cambio político de Félix: «Pero al cabo de dos años Félix recibió por sucesor a Porcio Festo; y queriendo Félix congraciarse con los judíos, dejó preso a Pablo» (Hch. 24:27). Félix estuvo en su cargo dos años más, y fue sucedido por Porcio Festo, pero mantenía preso a Pablo, y era por quedar bien con los judíos.

Conclusión

A muchos se les da la oportunidad de proclamar el evangelio, y otros tienen la oportunidad de recibir el evangelio, pero la dejan para después.

038
La apelación de Pablo

Hechos 25:12, RVR1960

«Entonces Festo, habiendo hablado con el consejo,
respondió: A César has apelado; a César irás».

Introducción

Nuevamente estamos en la corte con Pablo de Tarso, quien demostró tener un dominio del procedimiento judicial romano. Desde el último juicio, bajo el prefecto Félix, han pasado dos años. Ahora el nuevo prefecto es Porcio Festo.

1. La petición presentada a Festo

«Tres días después de llegar a la provincia, Festo subió de Cesarea a Jerusalén» (Hch. 25:1, NVI).

Festo fue nombrado por Nerón como gobernador de Cesarea Marítima, la capital romana de la Palestina en el año 60 d.C. A los tres días de su llegada a Cesarea Marítima viajó a Jerusalén, donde «los principales sacerdotes y los más influyentes de los judíos se presentaron ante él contra Pablo...» (Hch. 25:2).

La solicitud. «Le pidieron a Festo que les hiciera el favor de trasladar a Pablo a Jerusalén (ya que tenían pensado tenderle una emboscada y matarlo en el camino)» (Hch. 25:3, NTV).

Los líderes religiosos de la oposición religiosa en contra del apóstol, en Jerusalén, le pidieron a Festo que trajera a Pablo desde Cesarea a Jerusalén para ser juzgado allá, pero tenían en mente el maquiavélico plan de darle muerte a

Pablo de Tarso en el camino (Hch. 25:3). Ese plan de acabar con la vida del siervo de Jesucristo, lo tenían acariciado unos dos años en sus corazones. El enemigo de nuestras almas no desistirá de buscar la manera de matar muchas cosas buenas en nosotros.

«El ladrón no viene sino para hurtar y matar y destruir; yo he venido para que tengan vida, y para que la tengan en abundancia» (Jn. 10:10).

«Sed sobrios, y velad, porque vuestro adversario el diablo, como león rugiente, anda alrededor buscando a quien devorar; al cual resistid firmes en la fe, sabiendo que los mismos padecimientos se van cumpliendo en vuestros hermanos en todo el mundo» (1 P. 5:8-9).

Volviendo al pasaje bíblico de Hechos 25:3, llama la atención esta expresión: «Le pidieron a Festo que les hiciera el favor...». No todos los favores que pide alguien, se pueden hacer, muchas veces comprometen a uno con la ética cristiana, con la verdad, con la integridad, y nos comprometen en contra de los verdaderos valores y principios del reino de Dios. Y pueden ser favores que a la postre nos implicará en algo incorrecto. ¡Cuidado con los favores que se hacen! Un favor que me pidan y que no pienso que es malo, pero mi conciencia no me deja tener paz, no debo hacerlo.

La contestación. «Pero Festo respondió que Pablo estaba en Cesarea y que pronto él mismo iba a regresar allí. Así que les dijo: 'Algunos de ustedes que tengan autoridad pueden volver conmigo. Si Pablo ha hecho algo malo, entonces podrán presentar sus acusaciones'» (Hch. 25:4-5, NTV).

La persistencia de los enemigos de la cruz era incesante contra Pablo de Tarso, «un verdadero león, un león rojo, el gran león de Dios» como lo describió san Agustín de Hipona. Pero la perseverancia del Apóstol de los Gentiles, amigo de la cruz, era mayor que cualquier oposición. El gobernador Festo no estaba dispuesto a poner en riesgo a un prisionero romano tan valioso. El texto de Reina Valera de 1960 dice: «... desciendan conmigo...» ¡A Jerusalén se sube y de Jerusalén se baja!

2. La acusación delante de Festo

«Cuando éste llegó, lo rodearon los judíos que habían venido de Jerusalén, presentando contra él muchas y graves acusaciones, las cuales no podían probar» (Hch. 25:7).

La demora. Festo se quedó en Jerusalén como «ocho o diez días», y regresó a Cesarea; un día después de su llegada dio orden de traerle a Pablo (Hch.

25:8). No se dejó presionar por nadie. No dejes que otros manejen tus decisiones. Sé una persona de libre voluntad. En la vida debemos aprender a ser pacientes. Somos pacientes en la clínica o en el hospital, pacientes en una corte, pacientes en una oficina de gobierno, pacientes en una cola para pagar, pacientes en un embotellamiento, tapón o congestionamiento de tráfico, pacientes para lograr alguna meta provechosa en la vida. En la vida somos pacientes en muchos lugares. Nadie debe imponernos su prisa.

«Por tanto, nosotros también, teniendo en derredor nuestro una gran nube de testigos, despojémonos de todo peso y del pecado que nos asedia, y corramos con paciencia la carrera que tenemos por delante, puestos los ojos en Jesús, el autor y consumador de la fe, el cual por el gozo puesto delante de él sufrió la cruz, menospreciando el oprobio, y se sentó a la diestra del trono de Dios» (Heb. 12:1-2).

El juicio. Los judíos procedentes de Jerusalén, presentaron contra Pablo «muchas y graves acusaciones, las cuales no podían probar» (Hch. 25:7). Eran acusaciones sin causa. No las «podían probar». No acusemos a nadie sin pruebas en su contra. Toda acusación debe ser sostenida verbalmente, por escrito y con pruebas.

La defensa. «… Ni contra la ley de los judíos, ni contra el templo, ni contra César he pecado en nada» (Hch. 25:8). Esto sonó muy contundente a favor de Pablo. Solo había «dimes y diretes». El apóstol Pablo, un judío mesiánico que creía en Jesús de Nazaret como el Mesías, nunca abandonó su judaísmo y su cumplimiento de la ley. Respetó siempre las leyes religiosas del templo en Jerusalén. Y no fue un enemigo del César Nerón.

Los cristianos perseguidos por el imperio romano, nunca fueron enemigos del gobierno romano, más bien promovían el cumplimiento de las leyes del imperio (Rom. 13:1-7). ¿Por qué eran perseguidos los creyentes? Porque estos como los judíos, no comprometían sus principios, ni podían negar a Jesucristo como el Mesías que murió y resucitó. Su Mesías estaba vivo. Por Jesucristo estaban dispuestos a dar testimonios con sus vidas en los espectáculos públicos de la arena romana. Allí, ante muchos, los cristianos no se veían perdiendo sus vidas, sino que ganaban su vida eterna. Eran una ofrenda para Jesucristo ante la espada que los atravesaba o hería de muerte, quemados públicamente o destrozados por las dentelladas de los leones, juguetes en los circos, teatros y anfiteatros romanos.

Se nos dice de Festo: «Pero Festo, queriendo congraciarse con los judíos, respondiendo a Pablo dijo: ¿Quieres subir a Jerusalén, y allá ser juzgado de estas cosas delante de mí?» (Hch. 25:9).

Este personaje, el prefecto Festo, era un representante de aquellos y aquellas, que conociendo la inocencia de alguien, buscan congraciarse, complacer, buscar el favor, quedar bien con la gente, etc. Personas con autoridad que buscan sus propios intereses y beneficios personales.

Son muchos los Festo que se sientan en juntas de gobierno, cómplices callados, que se abstienen de votar y si votan no lo hacen con conciencia. A ellos y ellas solo se interesan en ellos mismos.

3. La apelación ante Festo

«Pablo dijo: Ante el tribunal de César estoy, donde debo ser juzgado. A los judíos no les he hecho ningún agravio, como tú sabes muy bien» (Hch. 25:10).

La Nueva Traducción Viviente rinde: «Pero Pablo contestó: '¡No! Esta es la corte oficial romana, por lo tanto, debo ser juzgado aquí mismo. Usted sabe muy bien que no soy culpable de hacer daño a los judíos'».

Pablo reconoció como legal «el tribunal de César», representado en Festo. Declaró que él no le había hecho mal a los judíos (Hch. 25:10). Y de haber hecho algo malo, enfrentaría la muerte con valor: «Porque si algún agravio, o cosa alguna digna de muerte he hecho, no rehuso morir; pero si nada hay de las cosas de que éstos me acusan, nadie puede entregarme a ellos. A César apelo» (Hch. 25:11).

Notemos esta declaración: «Apelo al César» (NTV), «Al César apelo» (TLA) y «Apelo al emperador» (NVI). Era una apelación al sistema legal romano. A lo que el prefecto o gobernador Festo consultando a su consejo afirmó: «A César has apelado; a César irás» (Hch. 25:12). Pablo buscó una autoridad superior, un tribunal supremo, y estuvo dispuesto a poner su futuro en las manos de los magistrados de la capital romana. Pero esa exclamación «A César apelo», lo llevaría a una muerte segura, pero era la gran oportunidad de él poder testificar de Jesucristo ante los magistrados de la capital romana.

Los acusadores no lograron la muerte para Pablo. Los cristianos que oraron por la liberación de Pablo, no recibieron contestación del cielo. No siempre en la vida se nos concede lo que deseamos y buscamos. Pero para los cristianos es una oportunidad de aceptar, aunque no se entienda, la voluntad de Dios, y a eso se le conoce como la soberanía de Dios.

En el tribunal de los religiosos, de los llamados espirituales, de los que hacían oraciones, de los que leían todos los días la Torah, Pablo encontró injusticia, prejuicios y mentiras. Él prefirió ser juzgado por un tribunal secular, pagano, del mundo. ¿Cuántas veces confiamos más en la justicia de los pecadores, que en la injusticia de los religiosos?

Conclusión

El ser humano será responsable de sus decisiones y de las consecuencias que acompañarán a las mismas.

039
La persuasión de Pablo

Hechos 26:28, RVR1960

«Entonces Agripa dijo a Pablo: Por poco me persuades a ser cristiano».

Introducción

Este pasaje de Hechos 25:1-27 y 26:1-32, nos permite ver un proceso legal romano, pero también podemos ver cómo aprovechar una oportunidad para compartir el evangelio de Jesucristo con otros.

1. La visita del rey Agripa

«Pasados algunos días, el rey Agripa y Berenice vinieron a Cesarea para saludar a Festo» (Hch. 25:13).

Un buen amigo viaja lejos para reencontrarse con otro amigo. Busca al amigo primero. Un amigo no escatima el tiempo ni el esfuerzo por ayudar a otro. Y este encuentro de viejos amigos, es un ejemplo digno de ser emulado.

Agripa y su mujer Berenice, eran amigos de Festo, y viajaron hasta Cesarea Marítima, capital de la provincia romana, porque querían saludar a Festo. Visitar esa ciudad en esa época, era como visitar una ciudad dentro de Roma. Tenía un teatro, un hipódromo, un cardo principal, un ágora, tenía de todo.

El Agripa aquí mencionado era el biznieto de Herodes el Grande e hijo de Herodes Agripa I. Herodes Agripa I quien dio muerte a Santiago el Mayor, hermano de Juan y encarceló al apóstol Pedro (Hch. 12:1-5). El juicio de Dios alcanzó a Herodes Agripa en Cesarea Marítima, comido por gusanos (Hch. 12:20-23).

Berenice era hermana de Agripa II, hermanos de Drusila. Quedó viuda de su tío Herodes y vivía supuestamente en concubinato con su hermano Agripa II. Una mujer de mala reputación moral.

La información. «Y como estuvieron allí muchos días, Festo expuso al rey la causa de Pablo, diciendo: Un hombre ha sido dejado preso por Félix» (Hch. 25:14).

Festo aprovechó la visita de sus amigos, para compartir con Agripa el caso sobre un prisionero de nombre Pablo, que Festo recibió de Félix. Le informó a Agripa que él había viajado a Jerusalén, y allí los sacerdotes y ancianos demandaron la condenación capital sobre Pablo (Hch. 25:15).

«A éstos respondí que no es costumbre de los romanos entregar alguno a la muerte antes que el acusado tenga delante a sus acusadores, y pueda defenderse de la acusación» (Hch. 25:16).

Era una de las virtudes de la Ley Romana, que nadie podía ser acusado sin los acusadores frente a los mismos, y tenía derecho de defenderse de la acusación. Nunca acusemos a alguien a quien no seamos capaces de señalarlo públicamente. Al llegar los acusadores a Festo, hizo llegar al tribunal a Pablo (Hch. 25:17). Los cargos de los acusadores, Festo los vio sin validez jurídica (Hch. 25:18).

La acusación. «... tenían contra él ciertas cuestiones acerca de su religión, y de un cierto Jesús, ya muerto, del que Pablo afirmaba que estaba vivo» (Hch. 25:19).

A Pablo lo acusaban de asuntos religiosos, pero especialmente de hablar del Jesús que murió y resucitó. Pablo proclamaba la resurrección de Jesús, que para él y muchos otros no estaba «muerto», sino que estaba «vivo». Esa doctrina ha sido el pilar de la fe cristiana.

En el año 325 d.C. se aprobó el Credo Niceno, y en uno de sus postulados afirma: «Y al tercer día resucitó según las Escrituras». La doctrina de la resurrección del Mesías es el pilar de la fe cristiana.

Festo, que no creyó en la resurrección de Jesús, preguntó a Pablo si quería ir a defenderse a Jerusalén, pero este apeló a César (Hch. 25:20-21). Pablo quizá no vio justicia en Jerusalén, y se puso en las manos de un tribunal en Roma.

La petición. «Entonces Agripa dijo a Festo: Yo también quisiera oír a ese hombre. Y él le dijo: Mañana le oirás» (Hch. 25:22).

El mundo quiere oír a los hombres y mujeres de Dios, porque estos siempre tienen algo diferente que decir. Agripa y Berenice, estuvieron presentes cuando

Festo hizo traer a Pablo (Hch. 25:23). Festo presentó a Pablo como uno al cual demandaban los religiosos fariseos «que no debe vivir más» (Hch. 25:24).

Festo admitió que no vio en Pablo ninguna causa de muerte, pero respetó su apelación ante el tribunal de César (Hch. 25:25). Inmediatamente presentó a Pablo para que Agripa II lo escuchara, y así el primero poder escribir con el consejo del segundo, algo sobre Pablo en el expediente que de él levantaría (Hch. 25:26-27).

2. La defensa ante el rey Agripa

«Entonces Agripa dijo a Pablo: Se te permite hablar por ti mismo. Pablo entonces, extendiendo la mano, comenzó así su defensa» (Hch. 26:1).

Pablo con protocolo y respeto se introdujo de esta manera: «El rey Agripa le dijo a Pablo: 'Puedes hablar para defenderte'. Pablo levantó su mano en alto y dijo: 'Me alegra poder hablar hoy delante de Su Majestad, el rey Agripa. Estoy contento porque podré defenderme de todas las acusaciones que hacen contra mí esos judíos. Yo sé que Su Majestad conoce bien las costumbres judías, y sabe también acerca de las cosas que discutimos. Por eso le pido ahora que me escuche con paciencia'» (Hch. 26:1-3, TLA).

Su vida anterior. «Mi vida, pues, desde mi juventud, la cual desde el principio pasé en mi nación, en Jerusalén, la conocen todos los judíos» (Hch. 26:4).

Pablo, aunque nació en Tarso, pasó toda su juventud en Jerusalén. Fue citadino y capitolino. Practicó la fe religiosa farisea (Hch. 26:5). Pablo vio su juicio como «la esperanza de la promesa» (Hch. 26:6), con lo cual se refería a la oportunidad de predicar a Jesucristo. Y consideraba que por esa esperanza era acusado por los judíos (Hch. 26:7). Ya que creía en la resurrección de los muertos (Hch. 26:8).

Su vida posterior. «Yo ciertamente había creído que mi deber era hacer muchas cosas contra el nombre de Jesús de Nazaret» (Hch. 26:9).

Actuó en contra del «nombre de Jesús de Nazaret» en Jerusalén, encarcelando «a muchos de los santos», y con el apoyo de los principales sacerdotes, votó a favor de la muerte de éstos, y aquí podemos incluir a Esteban.

En Hechos 26:9-10 leemos: «Yo ciertamente había creído que mi deber era hacer muchas cosas contra el nombre de Jesús de Nazaret; lo cual también hice en Jerusalén. Yo encerré en cárceles a muchos de los santos, habiendo recibido poderes de los principales sacerdotes; y cuando los mataron, yo di mi voto».

Me gusta esta declaración «había creído que mi deber». Muchas personas, creyendo en lo que creen como su deber, han cometido muchos errores y han realizado muchas cosas equivocadas en la vida.

Esta declaración, «... yo di mi voto», ha llevado a muchos a inferir que Saulo de Tarso era miembro del Sanedrín. Pero no da una base axiomática para establecer dicha posición. El decir, «... yo di mi voto», puede ser alusivo a que dio su consentimiento como aquellos que consintieron en la crucifixión de Jesucristo, al decir:

«Mientras tanto, los principales sacerdotes y los ancianos persuadieron a la multitud para que pidieran la libertad de Barrabás y que se ejecutara a Jesús. Así que el gobernador volvió a preguntar: ¿A cuál de estos dos quieren que les deje en libertad?'. ¡A Barrabás! –contestó la multitud a gritos–. Entonces, ¿qué hago con Jesús, llamado el Mesías? –preguntó Pilato–. **¡Crucifícalo!** –le contestaron a gritos–. ¿Por qué? –insistió Pilato–. ¿Qué crimen ha cometido? Pero la turba rugió aún más fuerte: **¡Crucifícalo!**» (Mt. 27:20-23, NTV).

Su vida espiritual. «Ocupado en esto, iba yo a Damasco con poderes y en comisión de los principales sacerdotes» (Hch. 26:12). Su mente antes estaba ocupada, llena de odio contra los cristianos, pero luego se llenó de amor hacia ellos. Para llenarnos de algo mejor, tenemos que vaciarnos de algo peor.

Hechos 26:13-18, relata el tercer testimonio de la conversión de Saulo de Tarso. Su testimonio siempre fue el mismo, lo daba sin editarlo. Aquí añade el detalle que el Señor Jesús le habló «en lengua hebrea» (Hch. 26:14). La NVI rinde «en arameo». Y esa era la lengua hablada en la Palestina de Jesús de Nazaret y de los apóstoles. Es muy probable que los cuatro evangelios fueran escritos en arameo, y que el resto del Nuevo Testamento fuera escrito en griego «koiné».

Pablo continúa con el relato de su conversión: «Pero levántate, y ponte sobre tus pies, porque para esto me he aparecido a ti, para ponerte por ministro y testigo de las cosas que has visto, y de aquellas en que me apareceré a ti» (Hch. 26:16).

A Pablo de Tarso, Jesús le ordenó ponerse como un soldado. Le habló de su llamado como «ministro y testigo» para hablar de lo que vio y de las apariciones del Señor a él. En Hechos 26:17-18, el Señor Jesús, le confirmó a Pablo su trabajo misionero entre los gentiles para abrirle los ojos, y que fueran rescatados de las tinieblas y llevados a la luz, y ofreciéndole por la fe en Jesús, «perdón de pecados y herencia entre los santificados».

Su vida ulterior. «Por lo cual, oh rey Agripa, no fui rebelde a la visión celestial» (Hch. 26:19). Pablo tuvo una visión de Jesucristo y la obedeció. Ser rebelde a la visión celestial lleva al fracaso. No hay peor rebeldía que desobedecer al llamamiento y comisión divina. Pablo comenzó predicando en Damasco, Jerusalén, Judea, y de ahí se fue a los gentiles con el mismo mensaje de arrepentimiento y conversión (Hch, 26:19-20). Esa fue la mayor razón por la que Pablo fue aprehendido por los judíos buscando matarlo (Hch. 26:21).

«Pero habiendo obtenido el auxilio de Dios, persevero hasta el día de hoy, dando testimonio a pequeños y a grandes, no diciendo nada fuera de las cosas que los profetas y Moisés dijeron que habían de suceder: Que el Cristo había de padecer, y ser el primero de la resurrección de los muertos, para anunciar luz al pueblo y a los gentiles» (Hch. 26:22-23).

En esa gran tarea de predicar un gran evangelio a grandes pecadores, Dios le dio auxilio, y Pabló proclamó a Jesús como el Cristo de la pasión que resucitó para traer luz a los gentiles.

«Diciendo él estas cosas en su defensa, Festo a gran voz dijo: Estás loco, Pablo; las muchas letras te vuelven loco» (Hch. 26:24). Festo cortó la exposición de Pablo. No resistía y no entendía aquel discurso. Las palabras de Pablo, hicieron pensar seriamente a Festo, que solo pudo reaccionar viendo a Pablo como un loco por su fe, al cual el mucho conocimiento lo había enloquecido. Pero era una simple excusa de Festo para eludir el llamado a la conversión. Pablo le dejó saber que estaba cuerdo, y hablaba «palabras de verdad y de cordura» (Hch. 26:25).

4. La persuasión al rey Agripa

«Pues el rey sabe estas cosas, delante de quien también hablo con toda confianza. Porque no pienso que ignora nada de esto, pues no se ha hecho esto en algún rincón» (Hch. 26:26).

Pablo de Tarso se refería a lo relacionado con Jesús de Nazaret, no era nada oculto, era noticia pública. Agripa II, hijo de Herodes Agripa I y nieto de Herodes el Grande, era judío y conocedor de lo que enseñaban las Sagradas Escrituras. Se decía que Jesús de Nazaret había resucitado de entre los muertos. Esa noticia o evangelio acerca de Jesús de Nazaret, tiene que hacerse pública.

El Credo Niceno del año 325 afirmó la doctrina de la resurrección de Jesucristo: «... Y fue crucificado por nosotros bajo el poder de Poncio Pilato, padeció, y fue sepultado; y al tercer día resucitó según las Escrituras....».

Pablo confrontó al rey con una pregunta, a la cual el propio apóstol le dio respuesta: «¿Crees, oh rey Agripa, a los profetas? Yo sé que crees» (Hch. 26:27). El anuncio de Pablo era lo que ya habían profetizado los profetas. Estas últimas palabras de Pablo de Tarso, calaron profundamente la dura corteza de la razón de Agripa.

El rey por su parte reaccionó a ese evangelismo personal: «Entonces Agripa dijo a Pablo: Por poco me persuades a ser cristiano» (Hch. 26:28). Esa expresión: «Por poco me persuades a ser cristiano», quiere decir: «Casi me convences para convertirme en un seguidor de Cristo». George Whitefield predicó un sermón sobre esta sentencia, titulado: «Casi Cristiano».

«Por poco me persuades a ser cristiano», se puede aplicar a cómo muchos reaccionan al evangelio: «Por poco me convierto». «Por poco paso al altar». «Por poco me entregan». «Por poco me quedo en la iglesia». «Por poco levanto mi mano». «Por poco repetía la oración de arrepentimiento». «Por poco soy cristiano». Ese «por poco» (en inglés es 'almost') es algo incompleto, es una fracción, el Señor Jesucristo lo quiere todo.

Esa afirmación paulina tocó las fibras del rey Agripa, que casi se sintió con deseos de abrazar la fe cristiana. Son muchos los Agripa y las Agripinas, que por poco se convierten. Tuvieron y tienen la oportunidad de ser salvos, estaban y están cerca de profesar la fe cristiana, de dar el paso a la nueva vida, de abandonar el camino ancho y tomar el camino angosto. Pero se aguantan, no lo hacen y pierden la mayor oportunidad de su vida, y por no tomar esa decisión lo pierden todo.

«Y Pablo dijo: ¡Quisiera Dios que por poco o por mucho, no solamente tú, sino también todos los que hoy me oyen, fueseis hechos tales cual yo soy, excepto estas cadenas!» (Hch, 26:29).

El sentido de los versículos 28 y 29 se aclara en la Traducción En Lenguaje Actual: «Agripa le contestó: ¿En tan poco tiempo piensas que puedes convencerme de ser cristiano? Pablo le dijo: Me gustaría que en poco tiempo, o en mucho tiempo, Su Majestad y todos los que están aquí fueran como yo. Pero claro, sin estas cadenas».

«Sea ahora o sea después, oro a Dios, que tú y los demás lleguen a ser salvos como yo». Pablo fue directo en su llamado, para que su auditorio creyera en Jesucristo. En otras palabras: Ese debe ser el deseo y la oración de todo creyente en Cristo Jesús, orar para que aquellos con los cuales te conectas sean salvos.

«¡Quisiera Dios que por poco o por mucho...!». Se refiere a tiempo. (1) A muchos pecadores se les predica mucho, tienen muchos familiares cristianos. Se les han dado muchos testimonios. Llegan a la iglesia muchas veces, pero no se convierten o tardan en convertirse. (2) A otros pecadores se les ha predicado poco. Pocas veces o ninguna han llegado a un templo. Y se convierten rápido. (3) Muchos llegan cuerdos a un templo, escuchan el mensaje predicado, pasan al altar y siguen en lo mismo. (4) Otros llegan borrachos, no entienden la predicación, pasan altar, hacen profesión de fe y regresan a sus casas convertidos y viven una vida de conversión.

No se puede exigir todo de un pecador en su camino hacia la salvación. La salvación en muchos pecadores se ha malogrado porque creyentes viejos en la fe, no han sabido ser pacientes con ellos, y no han entendido eso de «por poco o por mucho». La decisión de ellos y la gracia del Señor Jesucristo son lo que marcan la diferencia. ¡Solo Cristo salva! ¡Solo Cristo sana!

Pero Pablo no deseaba su condición de prisión, ni su prueba para Agripa, Berenice y Festo. Por eso dice, «... excepto estas cadenas». Esta mención nos deja ver a un preso encadenado en un tribunal. Nunca deseemos a otros el mal que nos ocasionan a nosotros. Pablo no era un hombre resentido, aunque sí sufrido. En las Epístolas de la Prisión (Efesios, Filipenses, Colosenses y Filemón), Pablo da indicios de su encarcelamiento con las expresiones:

«Yo pues, **preso en el Señor**, os ruego que andéis como es digno de la vocación con que fuisteis llamados» (Ef. 4:1).

«Quiero que sepáis, hermanos, que las cosas que me han sucedido, han redundado más bien para el progreso del evangelio, de tal manera que mis prisiones se han hecho patentes en Cristo, en todo el pretorio, y a todos los demás. Y la mayoría de los hermanos, cobrando ánimo en el Señor **con mis prisiones**, se atreven mucho más a hablar la palabra sin temor» (Fil. 1:12-14).

«Los unos anuncian a Cristo por contención, no sinceramente, pensando añadir **aflicción a mis prisiones**» (Fil. 1:16).

«Aristarco, **mi compañero de prisiones**, os saluda, y Marcos, el sobrino de Bernabé, acerca del cual habéis recibido mandamientos; si fuere a vosotros, recibidle» (Col. 4:10).

«La salutación de mi propia mano, de Pablo. **Acordaos de mis prisiones**. La gracia sea con vosotros. Amén» (Col. 4:18).

«**Pablo, prisionero de Jesucristo**, y el hermano Timoteo, al amado Filemón, colaborador nuestro» (Fil. 1:1).

«Yo quisiera retenerle conmigo, para que en lugar tuyo me sirviese en **mis prisiones** por el evangelio» (Fil. 1:13).

«Te saludan **Epafras, mi compañero de prisiones** por Cristo Jesús, Marcos, Aristarco, Demas y Lucas, mis colaboradores" (Fil. 1:23-24).

El pecador debe ser confrontado con el arrepentimiento y se le debe ofrecer el perdón de los pecados por la fe en Jesucristo. Al terminar Pablo su mensaje, leemos: «Cuando había dicho estas cosas, se levantó el rey, y el gobernador, y Berenice, y los que se habían sentado con ellos» (Hch. 26:30).

«Ninguna cosa digna ni de muerte ni de prisión ha hecho este hombre» (Hch. 26:31). Agripa, Berenice, Festo, y los otros observadores, conversaron entre ellos, y su juicio encontraba a Pablo inocente.

Notemos el proceso que iba acercando a Agripa a la oferta de la salvación en Cristo Jesús:

(1) **Agripa deseó escuchar a Pablo**: «Yo también quisiera oír a ese hombre» (Hch. 25:22).

(2) **Agripa dio permiso a Pablo para hablar**: «Se te permite hablar por ti mismo» (Hch. 26:1).

(3) **Agripa casi se convierte con Pablo**: «Por poco me persuades a ser cristiano» (Hch. 26:28).

(4) **Agripa no encontró culpa alguna en Pablo**: «Ninguna cosa digna de muerte ni de prisión ha hecho este hombre» (Hch. 26:31).

«Y Agripa dijo a Festo: Podía este hombre ser puesto en libertad, si no hubiera apelado a César» (Hch. 26:32). Agripa admitió ante Festo que si Pablo no hubiera apelado al tribunal romano de César, hubiera tenido que ser absuelto.

El ser precipitado puso en peligro la vida de Pablo de Tarso. No tomemos decisiones a la ligera, que luego nos traigan repercusiones inevitables. Pero en el caso del Apóstol de Tarso, todo este suceso era un cumplimiento profético.

Flavio Josefo en *La Guerra de los Judíos* dice de Festo: «Después de Félix le sucedió Festo en el gobierno; y persiguiendo a todos los que revolvían aquellas tierras, prendió a muchos ladrones, y mató a gran parte de ellos».

De este Festo no dice mucho la historia, solo que fue gobernador de Cesarea Marítima durante dos años. Pero la inclusión del nombre de Festo en el relato de Pablo de Tarso, lo inmortalizó en el canon del Nuevo Testamento.

Conclusión

Félix con Drusila (Hch. 24:24), y Agripa con Berenice (Hch. 25:23) fueron dos matrimonios evangelizados por Pablo de Tarso. Cuando el evangelio llega a un matrimonio, puede llegar a una familia.

040
La amonestación de Pablo

Hechos 27:10, RVR1960

«Diciéndoles: Varones, veo que la navegación va a ser con perjuicio y mucha pérdida, no sólo del cargamento y de la nave, sino también de nuestras personas».

Introducción

Después de que Pablo tuvo su audiencia con Festo y Agripa II, se preparó para ser enviado a Roma, donde por su apelación sería juzgado. En el mar, el apóstol Pablo, también sería probado. Lo peor antes de lo peor, lo tendría que experimentar. Por amor a Jesucristo y por deber a la Iglesia, Pablo de Tarso estaba dispuesto a sufrir mucho.

1. El trato a Pablo

«Al otro día llegamos a Sidón, y Julio, tratando humanamente a Pablo, le permitió que fuese a los amigos, para ser atendido por ellos» (Hch. 27:3).

La travesía. Pablo de Tarso con otros prisioneros zarparon del puerto de Cesarea Marítima con destino a Roma, a cargo del «centurión llamado Julio, de la compañía Augusta» o Imperial (Hch. 27:1).

«Cuando se decidió que habíamos de navegar para Italia, entregaron a Pablo y a algunos otros presos a un centurión llamado Julio, de la compañía Augusta. Y embarcándonos en una nave adramitena que iba a tocar los puertos de Asia, zarpamos, estando con nosotros Aristarco, macedonio de Tesalónica» (Hch. 27:1-2).

Era una travesía de muchos días, pero Pablo lo hacía siguiendo la voluntad de Jesucristo. Asegúrate que seas tú quien se meta en el propósito de Jesucristo para tu vida, para que no tengas que meter a Jesucristo en tus planes. Esa «nave adramitena» haría varias escalas antes de arribar a su destino final en Adramitea. La vida tiene muchas escalas antes de llegar al cielo.

El discípulo Aristarco, un macedonio de Tesalónica, al igual que Lucas iban acompañando al apóstol (Hch. 26:2). Es bueno acompañar al líder aun en los momentos de las pruebas. Además el apóstol Pablo iba acompañado de otros presos enviados a Roma. Leemos: «Entonces los soldados acordaron matar a los presos, para que ninguno se fugase nadando» (Hch. 27:42).

El trato. Subieron del puerto de Cesarea Marítima al puerto de Sidón, al norte. Julio el centurión trató «humanamente» a Pablo, y le dio permiso al apóstol para visitar «a los amigos, para ser atendido por ellos» (Hch. 27:3).

Julio, quizá oyó hablar a Pablo delante de Festo y del rey Agripa II. Y quedó convencido de la sinceridad e inocencia de Pablo. Aquel centurión, cargado de autoridad, supo canalizar la misma para tratar bien a un prisionero. La autoridad que da una posición debe ser benévola y de consideración con aquellos a quien se aplica.

El trato humano es importante. Debemos tratar a otros seres humanos como quisiéramos nosotros ser tratados. Al trato humano yo lo llamo, la predicación silenciosa, no dice mucho, pero hace mucho. Dijo Don Benito Juárez: «El respeto al derecho ajeno es la paz».

El vaso lleno con agua que das cuando vas subiendo al que va bajando, lo recibirás cuando vayas bajando. Como tratas a otros, serás tratado. Considera para que seas considerado.

Recuerda siempre que las posiciones son como vestidos o trajes que se pone quien las recibe, pero al cumplir su término, se tiene que desvestir de las mismas, y volverse a vestir con sus antiguos atuendos. El problema que le ocurre a muchos es que no se quieren desvestir de esas posiciones que ya no tienen.

2. La prueba de Pablo

«Navegando muchos días despacio, y llegando a duras penas frente a Cnido, porque nos impedía el viento, navegamos a sotavento de Creta, frente a Salmón» (Hch. 27:7).

Los vientos. De Sidón partieron hacia Chipre. Las pruebas eran parte de aquella travesía marítima de Pablo. Nosotros también como creyentes enfrentaremos vientos contrarios. No siempre navegaremos con vientos favorables. Esos vientos pueden ser preámbulos de que alguna tormenta se aproxima.

«Cuando salimos de Sidón, navegamos con el viento en contra. Entonces nos acercamos a la costa de la isla de Chipre para protegernos del viento. Luego pasamos por la costa de las provincias de Cilicia y de Panfilia, y así llegamos a una ciudad llamada Mira, en la provincia de Licia» (Hch. 27:4-5, TLA).

Para muchos los vientos en contra los alejan más del puerto de anclaje, pero para otros, los vientos contrarios los acercan más al puerto de anclaje. Las pruebas no son para alejarnos del Señor Jesucristo, ni para alejarnos de la congregación, las pruebas deben acercarnos más a la comunión con los santos, las tentaciones deben llevarnos a buscar más el poder del Espíritu Santo para resistirlas, vencerlas. Y haciendo así nos sometemos al Señorío de Jesucristo.

El cambio de naves. «Y hallando allí el centurión una nave alejandrina que zarpaba para Italia, nos embarcó en ella» (Hch. 27:6). La nave llegó «a Mira, ciudad de Licia» (Hch. 27:5). Licia era una ciudad costera en el Mediterráneo, en Asía Menor. Y el centurión Julio los puso en otra «nave alejandrina» (Hch. 27:6). Viajaban en una «nave adramitena», y luego cambiaron a otra «nave alejandrina», eran los nombres de esas compañías. Así es la vida, nos pasamos cambiando de naves, que nos llevarán a nuestro destino. Los cambios son necesarios para nuestro crecimiento espiritual. Muchos viajes hacia el futuro son con escalas en diferentes puertos del presente y con diferentes naves. Si no cambiamos envejecemos por dentro, y no hay peores viejos que aquellos que lo son por dentro. ¡Cambia de nave! ¡Cambia de actitud! ¡Cambia de mentalidad!

Las dificultades. «Navegando muchos días despacio, y llegando a duras penas frente a Cnido, porque nos impedía el viento, navegamos a sotavento de Creta, frente a Salmón» (Hch.27:7).

Aquella navegación llevó «muchos días despacio» (Hch. 27:7). No siempre las cosas serán rápidas. En la vida muchas cosas irán despacio. Mi amigo José Ángel Morel decía: «Vísteme despacio que voy deprisa» (esta frase se atribuye a Napoleón Bonaparte). Aunque hagas las cosas «despacio», persevera en ello. Se paciente, espera, no te apresures.

«... y llegando a duras penas...». No siempre las travesías de la vida son fáciles, «a duras penas» llegamos a donde vamos, «a duras penas» alcanzamos muchas metas, «a duras penas» nos realizamos, «a duras penas» terminamos una carrera universitaria, «a duras penas» compramos una casa, «a duras penas» vamos teniendo unos ahorros. Lo importante es, que aunque sea «a duras penas», podamos llegar.

«... porque nos impedía el viento...» (Hch. 27:7). ¿Cuántos vientos se levantan en nuestras vidas tratando de impedir que hagamos la voluntad de Dios? Los impedimentos, las pruebas, las luchas, los obstáculos son inevitables, llegarán en cualquier momento de nuestra vida. Sólo podemos confiar en Jesucristo para que nos ayude a sobrepasarlos.

Mateo nos narra una tormenta que enfrentaron los discípulos del Señor Jesucristo en lago de Tiberiades:

«Todavía estaban navegando cuando se desató una tormenta tan fuerte que las olas se metían en la barca. Mientras tanto, Jesús dormía. Entonces sus discípulos fueron a despertarlo: '¡Señor Jesús, sálvanos, porque nos hundimos! Jesús les dijo'. '¿Por qué están tan asustados? ¡Qué poco confían ustedes en Dios!'. Jesús se levantó y les ordenó al viento y a las olas que se calmaran, y todo quedó muy tranquilo. Los discípulos preguntaban asombrados: '¿Quién será este hombre, que hasta el viento y las olas lo obedecen?'» (Mt. 8:24-27, TLA).

Primera escena: Los discípulos estaban cruzando el mar de Galilea que así lo llamaban los galileos, pero los romanos acostumbrados a enormes lagos, lo llamaban el lago de Tiberiades o Genesaret. Allí se desató una tormenta fuerte que produjo grandes olas.

Segunda escena: Un Jesús rendido por el sueño estaba bien dormido. Su perfecta humanidad reposaba antes de la atormenta y dentro de la tormenta. Nuestro Jesús se cansaba, le daba sueño y le daba hambre.

Tercera escena: Los discípulos llenos de pánico, gritaron para despertar al Maestro. El Señor estaba dormido y ellos lo tuvieron que despertarlo.

Cuarta escena: Jesús regañó a los discípulos llenos de pánico y le ordenó a los vientos y al mar que se aquietaran. Fue el Señor de aquellos elementos naturales. «Jesucristo, Señor del pánico», como lo llamaba mi profesor de homilética el Dr. Cecilio Arrastia, estaba en aquella barca.

Jesucristo es el Señor de los vientos y el Señor de las tormentas, el Señor de tu prueba, el Señor de tu tentación, el Señor de tu enfermedad, el Señor de tu milagro. En aquellas tormentas del mar de Galilea, Jesucristo fue «el Señor del pánico» para los asustados discípulos.

En cualquier tormenta de tu vida, Jesucristo es el Señor de la misma. Así como amansó aquel mar y amansó aquellos vientos, Él se levanta del sueño y tranquiliza las tormentas. Más vale un Jesucristo dormido dentro de tu barca, que un Jesucristo despierto fuera de tu barca. Allí, con tu pánico le puedes gritar, y se despierta para que sea «Jesucristo, Señor del pánico».

El viaje difícil. «Y costeándola con dificultad, llegamos a un lugar que llaman Buenos Puertos, cerca del cual estaba la ciudad de Lasea» (Hch. 27:8). Con toda la dificultad, Pablo y sus acompañantes llegaron a «Buenos Puertos» en la isla de Creta. A pesar de todo, siempre llegaremos a algún Buen Puerto, que puede que no sea tan bueno, solo el futuro lo determinará.

3. La amonestación de Pablo

«Y habiendo pasado mucho tiempo, y siendo ya peligrosa la navegación, por haber pasado ya el ayuno, Pablo les amonestaba» (Hch. 27:9).

El empeoramiento. Las cosas se presagiaban peores. Era una «navegación peligrosa», la fiesta judía del ayuno había terminado, y Pablo sintió amonestarles. Cuando sientas alguna inquietud en tu espíritu para alguien, compártela. Según el Comentario Bíblico de Matthew Henry (Editorial CLIE), la fecha de la fiesta judía del Día de la Expiación «Yom Kippur» debió haber caído el 5 de octubre del año 59.

La amonestación. La profecía de Pablo fue: «... Varones, veo que la navegación va a ser con perjuicio y mucha pérdida, no sólo del cargamento y de la nave, sino también de nuestras personas» (Hch. 27:10).

El apóstol sabía en su espíritu que ese viaje sería «con perjuicio y mucha pérdida». Debemos prepararnos para las incertidumbres, los fracasos y para perder muchas cosas. Son muchas las cosas en la vida que serán «con perjuicio y mucha pérdida». Tenemos que ser creyentes realistas. Pero la oración, la bendita oración, puede cambiar lo malo en bueno, la derrota en victoria, las dudas en fe, la desesperanza en esperanza.

El rechazo. La actitud del centurión: «Pero el centurión daba más crédito al piloto y al patrón de la nave, que a lo que Pablo decía» (Hch. 27:11).

Lo que declaró el profeta y el hombre de Dios, no fue valorizado, el centurión escuchó más las voces de los expertos, los profesionales, los que supuestamente sabían. Pero dio poco crédito a la voz de Dios por medio de Pablo de Tarso. Y, los experimentados, no siempre tienen la razón, ellos también se equivocan. Pero la palabra de Dios no falla, es veraz. Escuche la voz del Espíritu Santo por medio de sus profetas.

Se nos dice: «Y siendo incómodo el puerto para invernar, la mayoría acordó zarpar también de allí, por si pudiesen arribar a Fenice, puerto de Creta que mira al nordeste y sudeste, e invernar allí» (Hch. 27:12).

Me gusta esta declaración, «y siendo incómodo...». La desobediencia conduce a la persona a la incomodidad. El presagio de lo peor se estaba haciendo presente. Era señal de que una gran prueba venía de camino. Pero esas incomodidades nos deben conducir a confiar más en la providencia divina y en el favor del cielo. ¡Jesucristo está controlando nuestras vidas! ¡Jesucristo es el Señor de nuestras pruebas!

Aunque todo se vea «incómodo», confiemos en que algún día, algún milagro, de alguna manera, pueda ocurrir. Hagamos nuestra parte, y dejemos al Espíritu Santo hacer su parte. En Dios podemos estar siempre cómodos. En Jesucristo descansamos y en Jesucristo nos movemos.

Conclusión

Sabemos cómo salimos, pero no sabemos cómo llegaremos. Por eso debemos abandonarnos siempre en las manos de Dios.

041
La tormenta de Pablo

Hechos 27:14, RVR1960

«Pero no mucho después dio contra la nave un viento huracanado llamado Euroclidón».

Introducción

Todos hemos pasado por alguna tormenta espiritual que ha tenido su nombre. La tormenta que Pablo de Tarso y aquellos tripulantes pasaron se llamó Euroclidón. En la tormenta y después de la tormenta, podemos testificar cómo el poder de Dios nos ha ayudado. Los puertorriqueños a las tormentas que experimentó Puerto Rico en el año 2017, las llamaron el Huracán Irma y el Huracán María. ¿Cómo se llama tu huracán?

1. La suave brisa

«Cuando un viento suave comenzó a soplar desde el sur, los marineros pensaron que podrían llegar a salvo. Entonces levaron anclas y navegaron cerca de la costa de Creta» (Hch. 27:13, NTV).

La brisa del sur. «... y soplando una brisa del sur». La Nueva Traducción Viviente rinde: «Un viento suave comenzó a soplar desde el sur». Los marineros se sintieron seguros para navegar «costeando Creta» (Hch. 27:13). Tenemos que tener cuidado con ese «viento suave» y con esa «brisa» que nos puede hacer creer que todo está bien, cuando lo peor puede venir de camino. Muchas brisas son augurio de que algo grande, una gran prueba, puede venir de camino.

El viento huracanado. «Pero no mucho después dio contra la nave un viento huracanado llamado Euroclidón» (Hch. 27:14). Aquella brisa se transformó en un viento llamado «Euroclidón» o «viento del Nordeste» (Hch. 27:14). Era un viento temido por los marineros de mucha experiencia.

Alfonso Ropero Berzosa en el *Gran Diccionario Enciclopédico de la Biblia* declara: «Εὐροκλύδων, Euryklydon, Εὐρυκλύδων, Eurakylon, Εὐρακύλων; término híbrido del griego *euros*, 'viento [tempestad] del este [oriente]', y 'del latín *aquilo*, viento noreste'».

Aquel «Euroclidón» arrebató la embarcación, y no podían con la proa enfrentar aquel «Euroclidón», y se abandonaron al viento, que los llevó o arrastró (Hch. 27:15). Cuando un «Euroclidón» llega a la vida espiritual o al ministerio cristiano, éste golpea y trae destrucción a lo material, pero los que confían en el Señor Jesucristo serán salvos.

«Él da esfuerzo al cansado, y multiplica las fuerzas al que no tiene ningunas. Los muchachos se fatigan y se cansan, los jóvenes flaquean y caen, pero los que esperan a Jehová tendrán nuevas fuerzas, levantarán alas como las águilas, correrán, y no se cansarán, caminarán, y no se fatigarán» (Is. 40:29-31).

«Los que confían en Jehová son como el monte de Sion, que no se mueve, sino que permanece para siempre» (Sal. 125:1).

«Bendito el varón que confía en Jehová, y cuya confianza es Jehová» (Jer. 17:7).

La dificultad. «Navegamos al resguardo del lado con menos viento de una pequeña isla llamada Cauda, donde con gran dificultad subimos a bordo el bote salvavidas que era remolcado por el barco» (NTV). La Reina-Valera de 1960 rinde: «... con dificultad pudimos recoger el esquife» (Hch. 27:16).

Aquel bote era remolcado en la popa del barco. Y ante el peligro de perderlo o de que le hiciera daño al barco, decidieron subirlo a bordo. Muchos y muchas pierden el «bote salvavidas», y no luchan por tenerlo cerca de ellos. Ese «bote salvavidas» recuerda la salvación del alma, pero aun más, recuerda a Aquel que salva el alma, y se llama Jesús de Nazaret, nuestro «esquife» espiritual.

Los marineros, unos expertos lobos del mar, con cuerdas sujetaron «el casco del barco» (TLA). Y bajaron las velas y se dejaron llevar por el viento (Hch. 27:17). Enfrentaron «una furiosa tempestad» (Hch. 27:18). Y muchos de nosotros salimos de una prueba y nos metemos en otra. Siempre enfrentaremos alguna tempestad que empeorará nuestra vida, alguna prueba que nos golpeará con furia descontrolada. Debemos prepararnos para lo mejor y prepararnos para lo peor. Nada nos debe sorprender en la vida. Sorprendamos nosotros a la vida, preparándonos con Jesucristo.

En Hechos 27:19 leemos: «Luego, al día siguiente, hasta arrojaron al agua parte del equipo del barco». Nos imaginamos a aquella tripulación tirando las cuerdas al mar. Fue una tormenta muy prolongada. Muchas tormentas espirituales nos hacen soltar muchas cosas. Eliminemos del barco todo aquello que en alguna prueba pueda ser perjudicial.

«Echa sobre Jehová tu carga, y él te sustentará, no dejará para siempre caído al justo» (Sal. 55:22).

Muchos pecadores están dispuestos a abandonar y a alejar de sus vidas muchas cosas, pero no están dispuestos a abandonar de sus vidas el pecado, y muchas cosas que no le ayudan en su búsqueda espiritual, para así experimentar la gracia y la misericordia de nuestro Señor Jesucristo.

«Por tanto, nosotros también, teniendo en derredor nuestro **tan gran nube de testigos**, despojémonos de todo peso y del pecado que nos asedia, y corramos con paciencia la carrera que tenemos por delante» (Heb. 12:1, NTV).

Esa «tan gran nube de testigos» son aquellos que nos antecedieron en la fe, que dejaron un legado de fe y de perseverancia. Y son nuestro ejemplo para seguir y servirle a Jesucristo.

2. El mensaje de Pablo

«Pero ahora os exhorto a tener buen ánimo, pues no habrá ninguna pérdida de vida entre vosotros, sino solamente de la nave» (Hch. 27:22).

La ausencia de la claridad. «Y no apareciendo ni sol ni estrellas por muchos días...» (Hch. 27:20). Todo seguía igual. En la vida enfrentamos esos días, semanas y meses, cuando nada cambia. Son los días sin sol y sin estrellas. ¿Cómo está hoy tú día? ¿Te está alumbrando el sol? ¿Cómo está hoy tú noche? ¿Ves las estrellas?

La desesperanza. «... y acosados por una tempestad no pequeña, ya habíamos perdido toda esperanza de salvarnos» (Hch. 27:20). ¡Nunca pierdas la esperanza! ¡Se optimista frente a la adversidad!

El ser humano puede vivir sin comida muchos días, puede vivir sin agua algunos días, puede vivir sin oxígeno algunos minutos, pero no podrá vivir un solo segundo en su vida sin esperanza. Cuando se pierde la esperanza se pierde todo. Se pierde el deseo de ser y hacer. Sin esperanza se pierde el para qué y el por qué de la vida. Sin esperanza nos transformamos en «zoombies sociales» y nos volvemos «marionetas del destino».

Muchos seres humanos dicen lo mismo: «Ya habíamos perdido toda esperanza de salvarnos». No pierda esa esperanza de salvación, si todavía no es salvo, será salvo. Siga teniendo la esperanza de salvación para ese ser querido, se salvará. No es salvo, pero será salvo. No tiene a Jesucristo en su corazón, pero lo tendrá. No deje de orar por su salvación. Siga invitándolo a la iglesia. No deje de hablar de Jesucristo, del perdón de los pecados, de la salvación del alma, de la gloriosa esperanza, del retorno de Jesucristo para levantar a su Iglesia. Jesucristo se ha demorado, pero vendrá como lo prometió.

La amonestación. «Entonces Pablo, como hacía ya mucho que no comíamos, puesto en pie en medio de ellos, dijo: Habría sido por cierto conveniente, oh varones, haberme oído, y no zarpar de Creta tan sólo para recibir este perjuicio y pérdida» (Hch. 27:21). La tripulación había pasado muchos días sin comer, y el apóstol puesto sobre sus pies les habló.

El apóstol Pablo les recordó a todos ellos que no le escucharon, y no le hicieron caso al levantar anclas y dejar el puerto de Creta. Ahora tenían las consecuencias de «este perjuicio y pérdida». Quien no acepta consejos enfrentará las consecuencias.

Los hombres y mujeres de Dios, sus profetas, deben ser escuchados. Las barcas de muchos van a la deriva por no recibir el mensaje de los profetas de Jesucristo. Cada predicador es un profeta de Dios y cada predicación es una profecía. Hablar ellos y ellas la palabra de Dios, es escuchar audiblemente a Dios.

La exhortación. «Los exhortó a tener buen ánimo». Esa fue su receta espiritual, que tuvieran «buen ánimo». Y les profetizó que no moriría nadie, pero el barco se destruiría (Hch. 27:22). Y ese «buen ánimo» es importante. ¡Tenga ánimo! ¿Desanimado? Ánimo. ¿Preocupado? Ánimo. ¿Atribulado? Ánimo. ¿Confundido? Ánimo. ¿Triste? Ánimo. ¿Frustrado? Ánimo. ¿Molesto? Ánimo. ¿Herido? Ánimo. ¿Cansado? Ánimo. ¿Afligido? Ánimo. ¿Desesperado? Ánimo. ¿Desilusionado? Ánimo.

La revelación. «Porque esta noche ha estado conmigo el ángel del Dios al que pertenezco y sirvo, diciendo: Pablo, no temas, es necesario que comparezcas ante César, y he aquí, que Dios va a librar de la muerte a todos los que navegan contigo» (Hch. 27:23-24).

Un ángel de parte de Dios visitó a Pablo, posiblemente mientras oraba en algún rincón de la bodega inferior de aquel barco, y le confirmó su comparecencia ante César, y le reveló que por su causa, todos sobrevivirían. La protección divina sobre un siervo o sierva de Dios, se extiende a todos aquellos que están conectados a esta persona. Conéctate a los hombres y mujeres de Dios.

«Por tanto, oh varones, tened buen ánimo; porque yo confío en Dios que será así como se me ha dicho» (Hch. 27:25). De nuevo Pablo repite «tened buen ánimo». Con estas palabras le inyectó una buena dosis de ánimo. Y le compartió la confianza que él mismo tenía en Dios. El ánimo y la confianza se contagian del que las tiene a otros. Anímate para poder animar a otros. Apasiónate para que otros se apasionen contigo. Alégrate para alegrar a otros. Nunca podrás dar lo que tú mismo no tienes, y nunca podrás perder lo que nunca has tenido.

Jonás fue la causa de la tormenta en el mar Mediterráneo. «Cuando ya estaban en alta mar, Dios mandó un viento muy fuerte que pronto se convirtió en una terrible tempestad. El barco estaba a punto de romperse en pedazos» (Jon. 1:4, TLA).

Aquella tormenta que sobrevino al barco donde estaba Jonás, y aquel viento, Dios mismo los provocó para hablarle al profeta rebelde del llamado celestial. Es decir, que el causante de aquel mal fue el profeta fugitivo. Muchas tormentas de la vida vienen por causa de alguna persona. Se provocan por la rebeldía, las malas decisiones, por la falta de sabiduría, por la toma de decisiones precipitadas.

«Y dijeron cada uno a su compañero: Venid y echemos suertes, para que sepamos por causa de quién nos ha venido este mal. Y echaron suertes, y la suerte cayó sobre Jonás» (Jon. 1:7).

Satanás fue el causante de la tormenta en el mar de Galilea. «Luego Jesús entró en la barca y comenzó a cruzar el lago con sus discípulos. De repente, se desató sobre el lago una fuerte tormenta, con olas que entraban en el barco, pero Jesús dormía» (Mt. 8:23-24, NTV). Era una tormenta para causar miedo a los discípulos y señalar a Jesús como desinteresado en la misma.

«Los discípulos fueron a despertarlo: Señor, ¡sálvanos! ¡Nos vamos a ahogar! –gritaron–. ¿Por qué tienen miedo? –preguntó Jesús–. ¡Tienen tan poca fe! Entonces se levantó y reprendió al viento y a las olas y, de repente, hubo una gran calma. Los discípulos quedaron asombrados y preguntaron: ¿Quién es este hombre? ¡Hasta el viento y las olas lo obedecen!» (Mt. 8:25-27, NTV).

Pablo fue la esperanza en la tormenta del mar Mediterráneo. Aquel «Euroclidón» fue un fenómeno de la naturaleza. La naturaleza tiene sus leyes y éstas se cumplen.

El Apóstol de Tarso estaba allí para consolar el corazón de toda aquella tripulación, especialmente a los marineros. Podemos ser la causa del problema o podemos ser la solución al problema. Cundo surjan crisis, tú como creyente debes mostrar verticalidad y no horizontalidad. Tu templanza traerá paz y control a los demás. Estás allí en ese momento para marcar la diferencia, para impartir paz, para traer consuelo, para transmitir esperanza. Aprendemos a conocer el poder que hay cuando mantenemos la calma y mantenemos la paciencia. ¡Calma en esa prueba! ¡Calma en esa tribulación! ¡Calma en esa necesidad! ¡Calma en esa deuda! ¡Calma ante esa mala noticia!

3. El escape de los marineros

«Entonces los marineros procuraron huir de la nave, y echando el esquife al mar, aparentaban como que querían largar las anclas de proa» (Hch. 27:30).

La noche de la fuga. «Venida la decimocuarta noche, y siendo llevados a través del mar Adriático, a la medianoche los marineros sospecharon que estaban cerca de tierra y, echando la sonda, hallaron veinte brazas y, pasando un poco más adelante, volviendo a echar la sonda, hallando quince brazas» (Hch. 27:27-28).

La noche catorce, los marineros presintieron que estaban próximos a tierra (Hch. 27:27). Ellos midieron la profundidad del fondo del agua y «tenía treinta y seis metros de profundidad» (Hch. 27:28, TLA). El mar Adriático era el mismo mar Mediterráneo comprendido entre África, Grecia e Italia. Aquella tripulación se asustó temiendo encallar y soltaron cuatro anclas por la popa (parte posterior del barco), esperando que pronto amaneciera y, tomando el bote salvavidas lo soltaron al mar para ellos poder escapar (Hch. 27:29-30).

Aquellos marineros estaban haciendo planes, pensando únicamente en ellos y en su propia seguridad. Pensemos en las necesidades de los otros. No tomes decisiones que te beneficien a ti, pero que no afecten a otros.

El freno a la fuga. «Pero Pablo dijo al centurión y a los soldados: Si éstos no permanecen en la nave, vosotros no podréis salvaros» (Hch. 27:31). Son muchos los que al estar en tempestades y con problemas solo piensan en huir. Estos son los seres humanos que en medio de una crisis general, de una prueba colectiva, de una tribulación que afecta a todos, son egoístas y solo piensan en cómo se salvarán ellos, aunque el barco se hunda con el resto.

Huyen de las congregaciones. Huyen de las familias. Huyen de los matrimonios. Huyen de los trabajos. Huyen de la escuela. Huyen de las responsabilidades. No ayudan cuando más se les necesita. Se les busca y desaparecen. Y debemos estar siempre conscientes de los desertores, para que esto no tome a uno por sorpresa. No piensan en otros, solo piensan en ellos.

No se les puede confiar mucho a esos y esas que ya tienen planes para fugarse. Tampoco asignarles responsabilidades porque nos fallarán. No ofrecen seguridad ninguna. Están hoy, pero no sabemos si estarán mañana. Con ellos y con ellas no se pueden contar para el futuro. Tan pronto pueden se meten en el bote y se van remando a otro lugar.

«Entonces los soldados cortaron las amarras del 'esquife' y lo dejaron perderse» (Hch. 27:32). Los soldados soltaron aquel bote salvavidas. Aunque el barco se hiciera pedazos, todos tenían que estar en el barco. ¡No abandones el barco! ¡Quédate dentro del barco! Córtale las amarras a ese 'esquife' que te tienta para que te vayas al mundo. El mundo ya no puede ser tu hogar. En el mundo perdiste tu ciudadanía al hacerte ciudadano del reino celestial. ¡No renuncies a esta ciudadanía para retornar a esa ciudadanía de antes!

«Mas nuestra ciudadanía está en los cielos, de donde también esperamos al Salvador, al Señor Jesucristo, el cual transformará el cuerpo de nuestra humillación, para que sea semejante al cuerpo de su gloria, por el poder con el cual puede también sujetar a sí mismo todas las cosas» (Fil. 3:20-21).

4. La ministración de Pablo

«Cuando comenzó a amanecer, Pablo exhortaba a todos a que comiesen, diciendo: Éste es el decimocuarto día que veláis y permanecéis en ayunas, sin comer nada» (Hch. 27:33).

La realidad. Si estás en alguna noche espiritual de prueba, ora para que pronto amanezca. En el barco había comida, lo que no había era hambre. La inseguridad, el peligro, el temor que los asaltaba, les había quitado el apetito. Pablo los exhortó para que comieran. Los problemas pueden quitar el apetito. ¡Coma! Pero peor es cuando se pierde el apetito espiritual, cuando no se tiene hambre de la palabra de Dios y no se tiene hambre de la presencia del Espíritu Santo. Tenemos que tener hambre santa de Dios y hambre santa de la Palabra de Dios.

«Por tanto, os ruego que comáis por vuestra salud, pues ni aun un cabello de la cabeza de ninguno de vosotros perecerá» (Hch. 27:34). No dejes que un problema, la muerte de un ser querido, un hijo rebelde, un esposo o esposa problemático, te pueda quitar el apetito. ¡Come!

La bendición. Pablo tomó el pan, dio gracias a Dios, lo partió y se puso a comer (Hch. 27:35). La Traducción En Lenguaje Actual dice: «Luego Pablo tomó un pan y oró delante de todos. Dando gracias a Dios, partió el pan y empezó a comer».

La acción de Pablo, y el testimonio de dar gracias por los alimentos, fue la manera de enseñarles a esas personas que tenían que ser agradecidos con Dios. Animó a todos para que siguiendo su ejemplo pudieran comer también. Lo que hacemos habla más alto que lo que decimos. Dar gracias a Dios públicamente por los alimentos, es un testimonio de nuestra relación con el Señor Jesucristo. Acostúmbrate a que la gente te vea orando.

El médico Lucas, narrador del libro de Hechos en 27:37 declara: «Y éramos todas las personas en la nave unas doscientas setenta y seis» (Hch. 27:37). Lucas siempre fue preciso en dar el número de personas:

(1) Lucas dijo que en el Día de Pentecostés, eran «como ciento veinte en número» (Hch. 1:15).

(2) Lucas describió las dos profesiones de fe en los sermones de Pedro como «y se añadieron aquel día como tres mil personas» (Hch. 2:4) y «eran como cinco mil» (Hch. 4:4).

(3) Lucas da el número que estaba en el complot contra la vida de Pablo: «Eran más de cuarenta los que habían hecho esta conjuración» (Hch. 23:13).

(4) Lucas hace un recuento de los soldados preparados que ayudaron a Pablo: «Y llamando a dos centuriones, mandó que preparasen para la hora tercera de la noche doscientos soldados, setenta jinetes y doscientos lanceros, para que fuesen hasta Cesarea» (Hch. 23:23).

Por el número de personas que estaban el barco, podemos calcular el tamaño del barco. Ellos, ya satisfechos, hicieron más liviana la nave, y echaron «el trigo al mar». Era un barco de carga que transportaba trigo. Muchas cosas debemos descargar de nuestras vidas, para avanzar livianamente.

Conclusión

En medio de aquella tormenta, Dios estaba en control de todos y en control de todo. Allí estaban sus siervos, y por ellos Dios cuidaría a todos.

042
El naufragio de Pablo

Hechos 27:44, RVR1960

«Y los demás, parte en tablas, parte en cosas de la nave. Y así
aconteció que todos se salvaron saliendo a tierra».

Introducción

La experiencia de los marineros, la audacia de los soldados, y la fe inquebrantable de Pablo de Tarso, fueron recursos que se mezclaron para buscar una solución.

1. El amanecer para la tripulación

«Cuando se hizo de día, no reconocían la tierra, pero veían una ensenada que tenía playa, en la cual acordaron varar, si pudiesen, la nave» (Hch. 27:39). «Al amanecer, los marineros no sabían dónde estábamos, pero vieron una bahía con playa, y trataron de arrimar el barco hasta allá» (Hch. 27:39, TLA).

Lo desconocido. Cuando amaneció aquellos tripulantes no sabían en qué lugar se encontraban. ¡Todo era raro para ellos! ¡Pero estaban vivos, vieron una bahía en la playa! Muchas veces nos sabemos cómo hemos llegado al lugar donde estamos, pero lo importante es que llegamos.

Llegarán días que no sabremos dónde estamos, ni hacía dónde nos dirigiremos. Estaremos en la inercia del presente. Muchos no saben por qué están donde están, ni saben tampoco hacia dónde van. Pero lo importante es dejar que la presencia del Espíritu Santo sea la que nos dirija y nos guarde durante ese día y los próximos días. Lo desconocido, con la presencia de Jesucristo, se hará reconocido. Es el Señor de nuestro presente y el Señor de nuestro futuro. Bajo su abrazo estamos siempre seguros y fuertemente guardados.

«Diré yo a Jehová: Esperanza mía, y castillo mío, mi Dios, en quien confiaré. Él te librará del lazo del cazador, de la peste destructora. Con sus plumas te cubrirá, y debajo de sus alas estarás seguro. Escudo y adarga es su verdad. No temerás el terror nocturno, ni saeta que vuele de día, ni pestilencia que ande en oscuridad, ni mortandad que en medio del día destruya» (Sal. 91:2-6).

Se nos dice de aquellos tripulantes: «No reconocían la tierra». ¿Cuántas cosas desconocemos o no reconocemos? No las podemos identificar, no sabemos qué son. En la vida muchas veces somos estudiantes con gran ignorancia. ¡No sabemos dónde estamos! ¡Ni por qué hemos llegado hasta donde estamos!

Lo realizado. Ellos cortaron las sogas para abandonar las anclas, aflojaron los remos, e izaron la vela de la proa (Hch. 27:40). Tenemos cosas que soltar. Anclas que deben ser abandonadas. Remos que deben ser soltados. Solo lograremos alcanzar liberación y seguridad, soltando y dejando ir muchas cosas. ¿Qué necesitas soltar y dejar ir en tu vida? ¿Rencores? ¿Derrotas? ¿Enojos? ¿Engaños?

2. El lugar de las dos aguas

«Pero dando en un lugar de dos aguas, hicieron encallar la nave; y la proa, hincada, quedó inmóvil, y la popa se abría con la violencia del mar» (Hch. 27:41).

El favorecimiento. El viento fue favorable al barco y lo empujó hacia la playa, hasta que se enterró la popa en la arena (Hch. 27:41). En medio de las pruebas, Dios hará soplar algún viento favorable para llevarnos a alguna zona más segura.

La destrucción. Allí las olas le dieron golpes al barco, la proa en la arena no se movía, y la popa fue destrozada (Hch. 27:41). Muchas cosas se destrozarán, pero lo más importante es que nuestras vidas y ministerios no se destrocen.

La Traducción En Lenguaje Actual es bastante gráfica en su presentación: «Pero poco después quedó atrapado en un montón de arena. La parte delantera no se podía mover, pues quedó enterrada en la arena, y las olas comenzaron a golpear con tanta fuerza la parte trasera que la despedazaron toda».

3. La determinación

«Entonces los soldados acordaron matar a los presos, para que ninguno se fugase nadando» (Hch. 27:42). Los soldados al ver esta situación, como militares decidieron actuar. A los presos se les podía ajusticiar bajo pretexto de fuga o bajo causa de que no se les podía salvar. Siempre que se vaya a tomar una decisión debemos separar las emociones y sentimientos de la misma, y mirar las consecuencias positivas y negativas desde el balcón del futuro. No es siento esto y entonces decido, si no que razono para entonces decidir. Los sentimientos y emociones muchas veces nos engañan y nos crean espejismos que no son realidades.

Julio, el Centurión intervino a favor de Pablo: «Pero el oficial al mando quería salvar a Pablo, así que no los dejó llevar a cabo su plan. Luego les ordenó a todos los que sabían nadar que saltaran por la borda primero y se dirigieran a tierra firme» (Hch. 27:43, NTV).

Este centurión protegió la vida de Pablo. Utilizó la autoridad de su rango. Se nos declara: «Pero el oficial al mando quería salvar a Pablo...». Este acto de humanidad por parte de este centurión llamado Julio, ha quedado plasmado en la Biblia. El evangelio de Jesucristo llegó a varios centuriones. Llega a los soldados y llega a los agentes de seguridad públicos. Con una posición o una vocación o una profesión, podemos ser agentes de Jesucristo para protección y ayuda de alguien.

En el Nuevo Testamento nos encontramos con varios centuriones romanos, que debajo de su uniforme de oficiales militares, tenían un corazón noble y sensible. Ese título, centurión, se lee en griego ἑκατοντάρχης (ekatóntarkho), oficial que está a cargo de cien hombres, aunque podían ser menos.

Mateo 8:8-9. El centurión que tenía a su siervo enfermo, y vino a Jesús pidiendo que lo sanase: «Respondió el centurión y dijo: Señor, no soy digno de que entres bajo mi techo; solamente di la palabra, y mi criado sanará. Porque también yo soy hombre bajo autoridad, y tengo bajo mis órdenes soldados y, digo a éste: ve, y va; y al otro: ven, y viene; y a mi siervo: haz esto, y lo hace».

Mateo 27:54. El centurión que en la crucifixión dijo que Jesús era el Hijo de Dios: «Cuando el centurión y los que con él estaban custodiando a Jesús vieron el terremoto y todo lo que había sucedido, quedaron aterrados y exclamaron: ¡Verdaderamente éste era el Hijo de Dios!».

Hechos 10:1-2. El centurión, al cual fue enviado Pedro, se convirtió y recibió con su casa el Espíritu Santo: «Había en Cesarea un hombre llamado Cornelio, centurión de la compañía llamada la Italiana, piadoso y temeroso de Dios con toda su casa, y que hacía muchas limosnas al pueblo, y oraba a Dios siempre».

Hechos 21:31-33. Los centuriones que protegieron la vida de Pablo: «Y procurando ellos matarle, se le avisó al tribuno de la compañía, que toda la ciudad de Jerusalén estaba alborotada. Éste, **tomando luego soldados y centuriones**, corrió a ellos. Y cuando ellos vieron al tribuno y a los soldados, dejaron de golpear a Pablo. Entonces, llegando el tribuno, le prendió y le mandó atar con dos cadenas, y preguntó quién era y qué había hecho».

Hechos 27:1. El centurión al cual fue entregado Pablo como prisionero: «Cuando se decidió que habíamos de navegar para Italia, entregaron a Pablo y a algunos otros presos a un centurión llamado Julio, de la compañía Augusta».

El escape. «Pero el capitán no los dejó, porque quería salvar a Pablo. Ordenó que todos los que supieran nadar se tiraran al agua y llegaran a la playa, y que los que no supieran se agarraran de tablas o pedazos del barco. Todos llegamos a la playa sanos y salvos» (Hch. 27:43-44, TLA).

Se le ordenó a los que sabían nadar, que nadaran. Recordemos que en las congregaciones unos saben nadar y otros no saben nadar en las aguas de la pruebas. No saben nadar en los ríos de las tribulaciones. No saben nadar en los lagos del desánimo. No saben nadar en el océano del desánimo. Espiritualmente tienes que aprender a nadar para que puedas flotar en la oración y en la alabanza. Si no aprendes a nadar te puedes ahogar espiritualmente. No hay mejor lugar de entrenamiento para aprender a nadar que congregarse uno en el templo.

«Y los demás, parte en tablas, parte en cosas de la nave. Y así aconteció que todos se salvaron saliendo a tierra» (Hch. 27:44). Si no sabes nadar, agárrate a alguna tabla o a cualquier cosa que te ayude a flotar. Pero no te dejes hundir en esa situación. ¡Flota! No te desesperes. Tómalo tranquilo o tranquila. Toda esta escena es un cuadro de salvación. Algunos se mantuvieron flotando 'en tablas', y otros flotando 'en cosas de la nave'. Pero nadando o agarrados a algo, todos se salvaron. Lo importante es que te salves.

Agárrate a esa tabla llamada consejo. Buscar el consejo oportuno de alguien que te pueda ayudar o que te estime, es algo muy valioso. El consejero te puede ayudar para que no te ahogues en ese problema. Pero debes ser franco y honesto con el consejero. Recuerda que puedes testificar haber cambiado, pero la garantía de ese cambio, la única persona que la puede dar eres tú. Los cambios se demuestran, no solo se testifican. Un cambio es decir: «¡Acepto y modifico!».

Agárrate a esa tabla llamada ayuda. Si eres alcohólico o adicto a las drogas, ingresa en algún programa de rehabilitación y de ayuda psicológica. Si eres maltratador en las relaciones con tú pareja (el maltrato no solo es físico, es emocional, es espiritual, es verbal) es tiempo de que busques ayuda; arrepiéntete y busca el perdón. El tiempo que te mantengas agarrado a esa tabla, te puede salvar psicológicamente y socialmente.

Agárrate a esa tabla llamada congregarse. Hacer vida de redil, asistir con regularidad a una congregación, entregar los diezmos, ofrendar regularmente, contribuir a las misiones y servir con los dones y talentos, ha sido de gran ayuda a muchos hermanos en la fe. Estas prácticas y hábitos cristianos fortalecen espiritualmente. Como creyente se madura y se crece en la fe cristiana.

Unos se salvan espiritualmente de una manera y otros se salvan de otra manera. Muchos reciben tratados evangelísticos como me pasó a mí. Algunos son alcanzados con el evangelismo personal. Otros son tocados por los medios de comunicación de la radio o la televisión cristiana, algunos en campañas evangelísticas. Otros se convierten en conciertos. Otros en células o grupos de hogares. Pero todos los que quieran, sea 'en tablas' o 'en cosas', lograrán salir vivos del mar de este mundo que los quiere ahogar.

La salvación es para todos aquellos que crean en Jesucristo como el único y exclusivo Salvador. Jesucristo no murió por algunos pecadores que según los calvinistas, arbitrariamente eligió en la pasada eternidad. A esto se le conoce como la doctrina de «la expiación limitada» o la «expiación determinada». Jesucristo murió por todos los pecadores, por los que serán salvos y por los que se perderán.

«Porque el amor de Cristo nos constriñe, pensando esto: que si uno murió por todos, luego todos murieron; y por todos murió, para que los que viven, ya no vivan para sí, sino para aquel que murió y resucitó por ellos» (2 Cor. 5:14-15).

Pero tampoco murió para que al final todos sean salvos. A esta doctrina se le conoce como universalismo. William Barclay, el distinguido académico de Escocia, y autor del *Comentario al Nuevo Testamento*, una joya literaria, sostenía esta postura. Él se consideraba un evangélico liberal. Lo cierto es que serán salvos solo aquellos que lo quieran ser ahora en vida.

Conclusión

Este capítulo se cierra con un cuadro hermoso de salvación. Ni uno solo de los «doscientos setenta y seis» tripulantes mencionados por Lucas en Hechos 27:37, fue anegado por las aguas, todos sobrevivieron. La razón es que allí había un apóstol de Jesucristo, acompañado de colaboradores y sostenidos por la Palabra de Dios.

043
La protección a Pablo

Hechos 28:1, RVR1960

«Estando ya a salvo, supimos que la isla se llamaba Malta».

Introducción

La isla de Malta fue un lugar de refugio para toda aquella tripulación salvada del naufragio. Fue originalmente fundada como una ciudad fenicia. Los griegos se referían a esta isla como **Melite** que significa **«refugio»** y podría significar también **«dulce como la miel»**. Hablaban la lengua púnica o fenicia. Su lenguaje es de origen semítico.

1. El trato recibido

«Y los naturales nos trataron con no poca humanidad, porque encendiendo un fuego, nos recibieron a todos, a causa de la lluvia que caía, y del frío» (Hch. 28:2). La Nueva Versión Internacional aclara el pasaje: «Los isleños nos trataron con toda clase de atenciones. Encendieron una fogata y nos invitaron a acercarnos, porque estaba lloviendo y hacía frío».

El recibimiento de ellos. Todos aquellos supervivientes del naufragio llegaron a la isla llamada «Malta». Y los habitantes de allí los «trataron muy bien» (TLA). La Biblia del Oso de 1573 tradujo: «Mas los **bárbaros** nos hacían no poca humanidad. Porque encendido un gran fuego nos recibieron a todos, a causa de la lluvia que venía, y del frío». Aquellos que no compartían la cultura griega y romana eran considerados bárbaros. El empleo de ese gentilicio por parte de Lucas no es de insulto, es una manera coloquial de hablar. De ese gentilicio **bárbaros** vienen las palabras **barbaridad, bárbaro**. Como de **vándalos** viene **vandalismo, vandalizar**.

El buen trato es siempre señal de aprecio, de consideración, de amabilidad, y de estima hacia otros seres humanos. A eso se le conoce como etiqueta y protocolo. Un rótulo en una tienda leía: «el servicio al cliente, es nuestra mayor referencia». En otros lugares el 'slogan' lee: «Pregúnteme a mí, un trabajador satisfecho». Nosotros somos la mayor publicidad de lo que creemos.

La condición del tiempo. Siendo la época fría y de lluvia, aquellos nativos de la isla de Malta, encendieron fuego para que Pablo y otros para que se pudieran calentar. Lucas se incluye en el empleo plural de la expresión «nos trataron». En tiempos fríos y lluviosos, hablando espiritualmente, el Espíritu Santo traerá calefacción espiritual a nuestras vidas. Los avivamientos calientan a los creyentes. La oración calienta la vida fría de un creyente.

2. La víbora prendida

«Entonces, habiendo recogido Pablo algunas ramas secas, las echó al fuego y, una víbora, huyendo del calor, se le prendió en la mano» (Hch. 28:3). «Mientras Pablo juntaba una brazada de leña y la echaba en el fuego, una serpiente venenosa que huía del calor lo mordió en la mano» (NTV).

La confusión. Mientras Pablo recogía leña, y la echaba al fuego, una serpiente saltó del fuego y le mordió. Es muy probable que Pablo tomara una víbora confundida con las ramas secas. Cuando se acercó al fuego con la brazada de leña, el calor hizo reaccionar a una víbora. ¡Cuidado con esas serpientes que se camuflan como ramas! ¡Malas doctrinas que parecen buenas doctrinas!

«Como te rogué que te quedases en Éfeso, cuando fui a Macedonia, para que mandases a algunos que **no enseñen diferente doctrina, ni presten atención a fábulas** y **genealogías interminables**, que acarrean disputas más bien que edificación de Dios que es por fe, así te encargo ahora» (1 Tim. 1:3-4).

«No os dejéis llevar por **doctrinas diversas y extrañas**; porque buena cosa es afirmar el corazón con la gracia, no con viandas, que nunca aprovecharon a los que se han ocupado de ellas» (Heb. 13:9).

«Así que no se dejen cautivar por ideas nuevas y extrañas. Su fortaleza espiritual proviene de la gracia de Dios y no depende de reglas sobre los alimentos, que de nada sirven a quienes las siguen» (NTV).

Este pasaje nos exhorta a cuidarnos de las enseñanzas diversas y extrañas, de esas que de tiempo en tiempo se promueven sin base bíblica, que aunque parecen bíblicas no lo son. Y lo que sí debemos hacer es fundamentarnos con la gracia. Esas 'viandas' de reglas de qué comer o qué no comer sin apoyo bíblico, se deben descartar.

La serpiente es tipo de Satanás y de los demonios. Muchos están tomando ramas secas, tipo de cosas que parecen inofensivas, pero que detrás son disfraces para los demonios. Hay creyentes que son como ramas secas, y muchas veces entre ellos, lo que parece ser una rama seca, se transforma en una serpiente venenosa. La cual cuando el siervo de Jesucristo la toma por equivocación, se le prende de la mano para hacerle daño.

La manifestación. El fuego hizo saltar a la víbora. La presencia del Espíritu santo, que es como un fuego, cuando está presente hace que los demonios escondidos, sean manifestados. Tenga un culto glorioso con el fuego pentecostal, y verá como los demonios se atormentan y se manifiestan. Busque el bautismo del Espíritu Santo, y verá que cuando se llene de este poder pentecostal, las serpientes escondidas en las ramas secas saltarán por el fuego del Espíritu Santo.

Los habitantes de la isla de Malta, al ver la víbora colgando del brazo de Pablo, dijeron: «... Ciertamente este hombre es homicida, a quien, escapado del mar, la justicia no deja vivir» (Hch. 28:4). La Nueva Traducción Viviente es muy enfática: «¡Sin duda este es un asesino! Aunque se salvó del mar, la justicia no le permitirá vivir».

Ellos interpretaron aquella situación como un castigo quizá de la diosa Dike, diosa de la Justicia, que según la mitología era hija de Zeus y Themis. Como diosa de la justicia y la moral, alcanzaba con el juicio a alguien que fue un homicida, y para aquellos naturales de la isla de Malta, Pablo de Tarso se salvó del naufragio, y por eso ahora la muerte lo seguía.

Muchas personas son como aquellas personas que llenos de prejuicios clasifican a las personas. Para ellos era un homicida o un asesino. Ven juicios divinos en cualquier situación mala. Un mal que les ocurre a otros es un castigo de Dios. Se transforman en jueces de calamidades y en fiscales de malos presagios.

Pero Pablo moviendo el brazo, echó la víbora al fuego, y nada le sucedió (Hch. 28:5). Aquella gente esperaba que alguna hinchazón le ocurriera a Pablo. El apóstol movió el brazo, se sacudió la víbora y la tiró al fuego. La buena noticia fue que pasó el tiempo «y nada sucedió».

Muchos esperan que algo malo ocurra, que esa víbora que ha mordido a alguien le traiga muerte espiritual, pero confiamos en Jesucristo que eso no pasará. El Señor Jesucristo te ha puesto un anti-veneno con el Espíritu Santo. Pensaron diferente de él, viéndolo como 'un dios' (Hch. 28:6). En otras palabras, esos bárbaros vieron al apóstol como a alguien sobrenatural y, Pablo era sobrenatural. ¡La Iglesia de Jesucristo es sobrenatural! ¡Tú eres sobrenatural! La gracia divina protegió a Pablo, para fortalecer el testimonio acerca de Jesucristo.

Allí, con Pablo, se cumplió esta promesa dada por el Señor Jesucristo, como señal del poder que hay en su nombre: «Y estas señales seguirán a los que creen: En mi nombre echarán fuera demonios, hablarán nuevas lenguas, **tomarán en las manos serpientes**, y si bebieren cosa mortífera, no les hará daño, sobre los enfermos pondrán sus manos, y sanarán» (Mc. 16:17-18).

La realidad era que Pablo servía a un Dios grande, y aquello fue un milagro para activar la fe de muchos. A esas serpientes espirituales se las echa fuera con el fuego del Espíritu Santo. Donde hay fuego, la serpiente tiene que saltar. ¡Actívate con el poder de la oración! ¡Conéctate y actívate con el poder de la alabanza! ¡Conéctate y actívate en el poder del Espíritu Santo!

¿Estás desanimado? ¡Conéctate y actívate! ¿Estás frustrado? ¡Conéctate y actívate! ¿Estás triste? ¡Conéctate y actívate! ¿Estás sin deseo de trabajar para el Señor Jesucristo? ¡Conéctate y actívate! ¿Estás cansado en la viña del Señor? ¡Conéctate y actívate! ¿Tienes algún don o talento dormido? ¡Conéctate y actívate! ¿Tienes un sueño esperando? ¡Conéctate y actívate! ¿Tienes una meta que no has alcanzado? ¡Conéctate y actívate!

3. El hospedero

«En aquellos lugares había propiedades del hombre principal de la isla, llamado Publio, quien nos recibió y hospedó solícitamente tres días» (Hch. 28:7).

Publio era alguien muy importante en aquella isla de Malta. Y además era dueño de muchas propiedades. Publio significa «perteneciente al pueblo». Es probable que fuese el gobernador romano de la isla, que respondía al prefecto romano de Sicilia. Entre Sicilia y Malta hay unos 50 kilómetros de distancia. En esa isla se encontró una inscripción antigua que dice: «Hombre principal de la isla».

Publio, como era un hombre acomodado, hospedó durante tres días a Pablo, con Lucas y Aristarco, compañeros del apóstol, y quizá a otros. Notemos esa expresión, «quien nos recibió y hospedó solícitamente». No solo los recibió, sino que los atendió muy bien y con amabilidad. ¿Cómo tratamos a nuestros invitados? ¿Cómo tratamos a los clientes? ¿Cómo nos comportamos como congregaciones anfitrionas en eventos cristianos y no cristianos?

En la mercadotecnia esta es la fórmula: «Primero, el cliente, porque un cliente satisfecho, es un cliente permanente. Segundo, la empresa, porque ésta nos ha dado el trabajo y ha invertido en el producto para el cliente. Tercero, nosotros, que gracias a la empresa y al cliente podemos trabajar. En la iglesia el producto es el evangelio de Jesucristo, el cliente es el alma necesitada de perdón, misericordia y amor. Nosotros somos los instrumentos para ofrecer ese producto divino.

Siempre habrá un Publio dispuesto a hospedar a algún siervo de Dios en su casa. La vida de aquel hombre tuvo que ser impactada e inspirada por Pablo. Eusebio de Cesarea comparte la tradición de que Publio llegó a ser Obispo de Malta y murió como mártir.

El enfermo. «Y aconteció que el padre de Publio estaba en cama, enfermo de fiebre y de disentería; y entró Pablo a verle, y después de haber orado, le impuso las manos, y sanó» (Hch. 28:8).

Allí Pablo, por invitación o por iniciativa propia, supo que el padre de Publio estaba postrado en cama «enfermo de fiebre y con disentería» (RVR-60); «muy enfermo de diarrea, y con mucha fiebre» (TLA). Lucas como un médico-misionero ofrece un diagnóstico preciso del enfermo. Necesitamos profesionales que pongan su profesión al servicio de las misiones.

Pablo se olvidó de su propia condición de ser un preso, para ayudar a otro ser humano. Aunque tengamos necesidades siempre podremos ayudar a alguien más necesitado que nosotros. Una visita a un enfermo puede provocar un milagro. El Apóstol de Tarso entonces se le acercó, oró por él, le puso las manos encima y el enfermo fue sanado milagrosamente. El Señor Jesucristo desea sanar a todos los enfermos, pero no sanará a todos los enfermos. Pero todos los enfermos deben tener fe y creer que un milagro los espera.

El avivamiento. «Hecho esto, también los otros que en la isla tenían enfermedades, **venían**, y eran sanados» (Hch. 28:9).

Aquella gloriosa manifestación del poder sanador de Jesús de Nazaret, produjo un avivamiento de sanación divina. Muchos trajeron sus enfermos hasta Pablo, él oró y fueron también sanados. La gente te pide que ores por ellos, ora por ellos. Te piden un milagro, ora por ese milagro. Te piden una liberación, ora por esa liberación.

¡Hay un milagro para tu vida, ese milagro tiene tu nombre y ese milagro tiene tu dirección! Invita a la iglesia a los perdidos, para que sean salvos. Invita a la iglesia a los oprimidos, para que sean liberados. Invita a la iglesia a los enfermos, para que sean sanos. Invita a la iglesia a tus amigos para que conozcan al Gran Amigo Jesús. El puente que condujo al milagro entre la enfermedad y la sanación es el verbo «venían».

«A todos los sedientos: Venid a las aguas, y los que no tienen dinero, venid, comprad y comed. Venid, comprad sin dinero y sin precio, vino y leche. ¿Por qué gastáis el dinero en lo que no es pan, y vuestro trabajo en lo que no sacia? Oídme atentamente, y comed del bien, y se deleitará vuestra alma con grosura» (Is. 55:1-2).

Esos textos se rinden en la Traducción En Lenguaje Actual: «Dios dijo: 'Todos los que tengan sed vengan a beber agua; y los que no tengan dinero vengan y lleven trigo, vino y leche sin pagar nada. ¡Óiganme bien, y comerán una comida buena y deliciosa! No vale la pena ganar dinero y gastarlo en comidas que no quitan el hambre'».

«Venid a mí todos los que estáis cansados y cargados, y yo os haré descansar. Llevad mi yugo sobre vosotros, y aprended de mí, que soy manso y humilde de corazón, y hallaréis descanso para vuestras almas, porque mi yugo es fácil, y ligera mi carga» (Mt. 11:28-30).

«Y volviéndose Jesús, y viendo que le seguían, les dijo: ¿Qué buscáis? Ellos le dijeron: Rabí (que traducido es, Maestro), ¿dónde moras? Les dijo: **Venid y ved**. Fueron, y vieron donde moraba, y se quedaron con él aquel día, porque era como la hora décima» (Jn. 1:38-39). Esa «hora décima» eran las 4:00 p.m. de la tarde.

«Entonces la mujer dejó su cántaro, y fue a la ciudad, y dijo a los hombres: **Venid, ved** a un hombre que me ha dicho todo cuanto he hecho. ¿No será éste el Cristo? Entonces salieron de la ciudad, **y vinieron a él**» (Jn 4:28-30).

La cooperación. «Los cuales también nos honraron con muchas atenciones; y cuando zarpamos, nos cargaron de las cosas necesarias» (Hch. 28:10). «Como resultado, nos colmaron de honores y, cuando llegó el tiempo de partir, la gente nos proveyó de todo lo que necesitaríamos para el viaje» (NTV).

Me gusta esa expresión **«nos honraron con muchas atenciones»**. Si hay un país de Latinoamérica que se excede en la etiqueta y el protocolo al recibir a una persona especial, ese es la República Dominicana. Las congregaciones deben recibir con mucha cortesía y atención a los visitantes. Después de Jesucristo, son un templo ellos y ellas y son lo más importante.

La Traducción En Lenguaje Actual rinde «La gente de allí nos atendió muy bien, y nos dieron de todo». Hubo tal agradecimiento, que Pablo y sus compañeros fueron honrados, y recibieron muchas muestras de afecto. Al dejar la isla y volver a navegar, aquella gente agradecida los cargaron de cosas necesarias.

El que es bendecido en la ministración de la Palabra, bendecirá al que le ha ministrado. El que es bendecido en una congregación, bendecirá a esa congregación. La bendición más grande no es cuando somos bendecidos, sino cuando bendecimos. El pueblo ofrenda desprendidamente cuando es ministrado. Ofrendar y diezmar es un gran privilegio y una manera de expresar nuestro agradecimiento a nuestro Señor Jesucristo.

El diezmo es una semilla que siembras para futuras cosechas. ¿No diezmas porque no te sobra? Diezma para que te sobre. ¿Dejas de diezmar porque no te alcanza? Diezma para que te alcance. Diezmar es probar a Dios. **«Pruébame en esto»**, te dice el Señor Jesucristo. Si hace tiempo nos has visto ventanas abiertas en los cielos para tu vida, es porque has dejado de diezmar. Si tus cosechas son malas, es porque has dejado de diezmar. **¡Prueba a Dios!**

«Traigan todos los diezmos al depósito del templo, para que haya suficiente comida en mi casa. Si lo hacen –dice el SEÑOR de los Ejércitos Celestiales–, **les abriré las ventanas de los cielos**. ¡Derramaré una bendición tan grande que no tendrán suficiente espacio para guardarla! **¡Inténtenlo! ¡Pónganme a prueba!»** (Mal. 3:10, NTV).

«Sus cosechas serán abundantes porque **las protegeré** de insectos y enfermedades. **Las uvas no caerán** de las vides antes de madurar –dice el SEÑOR de los Ejércitos Celestiales–» (Mal. 3:11, NTV).

Conclusión

Un milagro hará que otros también crean en milagros, y los puedan recibir. Lo que se predica provocará que ocurra eso. Predica salvación y habrá salvaciones. Predica milagros y habrá milagros. Predica sanación y habrá sanaciones. Predica prosperidad y habrá prosperidad. Predica bautismo con el Espíritu Santo y habrá bautismos. El milagro debe proyectar a Jesucristo.

044
El arribo de Pablo

Hechos 28:14, RVR1960

«Donde habiendo hallado hermanos, nos rogaron que nos quedásemos con ellos siete días y, luego fuimos a Roma».

Introducción

La larga travesía de Pablo continuó hacia su destino que era Roma. Antes de arribar llegaría a algunos puertos.

1. La travesía a Roma

«Pasados tres meses, nos hicimos a la vela en una nave alejandrina que había invernado en la isla, la cual tenía por enseña a Cástor y Pólux» (Hch. 28:11).

El tiempo. En la isla de Malta, Pablo y todos los marineros, soldados y tripulantes, estuvieron tres meses en lo que pasaba el invierno. Encontraron una nave alejandrina, que tenía al frente o en la proa la figura de los dioses romanos «Cástor y Pólux» (RVC-60). La Nueva Versión Internacional rinde «los dioses Dioscuros». La Nueva Traducción Viviente rinde: «los dioses gemelos».

En el *Gran Diccionario Enciclopédico de la Biblia*, editado por Alfonso Ropero Berzosa leemos: «Dioskuroi, Διόσκουροι. Héroes gemelos de la mitología griega y romana, tenidos por «divinidades tutelares» (Theoi soteres, Θεοί σωτῆρες) de los marineros; eran también llamados los «Dioscuros» (Dioskuroi, Διόσκουροι, Hch. 28:11)».

Según la mitología griega y romana estos gemelos eran hijos de Zeus. Cuando murió Cástor, Pólux le pidió a Zeus que le permitiera compartir la inmortalidad con su hermano gemelo. Se les concedió que ambos se transformaran en la constelación llamada Géminis o los gemelos. Fueron patrones protectores de los marineros del Mediterráneo.

Aquel barco de Alejandría había invernado en la isla de Malta. La fecha era más o menos febrero-marzo del año 60 al 62 d.C. Pero dentro de esa nave, con esa enseña de los Dioscuros, que llevaba a Pablo, Lucas y Aristarco, estaba el verdadero Dios con aquellos siervos de nuestro Señor Jesucristo.

Hoy día, los «Dioscuros», Cástor y Pólux, son substituidos por los marineros por san Telmo y san Erasmo de Formia. Los llamados 'santos', 'santas' y 'vírgenes', acompañados de imágenes, con rezos y promesas, lamentablemente no pueden hacer milagros. Jesucristo con su misericordia y con su amor es el que hace los milagros.

Las escalas. La providencia divina cuidaba de Pablo y de los suyos. Mientras Jesucristo tenga planes para nosotros, nada nos alejará de los mismos. Muy diferente al viaje anterior que a causa de una tormenta naufragó, y les llevó hasta la isla de Malta, este viaje se hizo sin peligro alguno. Esos viajes tormentosos de la vida, serán seguidos por viajes placenteros. A esa temporada de pruebas en tu vida, le seguirán temporadas de bendiciones y victorias.

Llegaron al **puerto de Siracusa** que era la capital de Sicilia, donde estuvieron tres días (Hch. 28:12), luego hicieron escala en **Regio,** la punta de la bota, y luego llegaron al puerto de **Puteoli**, que hoy es llamado **Pozzuoli** (Hch. 28:13).

Sobre ese puerto de Puteoli, J. M. Díaz Ynez nos dice: «Πουτεόλοι, del lat. *puteus*=«fuentes pequeñas», debido a su abundancia, normalmente de origen volcánico. Importante ciudad marítima de Campania, en Italia, en la costa norte de la bahía de Nápoles, a unos 12 km. al oeste de esta ciudad» (*Gran Diccionario Enciclopédico de la Biblia*, Editado por Alfonso Ropero Berzosa).

A uno de esos volcanes se le conoce como el Vesubio, que en el año 79 d.C. hizo erupción, y fueron destruidos Herculano y Pompeya, dos ciudades muy importantes. En compañía de mi familia hemos visitado la ciudad de Pompeya, y hemos visto los cuerpos de personas y animales petrificados por la lava volcánica.

Aquel barco realizó tres escalas antes de llegar a su destino final. Las escalas de la vida, como niño, como joven, como adulto, nos preparan para alcanzar nuestro destino final. No llegaremos allí, si no empezamos aquí. La vida exige disciplina y trabajo. ¡Mañana comienza hoy! La escalera del éxito es subir el primer peldaño. Así que una carrera profesional o vocacional comienza registrándonos como el primer paso. Y la graduación es la culminación de haber estudiado fuertemente.

2. El encuentro con los hermanos

«Donde habiendo hallado hermanos, nos rogaron que nos quedásemos con ellos siete días, y luego fuimos a Roma» (Hch. 28:14).

La llegada a Puteoli. Todos tenemos un tiempo de espera en la vida. El mismo nos da la oportunidad de reflexionar, de analizar las situaciones, de enmendar muchas cosas, de dar prioridad a ciertos asuntos; y sobre todo de autoevaluarnos. Así como planificas muchas cosas, debes planificar tu vida. Eso incluye la educación, el matrimonio, el trabajo, las finanzas, la familia, la iglesia, el retiro, la eternidad. No podemos vivir como improvisadores en la vida, debemos planificar las cosas, salgan o no salgan. Aquellos que logran realizar sueños en la vida, levantar empresas y fundar organizaciones, se les conoce como emprendedores. Necesitamos emprendedores del reino de Dios aquí en la tierra.

Para Pablo y sus compañeros fue un viaje muy largo y muy favorable. Aquellos misioneros estaban acompañados por un Dios grande y muy poderoso. Con ellos iba la presencia de Jesucristo. Unos hermanos cristianos les rogaron que estuvieran una semana o siete días con ellos. Y Pablo, con sus colaboradores, le ministraron espiritualmente.

La llegada a Roma. «De donde, oyendo sobre nosotros los hermanos, salieron a recibirnos hasta el Foro de Apio y las Tres Tabernas, y al verlos, Pablo dio gracias a Dios y cobró aliento» (Hch. 28:15).

Otro grupo de creyentes en Jesucristo, oyeron la noticia del arribo de Pablo y sus compañeros, y los fueron a recibir al **Foro de Apio** (mercado) que se localizaba como a 70 kilómetros de Roma, en la Via Apia y a **Tres Tabernas** que estaba a 50 kilómetros de Roma (Hch. 28:15). Fueron dos puntos diferentes de encuentro con dos grupos de cristianos romanos. Causa siempre regocijo y mucha alegría cuando los hermanos en la fe reciben a otro hermano en la fe. Ese calor fraternal es muy importante en la Iglesia de Jesucristo.

La iglesia es un imán espiritual que une a los hermanos en la fe y en la esperanza de Jesucristo. Aquellos cristianos viajaron desde muy lejos cuando se enteraron del arresto de Pablo y de su llegada a Roma. Los pastores también necesitamos ser reconfortados por las ovejas del redil de Jesucristo.

«... y al verlos, Pablo dio gracias a Dios y cobró aliento» (Hch. 28:15). Una actitud de agradecimiento a Dios, siempre fue la insignia paulina. Ese encuentro fraternal impactó a Pablo de Tarso. Ver a los hermanos en la fe da aliento, levanta los ánimos. Esa experiencia de redil fortalece y nos ayuda a entusiasmarnos en la fe cristiana.

La declaración «y cobró aliento», puede referirse al impacto que Pablo de Tarso pudo haber tenido al llegar a Roma, la ciudad situada sobre el río Tiber, y que era el cumplimiento del propósito del apóstol. Al escribirles a los creyentes romanos les dejó ver ese gran deseo que tenía de visitarlos:

«En primer lugar, doy gracias a mi Dios por medio de Jesucristo por todos ustedes, pues en el mundo entero se habla bien de su fe. Dios, a quien sirvo de corazón **predicando el evangelio de su Hijo**, me es testigo de que los recuerdo a ustedes sin cesar. Siempre pido en mis oraciones que, **si es la voluntad de Dios, por fin se me abra ahora el camino para ir a visitarlos**» (Rom. 1:8-10, NVI-S).

«**Tengo muchos deseos de verlos** para impartirles algún don espiritual que los fortalezca, mejor dicho, para que unos a otros nos animemos con la fe que compartimos. Quiero que sepan, hermanos, que aunque **hasta ahora no he podido visitarlos, muchas veces me he propuesto hacerlo**, para recoger algún fruto entre ustedes, tal como lo he recogido entre las otras naciones» (Rom. 1:11-13, NVI-S).

«**Estoy en deuda con todos**, sean cultos o incultos, instruidos o ignorantes. De ahí **mi gran anhelo de predicarles el evangelio también a ustedes que están en Roma**» (Rom. 1:14-15, NVI).

«A la verdad, no me avergüenzo del evangelio, pues es poder de Dios para la salvación de todos los que creen: de los judíos primeramente, pero también de los gentiles. De hecho, **en el evangelio se revela la justicia que proviene de Dios**, la cual es por fe de principio a fin, tal como está escrito: 'El justo vivirá por la fe'» (Rom. 1:16-17, NVI).

«¿Dónde, pues, está la jactancia? Queda excluida. ¿Por qué ley? ¿Por la de las obras? No, sino por la ley de la fe. Concluimos, pues, que el hombre es justificado por la fe sin las obras de la ley» (Rom. 3:27-28).

Cuándo Martín Lutero tradujo Romanos 3:28, en la Biblia de Lutero, éste añadió la palabra 'solo', lo cual provocó reacciones en muchos. Su traducción leía: «Concluimos, pues, que el hombre es justificado [**solo**] por la fe sin las obras de la ley».

3. La cortesía dada a Pablo

«Cuando llegamos a Roma, el centurión entregó los presos al prefecto militar, pero a Pablo, aquellas autoridades le permitieron vivir aparte, con un soldado que le custodiase» (Hch. 28:16).

Entre los planes misioneros de Pablo estaba llegar a Roma: «Pasadas estas cosas, Pablo se propuso en espíritu ir a Jerusalén, después de recorrer Macedonia y Acaya, diciendo: Después que haya estado allí, **me será necesario ver también Roma**» (Hch. 19:21).

Ahora por fin, dice el Apóstol de los Gentiles a la llegada a Roma, la antigua Capital del Mundo: «Cuando llegamos a Roma...». Hoy la Capital del Mundo es New York. Los que vivimos aquí debemos aprovechar esta ciudad para servirle a Jesucristo y para hablar de Jesucristo.

El cambio. El centurión Julio, marcado por la persona de su mejor prisionero que fue Pablo, concluía allí con su misión y, traspasó los prisioneros, incluyendo a Pablo, a un «prefecto» romano. Debemos prepararnos para el cambio de supervisores, para el cambio de autoridades sobre uno.

La consideración. El «prefecto» fue benévolo con Pablo, quizá por los testimonios del centurión Julio y de los soldados. Y le concedió a Pablo de Tarso el que pudiera vivir bajo arresto domiciliario, con un soldado que lo vigilara.

Pablo de Tarso era un hombre de Dios que dio buen testimonio, y no un peligro social que exigiera seguridad máxima. En los hombres y mujeres de Dios se puede confiar, porque aman verdaderamente a Jesucristo, y le sirven a Él.

Conclusión

Hechos 28:16 termina con una nota de paz, de consuelo y de respeto hacia el apóstol Pablo. Vemos que en medio de todo, la gracia de Jesucristo estaba con el León Rojo del Nuevo Testamento.

045
La estancia de Pablo

Hechos 28:30, RVR1960

«Y Pablo permaneció dos años enteros en una casa
alquilada, y recibía a todos los que a él venían».

Introducción

Hechos 28:17-29, nos lleva al final de los viajes misioneros de Pablo de Tarso. Aunque para muchos comentaristas, Pablo de Tarso fue liberado y realizó luego un cuarto viaje, para luego volver a ser encarcelado y llevado hasta Roma donde fue decapitado. Sea como sea la vida y el trabajo de este insigne León Rojo, son modelos misionales. El Libro de Hechos es el primer manual de misionología.

1. La reunión de Pablo

«Aconteció que tres días después, Pablo convocó a los principales de los judíos, a los cuales, luego que estuvieron reunidos, les dijo: Yo, varones hermanos, no habiendo hecho nada contra el pueblo, ni contra las costumbres de nuestros padres, he sido entregado preso desde Jerusalén a manos de los romanos» (Hch. 28:17).

La explicación. Después de que Pablo llegó a Roma, éste convocó a los líderes judíos para explicar ante ellos su situación con los judíos de Jerusalén, quienes le entregaron a los romanos. Pablo de Tarso les dejó saber a los judíos de Roma, que al ser él interrogado por el tribunal romano de Jerusalén, estos no encontraron causa contra él, y concluyeron en dejarlo libre:

«Los romanos me llevaron a juicio y querían ponerme en libertad, porque no encontraron ninguna causa para condenarme a muerte, pero cuando los líderes judíos protestaron por la decisión, creí necesario apelar al César, aunque no tenía deseos de presentar cargos contra mi propia gente» (Hch. 28:18-19, NTV).

Debido a la oposición presentada por los judíos, que no quería que Pablo fuese puesto en libertad, a éste no le quedó otra opción que apelar como ciudadano romano ante el tribunal romano en Roma. Uno debe conocer las leyes y los derechos como ciudadano. Conozca sus derechos y ponga la ley de su parte.

Pablo procede a ser explícito pues los había convocado: «Así que por esta causa os he llamado para veros y hablaros, porque por la esperanza de Israel estoy sujeto con esta cadena» (Hch. 28:20).

«Les pedí a ustedes que vinieran hoy aquí para que nos conociéramos y para que yo pudiera explicarles que estoy atado con esta cadena porque creo que la esperanza de Israel –el Mesías– ya ha venido».

Ante aquel grupo de judíos, Pablo de Tarso dio testimonio de la esperanza de Israel y sabemos que se refería a Jesús como el Mesías que se esperaba. Por esa esperanza, el Apóstol de los Gentiles estaba sujeto a aquella cadena.

La respuesta. Los jefes de los judíos le dejaron saber a Pablo, que ellos no habían recibido de Judea ninguna acusación ni por escrito, ni por persona, señalando algún mal en el apóstol:

«Ellos respondieron: No hemos recibido ninguna carta de Judea ni ningún informe en tu contra de nadie que haya venido por aquí, pero queremos escuchar lo que tú crees, pues lo único que sabemos de este movimiento es que se le ataca por todas partes» (Hechos 28:21-22, NTV).

A Pablo de Tarso, allí se le estaba abriendo una puerta para presentar una apología sobre su fe en Cristo. Aprovecha siempre las oportunidades de responder a otros sobre tu fe cristiana. Ora siempre para que el Espíritu Santo te prepare esa oportunidad de poder dar testimonio de esa esperanza que se llama Jesús de Nazaret. En algún lugar, alguien, se conectará contigo para que puedas hablar de tu amigo Jesús. El mundo necesita a Jesús y la Iglesia debe llevar a Jesús al mundo.

«Honren a Cristo como Señor, y estén siempre dispuestos a explicarle a la gente por qué ustedes confían en Cristo y en sus promesas. Pero háganlo con amabilidad y respeto. Pórtense bien, como buenos seguidores de Cristo, para que los que hablan mal de la buena conducta de ustedes sientan vergüenza de lo que dicen» (1 P. 3:15-16, TLA).

2. La predicación de Pablo

«Y habiéndole señalado un día, vinieron muchos a la posada donde él estaba, a los cuales les declaraba y les testificaba el reino de Dios desde la mañana hasta la tarde, persuadiéndoles acerca de Jesús, tanto por la ley de Moisés como por los profetas» (Hch. 28:23).

El mensaje. En la fecha acordada los judíos se dieron cita con Pablo para escucharle hablar del «reino de Dios». En los evangelios de Marcos y Lucas se habla del «reino de Dios», pero el evangelio de Mateo, por respeto a los judíos de no usar el nombre de Dios, habla del «reino de los cielos».

El *Gran Diccionario Enciclopédico de la Biblia* declara: «Gr. he basileia tu Theû, ἡ βασιλεία τοῦ Θεοῦ (Mt. 6:33; Mc. 1:14-15; Lc. 4:43; 6:20; Jn. 3:3-5). En Mateo aparece la variante «reino de los cielos», he basileia ton uranôn, ἡ βασιλεία τῶν οὐρανῶν, que traduce el heb. malkhuth shamáyim, utilizado en el judaísmo tardío por los rabinos para evitar la pronunciación del nombre sagrado de Dios (YHWH)».

Pablo utilizando «la ley de Moisés» y «los profetas», contextualizó a «Jesús». Es decir, encontró el mensaje acerca de Jesús escondido en las Escrituras. En el Antiguo Testamento, Jesús y la Iglesia son revelados. Es trabajo del intérprete bíblico descubrirlos en nombres, lugares, personajes, profecías y símbolos.

La reacción. La predicación corta de Pablo, presentó el tema principal que era que Jesús es el Mesías. Nombre y título mesiánico. Y eso significa el nombre de Jesucristo. Predicar a Jesucristo es la gran responsabilidad de todo creyente.

«Algunos se convencieron por las cosas que dijo, pero otros no creyeron. Después de discutir entre unos y otros, se fueron con las siguientes palabras finales de Pablo: «El Espíritu Santo tenía razón cuando les dijo a sus antepasados por medio del profeta Isaías» (Hch. 28:24-25, NTV).

Ese mensaje fue creído por algunos, pero otros no lo creían. Así es la proclamación de la Palabra de Dios, es aceptada por muchos y rechazada por muchos. Pero sea aceptada o no, el predicador es un cartero de parte de Dios y debe entregar esa carta del cielo.

Se les está dando a las ovejas mucho pasto raro, cibernético, sintético, que las empacha teológicamente. Mucho de ese pasto, ofrecido por predicadores sin entrenamiento teológico, cuando lo digieren las ovejas se ponen a criticar a las congregaciones, a ver mal el buen pasto que le da su pastor. Esa clase de creyentes que se empachan espiritualmente, terminan molestos en contra del redil, cerrando sus corazones a la predicación local, transformándose en rebeldes, y finalmente comienzan su éxodo buscando cambiarse de congregación.

Pero luego, al verse ignorados allí donde van, se retraen en los hogares y posiblemente terminan tomando su mochila llena de prejuicios y críticas para mudarse al barrio del mundo. ¡Oveja sé inteligente y agradecida a tu pastor que te da pasto de la sana doctrina!

La exhortación: «... les dijo Pablo esta palabra: Bien habló el Espíritu Santo por medio del profeta Isaías a nuestros padres, diciendo» (Hch. 28:25). Pablo, buen conocedor de las Sagradas Escrituras, es inspirado por el Espíritu Santo en el libro del profeta Isaías, donde este profeta habló del pueblo incrédulo en entender la profecía y el Apóstol parafraseó lo dicho por Isaías:

«Y dijo: Anda, y di a este pueblo: Oíd bien, y no entendáis; ved por cierto, mas no comprendáis. Engruesa el corazón de este pueblo, y agrava sus oídos, y ciega sus ojos, para que no vea con sus ojos, ni oiga con sus oídos, ni su corazón entienda, ni se convierta, y haya para él sanación» (Is. 6:9-10).

«Ve a este pueblo, y diles: De oído oiréis, y no entenderéis; y viendo veréis, y no percibiréis; porque el corazón de este pueblo se ha engrosado, y con los oídos oyeron pesadamente, y sus ojos han cerrado, para que no vean con los ojos, y oigan con los oídos, y entiendan de corazón, y se conviertan, y yo los sane» (Hch. 28:26-27).

La aplicación: «Sabed, pues, que a los gentiles es enviada esta salvación de Dios, y ellos oirán» (Hch. 28:28). Pablo, tuvo que confrontar a aquellos judíos con esa gran verdad. El mensaje que ellos rechazaban, los gentiles lo recibirían.

De Jesús de Nazaret, al sentirse rechazado por su propio pueblo judío, se declaró: «Vino a los de su propio pueblo, y hasta ellos lo rechazaron, pero a todos los que creyeron en él y lo recibieron, les dio el derecho de llegar a ser hijos de Dios» (Jn. 1:11-12, NTV).

Al oír esta aplicación paulina, los judíos se alejaron mientras discutían entre sí, sobre todo lo predicado por Pablo de Tarso: «Y cuando hubo dicho esto, los judíos se fueron, teniendo gran discusión entre sí» (Hch. 28:29).

A ellos, Pablo les predicó la verdad, pero no creyeron la verdad. Tenían una venda espiritual sobre sus ojos, para no ver la luz, sino para mantenerse en tinieblas. Hasta el día de hoy, los judíos aceptan que Jesús fue un rabino de Galilea, pero lo ven como a uno que se desvió del judaísmo. Para ellos el Mesías cristiano no es el Mesías judío. Desde niños se les enseña a no creer en Jesús de Nazaret como el Mesías.

3. La estación de Pablo

«Y Pablo permaneció dos años enteros en una casa alquilada, y recibía a todos los que a él venían, predicando el reino de Dios y enseñando acerca del Señor Jesucristo, abiertamente y sin impedimento» (Hch. 28:30-31).

"Y Pablo permaneció dos años enteros en una casa alquilada...». Lo que no sabemos es quién pagaba por esta «casa alquilada», pero creo que eran los hermanos cristianos de Roma.

Las congregaciones deben proveer para la vivienda y gastos de sus líderes. Eso bendecirá a la misma, es sembrar en buena tierra. El primer misionero de toda comunidad de fe, es el pastor. No podemos ayudar a las misiones de fuera, si no cuidamos a nuestros misioneros de dentro.

«... y recibía a todos los que a él venían». Aquel encarcelamiento domiciliario o casa-prisión, era también su oficina pastoral, el templo, y los hermanos podían llegar para ser ministrados y para apoyar al apóstol Pablo. Los ministros y las congregaciones siempre deben extender sus brazos para recibir a otros.

«... predicando el reino de Dios y enseñando acerca del Señor Jesucristo, abiertamente y sin impedimento». Pablo estaba preso, pero su lengua no estaba presa. En la peor situación de la vida, todavía podemos hacer la voluntad de nuestro Señor Jesucristo. En tu desierto puedes abrir pozos de bendiciones como hizo Isaac. En tu calabozo puedes alabar al Señor como hicieron Pablo y Silas.

En su despedida de la carta a los Filipenses, Pablo dijo: «Saludad a todos los santos en Cristo Jesús. Los hermanos que están conmigo os saludan. Todos los santos os saludan, y **especialmente los de la casa de César**» (Fil. 4:21-22).

Esto indica que el Apóstol, desde aquella casa alquilada en Roma, era seguido por creyentes «de la casa de César». No se sabe con exactitud quiénes eran estos mencionados de la casa del Emperador. Puede que hayan sido esclavos, funcionarios, que trabajaban en el palacio del César.

El poder del evangelio penetra todos los estratos sociales, la casa del pobre y la casa del rico. Dondequiera que pueda hacerlo, la Iglesia introducirá las Buenas Nuevas de salvación. Esto me recuerda a la araña y a las lagartijas (los traductores no se ponen de acuerdo en la traducción) de Proverbios 30:28 que están en palacios.

«La **araña** que atrapas con la mano, y está en palacios de rey» (RV, 1960).

«Las **lagartijas** son fáciles de atrapar pero se encuentran hasta en los palacios reales» (NTV).

El libro de los Hechos es una historia sin terminar, concluye con paz y hospitalidad, con un Pablo ministrando a la iglesia en Roma mientras estuvo preso durante dos años. Durante este encarcelamiento en Roma, se cree que Pablo escribió las Cuatro Epístolas de la Prisión o la Cárcel: Efesios, Filipenses, Colosenses y Filemón. De las mismas, más adelante, compartiré algunos sermones.

Eusebio de Cesarea nos dice: «Esto lo decimos para demostrar que el fin de Pablo no se llevó a cabo en su primera estancia en Roma, descrita por Lucas. Quizá Nerón fuera más benévolo en el principio, de modo que era más fácil que aceptara la defensa de Pablo en favor de sus creencias, pero al progresar en sus atrevimientos criminales, arremetió contra los apóstoles como contra todos los demás» (*Historia Eclesiástica*, Libro II, XXII, 7 y 8).

Conclusión

Hechos termina abruptamente en el capítulo 28, como si le faltara un capítulo. Se puede decir que ese capítulo 29, le toca escribirlo a la Iglesia de todos los tiempos, y eso te incluye a ti como congregación.